人人（那个）都说（哎）沂蒙山好，
沂蒙（那个）山上（哎）好风光。

阮若珊 《沂蒙山小调》

啊父老乡亲，
啊父老乡亲，
我勤劳善良的父老乡亲。
……

石顺义 《父老乡亲》

《我是“熊猫血”》

我答应了一声就出了门，跟书记也没说话就飞身上车，接着出了村子。现在村村都修了柏油路，那时候，就是坑坑洼洼的土路，也没有照明，野外黑咕隆咚，好在我路熟。我骑着车子拼命地蹬，车子在路上咯噔、咯噔地颠簸，我也顾不上了，俯下身子大瞪着眼往前蹿。小北风冷嗖嗖地刮着，脸冻得发麻，可没多会儿就热了，出汗了，出了大汗，汗水从脸上往下淌，后背都湿透了，人呼哧呼哧地喘着粗气。

《愿天下无孤（下）》

志愿者发出祈请函，大家立即响应，有钱的出钱，有力的出力，有物的出物。两天后，二十六名志愿者来到小玉家，有的扛着铁锹，推着小车，大家戴上头套和口罩，围上围裙，给小玉家打扫里外，爬上屋顶给他们修房子。

《上武汉》

我们天天拉货天天送，哪里都去，机场、仓库，戴着口罩忙个不停，早晨没有饭，也顾不上吃，也没地方吃，谁还在那里摆小摊啊。饿着肚子，更觉得冷。中午有人送饭，有时医院里的大夫给我们盒饭，也没个点儿。我们给汽车加油，都是自己掏钱，加满油再跑，晚上都是到十点多，有时候到凌晨三点。住在门卫那里，没有热水，干活，每天都会出汗，身上发黏了也顾不上，凉水洗又怕感冒，我们五天都没有洗脸。

《都知道，我心里有个结》

……俺这个村，叫后峪子，从前是个穷山村。说是由九个自然村组成，就是几户几户，分散在八个山峪里，你听听这名字：张家泉崖、小山子、一沟、二沟、北烂沟、南烂沟，你想，沟都是烂的，不像样啊。过去，哪有块平地，有块平地就种庄稼了，老百姓盖屋，就在这些沟崖边上，稍稍平出丁点儿地方。那屋，哪有像样的，就是些小趴趴屋，现在的猪圈也比它强。

作家简介

丁建元

1956 年生于 山东省日照市。原山东友谊出版社总编辑，中国作家协会会员，山东省散文学会会长。

画家简介

盛岩

1971 年生于山东省潍坊市。山东师范大学美术学院油画专业副教授，硕士研究生导师。

目录

我是“熊猫血”

（谢春雨，临沂市第十一中学教师。临沂好人，临沂助人为乐标兵，2002—2005年临沂市无偿献血奉献奖；2006—2009年无偿献血奉献奖金奖；2008—2009年全国无偿献血奉献奖金奖；2010—2012年临沂市无偿献血奉献奖；2016—2017年全国无偿献血奉献奖银奖等。）

说心里话，我不太情愿被采访，我做的这点儿事儿，没有什么可说的，就是献点儿血，抽完了就走。这是救人急、救人命的事儿，咱做了也是应该的，别的都不说，咱还是人民教师，心里总得记着为人师表。

我老家是郯城，1974年从本县师范学校毕业，教了几年书，觉得自己学历太低了，咱人高马大，可是学历和这身高不般配呢，鼓鼓劲儿，再考！我业余时间拼了几年，1985年考上了山东师范大学物理系，毕业就分配到临沂这所高中。后来，因为生源减少了，高中就调整为初中，当时不少人觉得层次低下来了，说这说那，我觉得无所谓，反正教的还是自己的专业，屈不了才。

我开始义务献血，是1998年的教师节。当时，大家觉得应该做件有意义的事情，学校里想了想，说那就组织大家义务献血吧。你看我这身体，又粗壮，又魁梧，沂蒙山大汉，献血咱还能含糊？到了血站化验血型，我居然是“熊猫血”。同事们围着我上下打量，满眼的好奇，真像围着个大熊猫。有的说老谢，你真成了稀有动物啦！

血站的人说，谢老师，你现在不用献了，回去随时听通知，只要电话打过去，只要你没离开临沂，务必立即赶到这里！

我说，好，我保证！

回来的路上，我心里怪高兴，血站的人告诉我，整个临沂地面上，这种血型的也就十几人，做梦都想不到，自己，那就是珍品，两条腿的大熊猫！

血型当然是遗传。我母亲去世得早，父亲身体一直很好，以前，他们也没有查体验血这一说。后来发现，我哥哥也是“熊猫血”。父母肯定有一个人是这种血型，又遗传到我们兄弟俩身上，我开玩笑说这很好，老天让我们生来就有救人的特殊本钱。

我家住在郯城黄山镇农村，后来划归到临沂市罗庄区。我父亲原来在县水利局工作，母亲和我们都是农村户口。闹饥荒的年代，家里穷得揭不开锅，哥哥和我都小，还不能干农活儿。父亲工资也不高，眼看着我们饿肚子，他就咬咬牙辞了职，回村当了农民。我们兄妹三人，都是从小吃地瓜干子长大的，那时候都穷，我哥哥学习也很好，可是上到初中，家里就没钱供应他了，十几岁就辍学，帮着父亲干农活儿……

我第一次献血，就是当年的冬天，学校已经放了寒假。

学校里的事情处理完了，老师们陆续离校，我也回到老家。那是个深夜，我早就睡下了，突然电话打到村子里，那时候通信不发达，村里有部座机就很不错了。村书记接到电话，急三火四地跑到我家，站在墙外喊着我的名字，说快起来，快起来！紧急电话！边喊边把门拍得啪啪响。

家里人全都惊醒了。我起身问哪里的电话，书记说临沂血站来的。

我一听不敢怠慢，一骨碌爬起来，拉开灯就紧忙穿衣服，边扣扣子边在床下找鞋，拖着鞋就往外屋走。

那边我父亲也醒了，亮起了灯。我站在外间里，父亲也过来了，披着大袄，紧张地问什么事儿这么急，深更半夜的。我说是临沂血站的电话，肯定遇到急病号了，让我赶回去献血，您睡吧，没事儿。

可是，父亲还站在那里看着我，他说那你得快走，人命关天，别耽搁。我已经准备好，那时候农村也没有通汽车，我就骑自行车往临沂跑。我到院子里搬自行车，父亲也跟出来，嘱咐说，这是救命，你能多献就多献。

我答应了一声就出了门，跟书记也没说话就飞身上车，接着出了村子。现在村村都修了柏油路，那时候，就是坑坑洼洼的土路，也没有照明，野外黑咕隆咚，好在我路熟。我骑着车子拼命地蹬，车子在路上咯噔咯噔地颠簸，我也顾不上了，俯下身子大瞪着眼往前蹿。小北风冷嗖嗖地刮着，脸冻得发麻，可没多会儿就热了，出汗了，出了大汗，汗水从脸上往下淌，后背都湿透了，人呼哧呼哧地喘着粗气。六十多里路我一气儿赶到，好处在深夜，临沂城的大街上没有行人，任我往前狂蹿，蹿到血站门口我把车子一扔就往里跑，一个医生早就等在那里了，我麻利地脱掉面包服，窗前凳子上一坐，袖子一撸就把胳膊伸了进去，医生接着消毒抽血。血很快抽完，血袋子立即被取走。里外两人什么话也没有，完了，我再起身回学校，到家差不多就天亮了。

我们献血，谁用，不能问，医生也不会告诉你，我也从来不打听，更不会去见病人。我想，凡是用我这种血的人，肯定是特殊的危重病号，能抢救过来就是万幸，你如果见了人家，好像是关心，其实是给病人增加了压力，就有让人家感谢的嫌疑。献血本来就是个善行，不能变成怜悯。后来，血站上的熟人告诉我，那天抢救的病人是上海的，但姓什么叫什么不知道，不打听。

献血这么多年，我唯一知道的病人，是因为都是郯城本地的，他是个高中生。那孩子下了晚自习回家，路上被汽车撞了，很厉害，多处骨折，在郯城县医院抢救，急需“熊猫血”，本地的几个人都献了，可还是不够，县医院立即向临沂市血站求救，血站立即把电话打到我家。都夜里十二点多了，接到电话我立马起床，车已经停在我家门口，上车一路赶到郯城县医院。

可能是这个孩子流血太多了，需要我先献血小板再献血浆，我这是头一回献血小板，要通过医疗器械把它从血液中分离。献，怎么献都行，我没半点儿犹豫，躺下后医生就给我挂上设备。这时候人不能动，左胳膊抽完，再抽右胳膊，大约需要一小时，现在设备先进了，只需四十五分钟。

这个孩子终于救过来了，后来很可能考上了大学。到现在他不知道我，我回县里也从来不说，过了好多年，有记者采访我才说出来，但我把详细过程省略了，这过程我也不和你说，没别的，就是不想让孩子的父母知道。

……从我验出熊猫血型，我就觉得肩上有责任了，心里总是揣着这个事儿，就像是举手宣誓那样：时刻准备着。我要把身体弄得好好的，时时待命，随叫随到，需要多少我就献多少，随他医生抽！我本来就喜欢体育健身，打篮球，游泳，爬山，之后我有意地加上冷水浴和冬泳。献血有要求，不能血脂高，所以大鱼大肉不能多吃。正常情况下献血，血站会在头一天通知，我就在饮食上注意，吃清淡的，甚至光喝稀饭，少吃或者不吃盐。最注意的，就是头一天绝对不能喝酒！

（微笑）……从前啊，我这人很好酒，量也大。年轻时候，没有二斤白酒进去我就过不了瘾。我跟你讲个故事，那年，我四十刚冒头，年终，学校发布各班总成绩，我带的班级排全市前几名，我又被评为市里、省里的优秀教师。正好又临到评职称，我已经是副高了，我对学校里说，荣誉我得了不少，职称就缓几年吧，让给别的老师，好事儿不能都我一个人的。报材料的时候我排在最前，我就把它撤回来，有的老同志就评上了。校长也高兴，我们都是知根知底的老伙计。放假了，他说老谢，咱忙活一年不容易，大家都没白没黑，铆着劲儿抓教学，我也没少对大家动态度，可大家都理解，今晚上咱们喝酒，咱放开喝，拿出量来喝！

伙房里炒了几个菜，我们也到街上买了些熟食，校长带来金六福白酒，高度的。等洗好杯子，菜上来，校长笑着说，老谢，咱试试吧。杯子是二两半的，每人五杯，依次摆开。我说我先喝，接着五杯连连喝下，这就一斤二两半了。这一轮，所有的人都这些。完了，校长说，大家必须敬老谢一杯。这样，每个人敬我一杯，五个人轮流，我又喝了一斤二两半。到最后，所有的人都歪在墙根下，我没事儿，那正是能喝的年龄！……平时，我晚上在家吃饭，不先喝上一瓶白酒心里就难受，那时也喝不起好酒，就是七毛二一瓶的“沂河桥”。我胃口好，冷的热的、酸的甜的都吃，每顿四五个馒头不在话下，现在我都五十多了，昨天晚上还吃了三个馒头。

也就是因为喝酒耽误了大事儿。年轻，喝酒经常心里没数儿。朋友结婚打家具，我去帮忙，哥俩儿喝酒喝得太多了，我走路两脚开始飘，就像踩在棉花堆上，到家进门不小心，一头碰到门框上。早晨醒来一看，眼角碰出一块青，还肿了一个包。上午还有我的课，只好找了个墨镜戴上。我记得很清楚，那天讲的是电学。

我不知道，有个很大的领导来临沂视察，他分管教育，临时提出要到一所中学看看，市里就安排到我们学校。学校接到通知后，商量说就让领导到谢老师的课堂看看吧。学校里光忙着接待了，居然忘了通知我。我正讲着课，大领导他们突然进了教室，看到我的板书很漂亮，他满意地点点头。见我戴着墨镜，他很和蔼地慢悠悠地问，小青年啊，你怎么上课还戴着墨镜啊？当时我的脸就红了，只好说，我眼睛受伤了，受伤了。

最让我不能原谅自己的，就是喝酒耽误了献血。我在罗庄那边有个小院儿，村里的老张和我相交多年，后来他儿子碰巧又在我分管的班里。刚入校时孩子学习一般，可是聪明，让我调理了一下成绩就上去了。老张也高兴，只要我去献血，他不管知道得早晚，总是炖一只鸡给我补补，当然要喝酒。

那是夏天最热的时候，学校早就放了暑假，碰巧又是周六，老张又叫我。我一进门儿，几个菜已经摆在桌子上了，杯子一边一个。我们两个人没说几句客套，坐下就喝酒，喝的是兰陵醇香。我一仰脖儿，一大杯酒就进去了，老张接着就给我倒上；我夹了几口菜，接着又喝了一大杯。可就在这时候，手机响了，我一看是血站打来的，声音很着急，让我立即赶过去，越快越好！

坏了，误了大事了！我磕磕巴巴地说，不行了，我喝酒了。那边就不吱声了，沉默，好半天不说话。我又喂喂了几声，没有回音，挂断了。

放下手机，我心里就乱了，觉得脑袋发木，两眼发呆。老张安慰我说，事情很突然，谁也不能掐着指头先算算，你今天不能献了，血站会找别人，还有其他“熊猫血”的人，喝吧。

我不说话，夹口菜放进嘴里，也觉得没有一点儿滋味了。闷着头喝酒，完全没有了刚才的兴致。

回到家里，自己越想越愧疚，越想越后悔，躺在床上睡不着，眼前总出现那个急需输血的人：躺在病床上，闭着眼，插着管子，戴着呼吸机，血肉模糊地等着我。可是，因为喝酒，我犯了献血的大忌，成了见死不救的人了。这个人，也可能输了别人的血活了过来，但也因为再找别人耽误了时间，真的万一呢？……以后，只要我还喝酒，肯定还会碰到类似的事情。

我想我得戒酒，彻底地戒掉！

从那以后，我就不喝酒了，脑子里那根弦，每天都不松不紧地绷着，不定啥时突然就响起血站的电话，我要以最快的速度到达现场。我常想，献血就是打仗，电话就是命令，就是从阎王爷那里抢人！老天让我成为“熊猫血”，就是让我有这份担当，我得把这个“天职”尽好，我这辈子，真是不为自己活着。想想我的血流到别人的身体里，使他转危为安获得新生，这真是我最自豪最幸福的事情。

我这人，貌相看起来粗犷，可我心软，见不得别人有困难。为这个，也算吃过亏，工资曾经被银行全部冻结过。

俺庄里有个残疾人，小名叫“四蛋”，我们算是本族本支，论辈分他叫我二叔。四蛋到处收废品，好不容易找了个老婆，是个智障。结婚后，他就想把生意做大，搞个废品加工厂，他到银行贷款，但必须要有两个人做担保。我侄子在村里当主任，也想帮帮他，扶贫嘛。侄子找到我，说二叔，我已经给四蛋找到一个担保人了，再加上你吧。我想残疾人本身就很难，创业更不容易，又是咱本家，能帮就帮，就给他做担保贷了二十万元。

可是没想到，不久四蛋就遇到了事儿。他刚把废品加工厂弄起来，不巧人家小区改造，结果把原来的路堵死了。没路走，这厂子立马就废了，生意也黄了。四蛋不识字儿，也不会找人协调解决，心里想不开，晚上弄了根绳子拴在梁上就上了吊。

人死了，可欠的钱死不了啊，这银行就找担保人。那个担保人一听事儿不好，跑了。我还不知道，莫名其妙地就被带到马站法庭，判我还款，银行把我的全部工资冻结。

我找到四蛋的亲属，他有五个姐姐三个哥哥。我说我就是个普通教师，手里也没多少钱，四蛋已经不在了，我自认倒霉，咱们合着把账替他还了吧，你们是亲兄弟姐妹，每家出一万，剩下算我的。

可是，他们谁都不吱声，钱是分文不出。银行里逼得紧，我也没有咒念了，东拼西借，硬硬地替四蛋还上了二十万，（笑）你说我冤枉不冤枉。

后来，我回老家，专门到四蛋家里看看。我一看，唉，真是可怜，房子倒是有，可里面空空的，怎么脏怎么乱不说，就堆着一些破烂。政府和村里也给了些照顾，可是他老婆根本不会过日子。四蛋留下两个孩子，大的是女孩，小的是男孩，都是赤脚光腚。见我去了，两个孩子仰着小脸儿看着我，满脸上都是灰。我说，我是你二爷爷，两个孩子就叫二爷爷，当时我心里很难过，掏出钱来给两个孩子。今年春节我回去，又到四蛋家里，给孩子留下几百块钱。

我义务献血，家里人都很支持。我父亲经常对我说，好，你这是做积德行善的事情，我这当爹的也觉得脸上有光，你能多献就多献。我爱人，是我当教师后认识的，后来在一个学校，也教物理。她这人心眼儿好，很贤惠，教完学后，家里家外都是她料理，根本不用我操心。我的事儿她很少管，大事儿她都是默默地支持我，钱，我怎么花她都没意见，前边说的那二十万元，后来她知道了，只是轻轻地叹口气，什么也没说。

我献血，爱人当然支持，可是她也挂牵。每次血站打来电话让我去，她总是站在一边，别的都不说，只嘱咐一句话，你听医生的。她是担心我临时逞强，出了问题。

……

献血献了二十多年，我居然形成了心理惯性。这么多年，我时时等待，这种等待没有规定的日期，没有规律可循，电话一来就是急的，有时半月二十天没有电话。后来，如果好多日子血站不叫我，我就觉得憋得慌，急得慌。不叫我，是因为没有特殊病人，是平安，可是我却有了隐隐约约的失落感。我琢磨着，这种现象既有心理原因，也有生理原因，是因为献血，我的造血功能更旺盛了。心里憋不住了，我就主动去献，在公园边、广场上，看到献血车我就上去，每年献两三次。有时献二百毫升，有时献三四百毫升，到现在，我献了有七八万毫升了。有记者采访我，说我是特殊的移动的“血库”（微笑）。

我的行为，也影响了我妹妹谢春霞，她比我小四岁，在莒县缫丝厂当工人。她没上几天学，从小在家里干活儿，拾草剜菜。她的孩子大了，在这里上学，就住在我家。

看到我献血，妹妹说二哥，我也向你学习，也献，她是A型血。同样是“熊猫血”的大哥也献过几次，后来因为年纪大了，血液老化，血站不要了。

有一次，我到医院献血小板，旁边还有一个义务献血的年轻人，不到三十岁，是咱这里朱宝乡的，自己做生意，也是赶到这里救人。看见我，他说你年纪这么大了还来献血，我年轻，一定要向你学习，能多献多献，多做好事。小伙子还要了我的电话，现在我们还时常联系。

别人看我乐观、豁达，可我这大半生，酸甜苦辣都尝过……至今，我这心里，有个永久的痛。

我们结婚后，生了双胞胎，而且还是龙凤胎。多少人羡慕，都说谢老师你真有福气，国家允许生一个，老天爷高兴了又给你加上一个，儿女双全了！

那时，我们夫妻分居两地，我在市里，爱人和孩子在老家中学，我就是周六回去。我那时候心思全放在教学上，很少顾家，孩子都是爱人照顾。两个孩子从小都很懂事儿，也很聪明。儿子三四岁的时候，我一到家他就黏着我，爸爸长，爸爸短，问这问那，他姐姐反而腼腆。小家伙齐头大耳，浓眉大眼，高兴了就搂着我的脖子，亲我的腮帮子，也不怕胡子扎。我抱着他串门儿，邻居们都夸奖孩子好。

儿子长到五岁，就要上学了。那天我回家，他说，爸爸，我想跟着你到临沂看看，看看大高楼。

我想，孩子这么大了，我还从来没有带他到临沂去过，而且离得这么近，想想真是亏待了孩子。我说好，下星期我回来，带着你到临沂，看看大高楼，看看沂河大桥，桥上还跑大火车。

儿子很兴奋，他说爸爸你别忘了，你说话要算数儿。

我说，一定，爸爸说话算数。

回到学校，又忙着教学，那时候临沂正在防地震，住楼的人都睡在防震棚里。又是个晚上，突然有辆摩托车突突地开到我住的防震棚外边，来人告诉我，家里有点事儿，让我赶紧回去。

我心里咯噔一下，连忙问什么事儿，谁病了？

来人没回答，只是说，上车吧。

那时候没有电话，街上还没有出租车，我就坐在摩托车后座上，黑灯瞎火地回到家。

前脚一迈进家门我就惊呆了，我的儿子出事了。

家门外不远有个小水汪，原先不知是谁家挖了个粪坑，夏天积了些雨水，到了深秋，里边的水已经很浅，到不了成人的小腿肚子，可能是儿子不小心，一下子滑进去，趴到水里，五岁的孩子还没反应过来，一口水就把他呛着了。

当时的情景，我没法和你叙述，我们全家心都碎了。我没有哭，就是目瞪瞪地看看孩子，目瞪瞪地站着。爱人坐在那里，完全垮了。

最后，我把儿子抱起来，亲了亲他，就走进黑夜里，和几个邻居走到村外的林地。

我疲惫地回来，爱人依然坐在那里，动也不动，哀凄不语。

我不敢正面看她，她也不敢正面看我。

最后，还是我说，我要回去，明天我还有课。

爱人说，回去吧，明天我也有课。

这样，我又被村里人用摩托车送回学校。已经后半夜了，我猛地倒在防震棚的床上，一下子把脸埋进枕头，——我不能大声哭，不能让别人听到，我堵住嘴哭，我说不上自己是醒着还是昏睡，我就是哭，一直哭到天亮，我的枕头全都湿透了。

上课的时候，怎么讲的我自己都不知道，至今我也回忆不出当初讲的什么，大脑全空了，人虚到了极点，站在讲台上，就觉得自己要飘起来，要瘫痪，要一头栽到地上。事后我想，我都这个状态，我爱人那堂课，她是怎么上的，是什么力量让她走到讲台上，怎么能撑下来，她是孩子的母亲，她的悲伤难以想象……我至今也不知道，我不能问，也不敢问。

伤痛长久地折磨着我们，夜深人静时我不知哭了多少回，可我不能让别人看出来。后来，我每次献血的时候，眼前总出现儿子的面容，有时候他好像站在我身旁，又像站在我身后，有时候就在我背后的天上，我在做，儿子在看。我把胳膊伸进窗口里，心里好像有一种神圣的感觉。

每次献血，血站都要发个红色小证，上面有个“十”字，可我从来不要，我不需要留念。市里表彰我，后来我被评为全国的献血模范，给我奖牌、奖杯等，我不摆、不挂，可能理解得不对，我不想让别人看见，也不想让自己看见，我个人固执地认为，别的荣誉颁发的奖，可以摆，可以挂，可义务献血的奖，我总觉得摆出来就成了显摆，目的就不纯。不是我不重视上级给的荣誉，是我担当不起。

有一次，上边颁给我一个很大的奖杯，是有机玻璃做的，漂亮的天使双手捧着一个圆球，我就把它放到里屋的角落里。后来搬家不小心，把天使的一个翅膀给碰掉了，不好看了，扔了有点儿可惜，我就把它送给收废品的了。

现在，我年龄大了，血站的人对我说，谢老师，新一代的“熊猫血”已经有了，你也尽了职尽了责，可以好好歇歇了。所以，我也可以喝点儿酒了，但是，已经没有了当年的酒量，那时候年轻，是七分豪气加三分傻气，想想也痛快。现在多了我也不喝，就喝一两。

我原来的名字叫谢春生，和本村的一个哥哥重名，上小学的时候我就想改，可没有改成。后来，我这个哥哥推石头下山，不小心翻了车，出了事故。我想这名字是非改不可了，就改成谢春雨，沂蒙山需要水，咱就当几滴春雨吧！

……

侧记：

谢春雨坐在桌对面的椅子上，依然可见身材魁梧，肩膀宽厚，额头宽阔，短发有白，粗手指捏着纤细的瓷杯把儿。那只大手，一握就是榔头！就像许多沂蒙山人，老谢质朴，厚道，还有可贵的谦逊。之前我先看了他的材料，我问，你献血二十多年，得到的表彰肯定很多，怎么上面没有啊？老谢笑笑说，很多很多，都忘了，好多证书都找不到了，还是淡化这个吧，咱是教师，做这点儿事儿，说来也是应该。

圆他们的梦

（孟庆军、赵伟，临沂市兰山区居民，个体。孟庆军：临沂市十大慈善人物，临沂好人；赵伟，临沂市三八红旗手，新时代沂蒙红嫂精神传承者；同获全国五好家庭、全国最美家庭、齐鲁最美家庭、临沂市十大最美家庭等。）

老孟：这、这楼是我到了临沂才买的，贷、贷了不少款。

我老家是兰陵那边，兰陵县芦柞镇炉东村。唉，我没有文化，就上到初中，初中也不是正规的，就是几个村子联合办的庄户学校，叫联中。我那时候学习属于中上游，语文、数学学起来都不费劲，背课文也很轻松。

那时候初中就上两年，转眼就毕业了。看到别的同学都接着上高中，我也想上，可是回家一说，我父亲的脸一下子虎起来了，看也不看我，狠狠地说，不上了！

我可怜巴巴地说，我、我上完高中行不行？父亲还是不看我，说不行！我头上冒汗，紧张地瞅着他的脸，哀求着说，爹，你让我上吧，上完高中我能考上中专、大学。

父亲转过脸来，眼瞪着我呵斥，看看你这个熊样，话都说不顺溜还考大学，别做这个梦了，老老实实地在家干活！

我当时就哭起来。我一哭父亲更来气，他喝道，哭什么？你还觉得冤枉吗？话没落下上来就打我一耳光子，接着一脚把我踹在地上。我娘不敢说话，也不敢拉我。父亲在家里霸道惯了，他打我特别狠，都是耳光子加上脚踹。

父亲最后说，想上学可以，喝着西北风上！

我再也不敢提上学的事儿了，同学们到俺家里找我，我就伤心得流泪，流泪也不敢让父亲看见。高中学校离俺村不远，就是二里多路，一排平房，石头墙，盖着青瓦。没有像样的钟，就在树杈上吊一块生铁，上课下课用铁棍儿敲。一听到铁棍儿敲出的声音，我心里就很难过。

后来想想，我也不能恨父亲。打孩子，骂孩子，那时候好多家长都这样。其实我父亲心很软，打了我他也后悔，有时也悄悄地流泪。事后他对我说，我也愿意你上，可我没有那个能力供应你。

我们家太穷了，我有两个姐姐，两个弟弟，男的我是老大，就因为这，两个姐姐都没能上学，我能上完初中就很不容易了。我们家就有三间破屋，四张小木头床，里间两张，我父母和姐姐睡，外边一张，我们三兄弟挤在上边……（老孟眼红了，摆着手）不说了，不说了。

下了学，我就到生产队里干活。我才十六岁，又干巴又瘦，重活干不了，就跟在大人后边干点儿轻的，拔拔草、铲锨土什么的，人家叫我们“半妇女”，因为妇女干一天挣六分工，我这样的挣三分。

赵伟：我嫁给他，是俺表姐给介绍的，她就是老孟村里的媳妇。表姐走娘家回来，就给我说起老孟：小伙子怪好，老实，本分，心眼儿好，到时候我领来你看看。

不久，表姐就领着老孟来到俺家。老孟他不说话，光笑，分香烟，我也不知道他是结巴。邻居们看了都说人怪好，就是不多白。末了俺表姐问我说你看行吗？我心里也说不上行还是不行，也害羞，反正闺女大了都要找婆家，也就点了点头。

同意了，就算定了亲，照着风俗，老孟家给我买了布，买了鞋，让媒人也就是俺表姐送来。随后，女方要到男的家看看，我和俺娘又跟着表姐到了老孟家。那就快中午了，我看见老孟，看了几眼就悄悄地扯了俺表姐的衣角，悄悄地问，这是那天见的那个人吧？表姐笑着说，我还能给你换了？我说，怎么这么黑呢。

（老孟嘿嘿地笑了：我、我、我也、也没有包着那个藏着，黑、黑就那么是嗯嗯那个爹娘那个给—的）

俺表姐说，过庄户日子，管他黑的白的，人好，能干活就行。我想也行啊，我个子也不高。

俺娘回家后对我说，可怜，你婆婆家真穷，缸空着，罐子空着，就是囤子里那点儿地瓜干子。我那时也小，才十八岁，什么也不懂，就觉得找个男人心好能干就行。我从小就认命，同意了人家我就不反悔，我不怕穷，俺家里也穷。俺爹这时候说了一句话我牢牢记着：穷没有根，富没有苗，好日子都是人过出来的！

老孟：俺、俺岳父那个、那个人，真、真好。

我们结婚的时候，村里的地早就分到各家各户，就靠我自己分的那点儿地。头四年，我们就在家里刨土，又累又没有钱。有本事的人都在找门路，做生意，我想我们也不能老受穷啊。有个熟人自己搞了个小印刷厂，就印作业本，他说老孟，你帮我推销吧，从里面提成。

我说我这个样的能干推销？

朋友说，你嘴不行，可是人行。

我就拎着一捆作业本进了学校，我不会说，一张嘴就结巴，越结巴越说不出来，站在老师的办公室门口，头上直冒汗，脸憋得通红，嘴唇发干。好多小学生围着我看热闹，故意逗我说话，我一说他们就笑，调皮的学生还跟我学，做鬼脸。

校长看见我这个狼狈样儿，笑着过来帮我，这就把本子全卖出去了。再到别的学校，也是人家看我嘴笨可人实在，反而更好推销了。慢慢的，周边的学校都跟我熟了，隔上半月二十天，我就拎着作业本上门，有时候我去得晚些日子，还有的老师念叨，结巴老孟怎么不来啦？

我干推销，还就因为嘴笨出了名。有人笑着说我，什么人，什么福，结巴有结巴福。临沂这边印奖状，专门找我帮着推销。一张奖状在当地卖六分钱，拉到兰陵就卖九分或者一毛；作业本在临沂卖一毛二，到这里卖一毛五。就这样，我业务越做越多，熟人也越来越多，大家都信任我，学校需要本子或者奖状什么的，他们就通知我，我就蹬着三轮送过去。防止里边有破损，我从来都是留下些多余的。

这里和江苏省搭界，我又把生意做到了那边。他们见我要的价格最低，人也实诚，都打电话让我送。后来，我干脆从临沂文体市场批发，扛着大包，一趟一趟往汽车站送，我舍不得雇人，雇人还得多花钱，就是一个人来来回回地扛。

临沂有个老板也来找我，他专门印刷食品外包装，让我给他推销。我还是笨办法，到处跑，到处找客户，又把市场给他打开了，一个月我能挣到一万多。就这样我干了十年，（原话）我我我那个那么是那个就是那个挣了不少钱！

赵伟：我看老孟他和人关系搞得那么好，他往哪里去我都愿意跟着他。结婚以后，我想把他的结巴改改，我说你说话慢点儿，说三个字一顿，再说后边的，可是没用。他结巴起来不换气儿，急得自己跺脚，手里拿着什么就拍打什么。他跟我说话，说了半天我也不明白，我不明白他更生气，瞪眼，黑着脸，好像别人听不明白应该，可你是我老婆你能听不明白？你应该明白！这不是难为我嘛。慢慢的，他说话，我就边听边猜，猜

对了他就点头，连点头带笑，好像说对，对，就这个意思，就这个意思！（老孟看着爱人，开心地笑起来）

老孟：我、我这结巴，是因为我父亲结巴，我从小也没跟着他学，见着他就想躲，离他近了，弄不好还挨揍，可弄着弄着我也结巴了。对这，父亲很生气，他骂骂咧咧地说好事儿你不学，坏事儿你倒学得快。骂着骂着，他就要打，越要打我心里越害怕，越害怕就越结巴。父亲说，你等着，往后你再敢结巴，我就用菜刀把你的舌头割下来！可是没用，我结巴得比他还厉害。

记不清是哪年了，我看《齐鲁晚报》，看到有个孩子家庭贫苦，因为交不起学费失学了。我越看心里越难过，想到了我的从前，这个孩子，就是当年的我，要不是家庭困难，我也可以上高中，可以考上中专或者大学，不会是现在这个样子，虽然我现在挣了些钱，可我还是个半文盲。不行，我得帮帮这孩子，让他重回学校。我立即站起来，到邮局给他寄了钱，寄了多少我也忘了。

回到家，我把这事儿告诉了我爱人，她说应该，你做得对，你这是善心。

也就是从寄出第一笔钱开始，我就注意失学的孩子，后来注意贵州省的贫困少年，资助了那里三十六名学生。手续很正规，是我联系了贵州省妇联，这些孩子都是经过严格调查最后确定的，他们都填了表，贴上照片，学校盖章，最后是省妇联的钢印，然后寄给我。好多学生是少数民族子女，有苗族、水族、布依族、毛南族等，他们住在偏远的大山里，很艰苦。

我找出表来你看看。（老孟进屋去了）

赵伟：老孟这个人，对人好，对我也真没说的。那年，他听说南方印刷活儿多，要去看看，就一个人坐车到了温州。看到街上卖一种水果，他从来没见过，买了一小块尝了尝，怎么这么好吃啊，他就想到我。

临回来的时候，他花了九毛五分钱买了一个，用报纸包好，放到小包里，小包又放进大包里。南方天气热，路上怕坏了，还经常拿出来看看。到了家，水果外边还是出来好多黑点点，烂出了麻子坑。

老孟把皮削了削，切给我吃了，真是怪甜。我问老孟这是什么水果，老孟说不知道，我说你买的时候也不问问，老孟就笑着摸脑袋。还是邻居告诉我，这水果叫菠萝。

不管怎么说老孟他想着我，心里有我，我就很知足。

老孟：你、你看，这就是那些学生。还有好多学生来信，我就不拿了，放得很乱。

（我翻看这些表格，三十多位学生大都是孤儿，下面填写着资助理由。我这里摘录几人，都用化名）

陈如意，女，因父母在2014年骑摩托车回家，过河时不幸被水冲走，所以失去主要经济来源。

辛婷婷，女，父亲早年去世，母亲常年患病在家，没有固定经济来源，读书期间的学习、生活费用无法自给。

黄红，女，父亲2011年赶马车时不幸摔到地上，伤到头部，因为没有及时去医院，大年初二过世，母亲也伤心出走，再也没有音讯。

李小健，男，该生为孤儿，母亲早已改嫁，父亡，……该生在校遵守纪律，尊敬老师，团结同学，学习上求知欲强，课堂上认真听讲，成绩处于班级前列。目前该生寄住在伯父家里，但无任何经济收入支撑其完成学习，生活十分困难。

杨姗姗，女，2001年7月父亲去世，母亲离家出走，杳无音信，留下三姊妹，现由伯父一人抚养（伯母2007年去世）。伯父自己有四个子女，身体状况也不好，无力劳动，家里人口多，田地少，生活困难。

……

老孟：唉，你看看，这些孩子真是让人同情。我接到贵州省妇联寄来的这些表，心里很沉重，表上就那么几行字儿，可是越想越可怜，我得拉巴这些孩子，直到他们考上大学或者成人。我跟赵伟商量，她说，老孟，这事儿，我丁点儿意见也没有，我也同意，也愿意，咱从前都受过穷，受过苦，就得帮他们。她又嘱咐我说，老孟，你可要想好了，咱要做就得做好，做到底，老话说善门难开，开了就不能关上。

她这样支持我，我就更有信心了。寄到贵州的头一笔钱，是我和赵伟一块儿去的邮局。我们都带着身份证，不带，人家不受理。我填汇款单，填写汇款人地址的时候，我想咱不能用真名，这是善款，咱做善事不求回报，更不能让那边的孩子知道。我们两个人就商量用什么名，她说，你叫孟庆军，我叫赵伟，咱是一家人，就叫“一孟伟”吧。

从那以后，我们寄钱就用“一孟伟”这个名。有的孩子收到钱后，写来感谢信，感谢“一孟伟”叔叔，有的还称我们“一叔叔”。邮局里的人也知道了，一看信封写着“一孟伟”，就给我们送过来。

贵州有个孩子叫李新奇，也是个孤儿，爹没了，娘改嫁，就跟着爷爷过日子。我经常用这个名和他通信，给他寄钱，我帮了他五年，帮了他将近三万块钱。后来，这个孩子考上了西安邮政大学。

你看这个叫杨姗姗的女孩儿，长得很秀气，这孩子也争气，因为感激山东资助她的人，她专门报考了青岛科技大学。孩子来到山东，不断地打听我们。那年，我们家被评上了齐鲁最美家庭，我俩到省电视台领奖，走上台后，主持人突然领着杨姗姗走出来。

原来，栏目组也因为女孩儿写信，知道了我们的事儿，做节目就让女孩到场，可是已经放了暑假，电视台专门买上机票，杨姗姗从贵州的山里，辛辛苦苦再赶过来……

（老孟眼睛湿润，眼圈儿红了……）

（我又看表格）

余德文，男，父亲死亡，母亲改嫁后音信全无，他跟年迈的爷爷奶奶一起生活。该生在校品学兼优，成绩在班上一直名列前茅，家庭经济困难，该生每周放学回家后，靠挖野菜来换取生活费。

刘思齐，男，奶奶年迈去世，父亲也因病去世，母亲失去联系，靠爷爷一人在家中务农维持生计，没有其他经济来源。爷爷年纪大了，身体越来越差，生活非常艰难，难以负担孙子的生活学习费用。

……

老孟：有个女孩子，也是贵州那边的，拿到大学录取通知书后，没有学费，我立即寄去五千块钱。孩子感激我们，非要来山东认认门儿。我给她回信，我说你没有钱，路又这么远，路上我不放心，你不能来。小孩很懂事儿，不来了，可是她给中央电视台栏目组写了信，把我们资助她的事儿全写了。

信被栏目组导演看到了，他很感动，通过政府部门联系到我们，让我们到北京开会领奖。我们压根儿就不愿意出头露面，我见了人说不出话来，再说，咱做这事儿，从来就是隐姓埋名。

我们坚决不去，可是中央台老是催，这里的部门也来俺家做工作，来了好几回。我说我不去，实在不行叫赵伟去，赵伟说打死我也不去。人家说，夫妻俩一块儿做的事儿，必须一块去。我说我话都不会说，人家说给你写好稿子，你上台念还不行？

就这么好说歹说，我们没办法，硬着头皮去了北京。

节目开始前，我们坐在台子下边。突然灯光一下子全打开，音乐响起来，没想到台长都出来了，咱哪里见过这场面，紧张，手心出汗。等到导演让我上台念稿子，我两腿哆嗦，满头是汗，也不知道怎么念下来的。

念完稿子我回到台下，过了一会儿又给我们发奖，我是死活不上去了。我不上去，赵伟也不上去。台上两个人拽不动我，硬是把赵伟拉上去了。赵伟也慌得要命，她说俺真是不好意思，俺真是做了一点小事儿，俺真的不想要这个奖。

台长给她奖牌，赵伟就是不接，就是不要，就是往外推，脸都红了。大家笑着说，你收下吧，回家放起来，以后给孙子看，对后代成长也好啊，她这才接过来。

你问有没有不靠谱的人，还真有。有两个家长，我给他孩子寄过钱去，他们来信了，说寄得太少，根本解决不了家庭困难，如果你有很多钱，就给我们多寄点儿吧。我们一看就生了气，再也不给他们寄了。（原话）我、我，嗯，那么看看到这这号人我就、就生、生生那个气！

（老孟眼睛拼命地眨巴，憋着脸，双拳同时往下顿，跺脚）

赵伟：世上的人百人百性，碰到这样的人也无所谓，咱不在乎这个，本来就不图回报。咱对孩子尽上心，如果他们成了人，过上好日子就行了。老孟除了资助贵州的三十多个孩子，在本地还资助了七十多个。蒙阴有个孩子，叫王什么续的，也是个孤儿，每年我们都给他寄钱。孩子写信，非要来感谢，我们不让他来。

手里的钱，总有花完的时候，我们用钱也有里外。老孟的两个弟弟，我们对他们都很好。我刚嫁过来时，吃不上，穿不上，可我跟老孟说，咱得好好干，你下边两个兄弟如果说不上媳妇，你老大的日子也不好过，咱得帮他们。老孟挣了钱，给两个弟弟盖上新房，说上媳妇；妹妹出嫁，我们该花的花。

我们结婚时没有钱，可我不看重钱。我当时有病住院，因为葡萄胎，出院时复查，打完针后我身上只有五毛钱。就这时候，我们的亲戚被车撞了，我借了一百元，让老孟赶紧去看，人情比钱贵重。

我这人不好流泪，可是一想过去就怪心酸。

我们平时省吃俭用，舍不得花钱。这么多年，我们就是在晚上八九点钟到超市，买便宜菜；衣服能将就的就不买新的；俺老家的房子，上面的草早就烂了，露出木头檩条子，可两边邻居都盖了三层楼。俺小叔子来了，说你们回去把房子翻盖起来，不住也总归是个老窝儿，破屋站在那里，看着怪丢人。老孟说，我真是没钱用在房子上。村里说，你们不盖就推倒吧。老孟说可不行，这是我的根，现在不都说乡愁嘛，老屋就是我的乡愁，就那样给我留着！

……我们资助这些孩子，十几年来也有六七十万了。我们的孩子开始不理解，看看同学都穿得很好，有的还穿名牌，回家就埋怨俺俩，使小性子。老孟他光笑不管，我就哄哄他们，到外边买打折的冒牌衣裳，反正小孩子不知道，好糊弄。可是他们慢慢地长大了，爹妈糊弄不了他们了，他们反而理解了爹妈，因为他们班里也有困难同学。我和孩子聊天，我说比起大款、老板咱们不富，但和困难的人比咱还有点儿能力，应该帮助那些贫困的学生，咱没有多还有少，咱们也就是献点儿爱心，其实也帮不了大忙，还是得政府帮他们，政府是靠山。

两个孩子都点点头。

现在，他们都大学毕业了，大的学电脑，小的正准备考公务员。我大儿子工作后，把头一个月的工资如数交给我们，三千二百元，让我们资助困难学生。我们真是很感动，我和老孟没有白养了他们，他们和爹娘一样，也有一颗善心。

想想这些，俺真是知足了。

老孟：真、真、真是不好意思，我们的事儿没什么了不起的，都、都是鸡毛蒜皮。

（很灿烂地微笑）

侧记：

孟庆军站在楼门口等着我，一座很普通的甚至旧了的居民楼。五十多岁的老孟中等个儿，平头，五官端正，就是黑，可是一笑，牙齿洁白，眼神无比和善，你立即会觉得这个人太好了。他穿着不新的蓝裤子，与年龄不相配的紫条纹T恤衫，一看就是捡了儿子的。

到老孟家坐下，这才发现他结巴，说话夹杂着很多赘语或赘音，说到重点处，神情急切就是说不出来，憋得他两手握拳，同时抬起来同时往下砸，可我还是听不明白。老孟的爱人赵伟，坐到桌子另一边帮他。赵伟个子不高，模样朴素，满脸温和，真像俗话说的：不是一家人，不进一家门。

就这样，老孟吭吭哧哧说几句，赵伟就翻译一句，翻译的时候，老孟还怔怔地看着她，生怕给翻译错了。就这样断断续续，反反复复，总算能把事情连起来。当然需要整理成章，为了突出在场感，我偶尔引上几句老孟的原话。

愿天下无孤（上）

（徐军，临沂市君发供应链服务有限公司董事长，临沂市关心下一代工作委员会孤困儿童心理辅导志愿服务团团长。全国劳动模范、全国十大爱心企业家，全国关心下一代工作先进个人，全国最美奋斗者，山东省劳动模范，山东省脱贫攻坚先进个人、山东省道德模范等。临沂市孤困儿童志愿服务团荣获全国脱贫攻坚先进集体、全国最佳志愿服务组织、全国关心下一代工作先进集体、齐鲁时代楷模等称号。）

一

还是从头说起吧。

我发起成立了临沂市孤困儿童志愿服务团，我是团长，从成立到现在，不过几年，就有八九千志愿者齐心干这个事儿。

我叫徐军，好多人看我领着这么多人，越做越有起色，好像我有参军经历，或者当过军官，有号召力和组织能力啊。其实，我就是个农村人，做点儿生意才离开老家。我是 1966 年生人，我们这代人起名字，不是国就是军，全国学习解放军，那时候大喇叭里天天唱。

我做慈善，是从2003年开始的。当时，有人组织到沂南县去献爱心，也叫上我。我想，去就去吧，就是给贫困家庭出点儿钱，咱是做生意的，为社会献爱心也是应该。

到了沂南县，大家分别到农村走访。我进了那家的门，唉，真是……震惊啊。十几年里，我光忙活自己的事儿，眼里看的，心里想的，都是生意经，农村的情景，渐渐地离我越来越远，没想到还有这么困难的。那是个腊月天，很冷很冷，那家的院子，就是小矮墙围着，两间破屋，屋檐上挂着很长的冰溜子，可是屋里连炉子也没点，进去像冰窖一样。一个小男孩儿，也就有八九岁，没有了父母，就跟着爷爷过。孩子穿得很单薄，几层单衣套着，又破又脏，可他还在那里做作业。我看到，孩子捏着铅笔的小手几乎冻僵了，黑乎乎的手背上全是裂开的血口子，两边腮上是冻疮。祖孙俩睡觉的炕，破席子都成了片片，破被子、烂枕头就堆在炕脚。我们来了，爷爷朝我点点头，孩子抬头看看，也不说话，表情漠然。

到了另一家，家境更惨。屋怎么破我就不说了，有个小女孩坐在炕上，围着被子。孩子也是八九岁，我看到她腰弯着，头往前伸，面黄肌瘦。原来，孩子背上长了一个瘤子，像小盆那么大。孩子没妈了，她父亲说，医生看了，必须动手术，如果不动，瘤子就会慢慢长，最后压迫到心脏，孩子就活不长。可是光手术费就得十几万，家里就是砸锅卖铁也拿不出来，只好就这么受着，等死。

我说不出话来，临走掏出三千块钱，给了孩子的父亲。

走出村庄，我的心情很沉重，回到单位还是放不下，忙完了身边的事儿，一静下来我就想，在办公室里也想，躺在床上也想，想得深了就暗暗地流泪，那些日子我就为这些孩子难过，咱也是从孩子时候过来的，受过苦，受过难，尝过辛酸的滋味。

我老家是兰陵的，我们那个村叫芦塘。姊妹兄弟多，全家就住在三间小土屋里，生活很困难。我说了你可能不信，我三年没吃一个鸡蛋。二哥和我都没有上完中学，我学习很好，可是上到初中就辍学了，是含着眼泪丢下了书包……（不语）我就想怎么能拉巴拉巴这些孩子，尤其是孤儿。可那时我生意小，忙活一年也就挣两三万块钱，给孩子百儿八十的还可以，多了我就拿不出来了。

二

我 2000 年从老家来到临沂，开始就在集上摆个地摊儿，卖些小玩意儿，像生肖礼品、小挂件、小摆件。我在城边租了个一间房，不到二十个平方。我不舍得吃，不舍得花，就想挣点儿钱养家顾口。慢慢地，我有了些人脉，路也顺当，朋友们帮忙指点，我也抓住了一些机会，生意越做越好，后来有了自己的公司，现在叫君发供应链服务有限公司，就是这座大楼，有了百多号员工。

公司主要做礼品，理念是“用礼品传播人间真情”，这也是我的人生价值观。从那时起，只要社会上有慈善活动，知道了我一定参加。开始，我为残疾人捐轮椅。我跟着残联的人到临沭县蛟龙镇，有个残疾人，瘫痪五六年了，晒太阳需要别人把他抱出来，可是家人还要忙日子，不可能整天守着他，这五六年他就没出过屋子。我给他买上轮椅，又给他一些钱，他就可以转着轮椅出门了。

这件事对我触动很大，我对残联的人说，我还要捐，我要一直捐下去，哪里有老年人或残疾人腿不行了，你们要告诉我，我给他们送轮椅！到现在，我已经捐献轮椅一万七千多辆了。同时，我也开始帮助大病患者，给他们捐钱。

可我最放不下的是那些孤困儿童，我也了解到，好多孩子因为贫困失了学。我当年就是一个失学的孩子，一个人啊，念过书和没念过的，就是不一样。失学，成为我一生的遗憾和痛苦，我得出钱，让这些孩子都在学校受到完整的教育，直到走进大学门。可是，后来我发现，对于孤儿，不是只给几个钱那么简单。

2016 年春天，我与几位爱心人士到兰陵县磨山镇走访一户人家。这家只有一位老人带着八岁的孙子生活。我放下慰问品，又掏出三千块钱，孩子的老师见状，赶忙小声让他说“谢谢”。可是，孩子还是低着头，就是不说话，小脸儿上没有任何表情。

回来我就反复琢磨，突然明白了，孩子他是自卑啊，这么小就失去了父亲母亲，没有爱了，没有呵护了，就像个小羊羔儿被抛弃在野外，他胆怯，恐惧，孤单，无助，觉得自己不如其他的孩子，人自卑了就会自闭，在别人面前抬不起头来。

想到这里我很心酸，只是用钱，解决不了孩子心里的痛苦，得想办法给他们阳光，让他们抬起头来，和所有的孩子一样健康成长。

我了解到，当时整个临沂各区县，共有几千个孤困儿童，看起来不少，但平均起来两个村子有一个，这些孩子分散，虽然政府的慈善机制逐步健全起来，可是下春雨也有淋不到的地方。

对于我可就犯难了，我一个人，不可能把这五千多孤困儿童都搂进怀里。

我就开始筹划，怎么能把更多的好心人发动起来，成立一个爱心组织，重点帮扶孤困儿童。我和朋友说起这事儿，他们说好是好，可做起来难。我说，越难我越要做。

我和最早的几个志愿者，先访问了六十多个孤困儿童家庭，和村干部、邻居、老师座谈了三十多次，慢慢的心里就有谱了。我把倡议发出后，没想到那么多人响应，好多人到我公司来，坚定地要求参加。就这样，在 2018 年 4 月 19 日，咱这个爱心组织就成立了。

成立后，我们首先全员培训，让儿童心理研究专家、教授给大家讲课，同时往各县各乡镇延伸，很快建立起三级志愿者服务网络，对所有孤困儿童细致摸排，最后做到一对一的陪护。

这里边，故事太多了，太多了，很感人。

临沂市的志愿者顾圣妍，到蒋史汪村的孤困儿童小晨宇家走访。

孩子的家，真是破啊，我们都有视频。围墙是用空心砖摞起来的，大门口居然用砖堵起了半截，进院子必须弯腰跨过去。破门板上贴的不是春联，是无字白纸，当地的风俗，这是家里有人去世。

晨宇还在母腹中的时候，父亲遭遇了车祸；母亲把晨宇生下来后，突然离家出走，再也没有消息。是爷爷一把屎一把尿把晨宇拉扯大，爷孙俩相依为命过日子。

顾圣妍她们跨进院子，空荡荡的就三间屋，屋上盖着石棉瓦，檩条都从山墙上伸出来。屋里冷，窗户用破布堵着，门上挂着旧被子挡风。爷爷身体多病，不能干活儿，靠养兔子维持生计。二十多只兔子，养在铁笼子里，还有一只狗和一只猫。地上，到处都是兔子屎、狗屎、猫屎和垃圾，外人几乎没有插脚的地方。

五岁的晨宇，就在这样的地上玩耍。老人怕孙子有闪失啊，在大门口垒起矮墙，把晨宇关在里边。晨宇见不到别的孩子，只能和小狗小猫在一起。长久地和猫狗做伴儿，孩子居然有了小动物的习性，当着顾圣妍的面，他在地上打滚儿，在粪堆里爬，浑身都是灰土，然后又站起来跳，都是猫和狗的动作，他学猫抓脸，一蹲，一伸手，嘴里还发出“喵喵”的声音，眼神都不像正常孩子了，看见一个垃圾袋，捡起来就用嘴舔。

顾圣妍把晨宇抱起来，可是，孩子不理她，眼神空洞，一点儿表情都没有，话都不会说。——每当顾圣妍回想起当时的情景，就禁不住流泪，她说就感觉着我们对不起这个孩子，那种痛，没法说！

顾圣妍要把晨宇接出去，让他受教育，不然这孩子就毁了。可是爷爷不理不睬，听着要动孙子的心思，坚决不同意，儿子不在了，孙子是家中唯一的香火，不能离开自己半步，他不相信自己命这么苦，还会碰上这样的好人。

顾圣妍她们不放弃，每周去看晨宇一次，带上吃的用的，帮爷爷照顾孩子，反复地和老人沟通，告诉他服务团是干什么的，为什么这样做。可费了劲了，来来回回半年多，爷爷才同意让顾圣妍把晨宇带到她家。

顾圣妍给晨宇洗澡、理发，做好吃的，给他穿上新衣，送进了幼儿园。孩子平时就住在顾圣妍家里，由她抚养。很快，晨宇变了，从前，只能说简单的几个词儿，现在能唱歌读书，背诵诗词，成了个快乐的孩子。每到周末，顾圣妍就带着晨宇，回家看他爷爷。

三

咱沂蒙山是老区，人善良，朴实厚道，好多人日子富裕了，就想着做善事儿。各个县区、乡镇，都有志愿团成员，他们几乎是全职，不拿任何报酬，累也愿意干。我这当团长的明白，咱一定脚踏实地，俯下身子，给这些孤困孩子关爱，照他们的年龄，要对每个孩子帮扶二十年，直到考上大学，即使有的成不了才，也要让他们成人。

我已经把公司交出去了，我两个孩子都长大了，让他们去管。我到老就专心做这个，我要看着这五千多个孩子长大。

志愿者都是自愿的，我郑重地告诉大家，你必须先想好，加入了，就不能三心二意，不能心里打着退堂鼓应付，要真正地爱孩子，就像对自己的孩子一样，如果没有这个心，那就别加入，或者趁早退出。咱这个组织看似松散，但是心不能松散，你的爱不能变味儿。

每个志愿者加入时必须宣誓，誓言是我写的：

我将以铁一般的纪律和铁一般的担当要求自己，用生命唤醒生命，用心陪伴孤困儿童健康成长，让孩子们得到真心关爱，做一个爱祖国、爱人民、心纯粹、无私欲的志愿者！

老话说的是：没有真心养不了别人的儿。你的心必须真，必须纯粹，不能掺假，不能有私欲。譬如，当自己的孩子和孤困孩子站在一起的时候，你必须同等对待，不能有丝毫分别，如果让孤困孩子感觉到了，那就是歧视，你的关爱就失败了。

我们志愿团的成员，可以说做得都很好。

王晓峰，是沂南县人，他和妻子一起加入了服务团，对接的是一名叫李洁的女孩儿。李洁七岁的时候，母亲因病去世，两年后父亲也生病离去，只剩下七十多岁的奶奶。我们也有视频，当王晓峰夫妇走进李洁的家，女孩儿正在抱草做饭，寒冷的冬天，就穿一件单薄的棉袄。

看看陌生人来，这个俊秀的女孩儿，脸上很冷漠。王晓峰夫妇和她说话，她就是不开口，只有一滴泪挂在眼角上，唉，里面藏着很深、很深的忧伤。

王晓峰两口子和儿子商量好后，就把李洁接到家里，给她温暖。过了一些日子，熟了，李洁向他们说出三个愿望：要一套学习丛书，在她家乡附近旅游一次，吃一次汉堡包。

孩子这么大了，还没出过家门啊。王晓峰两口子带着李洁，到商场买了新衣服，买了学习丛书。星期天又开着车，和李洁到周边的景点游玩。一路看着美丽的风景，李洁的脸上有了笑模样。

最后一个愿望，是吃一次汉堡包。他们带着李洁来到麦当劳。坐下后，汉堡包很快就送过来，他们亲切地看着李洁说，吃吧，不够再给你点。

李洁拿着汉堡包，舍不得马上吃，仔细地看，汉堡包外面的纸被油浸透了，李洁想说什么又有些胆怯。最后，小声问王晓峰爱人，婶子，这纸儿也能吃吗？

王晓峰爱人当时眼圈就红了，眼泪涌出来，她说，孩子，这纸……不能吃。

李洁这才低下头，轻轻地咬一口，慢慢地嚼，慢慢地咽。

这顿饭，王晓峰两口子心里很难受，很难受，他们都不说话，一直到家都这样。

……

李洁住在王晓峰家里，服务团给她安排了附近的学校，学校免了李洁的学费。李洁上初中，平时住校，每到星期天，王晓峰的妻子就开车把她接回家。有一天，李洁坐在车上，好像有话要说，她看着王晓峰的妻子，说婶子，我能叫你一声妈妈吗？我都六年没有叫妈妈了。

王晓峰的妻子说，行，只要你愿意，我们愿意做你一辈子的爸爸妈妈。李洁看着眼前开车的妈妈，泪水在眼眶里转着，慢慢地流下来。

央视记者曾经采访王晓峰两口子，李洁高中要到县城里读，你们怎么办。王晓峰说，我们早就想好了，我在县城买了房子，到时候住在一起，我们更是一家人了。

记者又问，如果李洁以后上了大学，你们怎么想的？

王晓峰说，只要孩子愿意，她就是我们一辈子的闺女！

……

关爱孩子，必须懂得孩子的心理，有些事情必须注意。经过好多专家论证，我们专门印制了志愿者手册，在里边列了二十七条规则，我们规定得很细，有禁止，也有建议，如建议给孩子买新衣服，买生活用品，但不建议买品牌；不建议给孩子现金，如果交给监护人也不能让孩子看见；特殊情况如孩子生病，学习需要帮助，要立即上报县里服务团……我总是忘不了当年给孩子钱的情景。孩子的心纯洁，但也脆弱，他们失去父母，再加上生活贫困，悲观，迷茫，没有父母保护，还会受到欺负，我们帮助他，首要的是呵护心灵，把受伤的心捧起来，暖着它，让伤痕慢慢愈合。

在兰陵县大仲村镇，有个孩子叫葛艳堂，他很小的时候，一年之内连着失去了爸爸、妈妈和哥哥，孩子的记忆里，摆脱不掉送葬的情景，留给他的就是恐惧和孤独。他从小就自闭，在家里就是不出去，呆呆地望着门口，见了任何人都不搭腔。

对接的志愿者叫代生强。老代退休了，没事儿就来找葛艳堂，开始孩子不理他，老代再来，他用电动车带上葛艳堂，到广场去，也到市场上去，哪里人多热闹就往哪里走，慢慢地葛艳堂就和老代说话了。

兰陵到处是山，老代带着葛艳堂，把县城周边的山都爬遍了。他们爬到山顶上，老代就鼓励葛艳堂大声喊，喊自己的名字。老代喊，你叫什么名字？葛艳堂喊，我叫葛艳堂！老代又喊，你长大了干什么？葛艳堂就喊，干人民警察！爷俩喊完，两个人都笑了。现在这个孩子，已经有了很大的进步。

……

还是在大仲村镇，志愿者张广金走进那家院子。院子里，除了一堆乱石头，其他什么都没有。三间旧房子，门破了，窗户上没有一块玻璃，只好在窗户框上钉上塑料薄膜，塑料薄膜也都稀烂了。可是，门有防盗门，窗外有铁棂子。

东邻西舍都知道，屋里长年累月锁着两个孩子。孩子的母亲生病去世，父亲要到地里干活儿，到外面打工，孩子太小怎么办？只好锁在屋里。张广金告诉我说，真可怜，两个小女孩儿，像牲畜一样锁在家里，渴了，饿了，冷了，热了，没人管，怎么哭也没人管，尿在屋里，拉在屋里，就等着她爹晚上回来做点儿饭……

张广金下定决心，要把这姊妹俩送出去学习。他给孩子的父亲说，可他根本不听，怎么说都不听，天下哪有这样的好事儿，不是骗我的孩子吧。张广金又找了别的志愿者过来做工作，嘴皮子都快磨破了，终于把两个女孩儿送进了学校。

这姊妹俩在屋子里，关了整整七年！

……

费县有个孩子叫晴晴，我们对接她时才十二岁。孩子五岁那年，奶奶病故了，没过几年父亲又遭遇了事故，日子没法过了，母亲离家出走，也不知去了哪里。晴晴对父亲的记忆非常模糊，只记得父亲教她用筷子吃面条，她把面条卷到筷子上吃。

爷爷成了孩子唯一的依靠，自己的亲人一个一个地离去了，就留下这个孤儿，爷爷的心里，是一辈子的伤痛。他又得了多种疾病，痛风，高血压，心脏病，腿也疼，走不动。孩子的爷爷说，眼看着养不起这个孙女了，自己哪天出了事儿，谁管她？上学也白搭，没希望了。所以，老汉几乎每天酗酒，用酒精麻醉自己。孙女原来每年都评三好学生，现在成绩滑下来了。

老师对她爷爷说，你孙女我们管不了。爷爷说管不了拉倒，我也不想让她上了，没盼头……

2018 年 5 月，志愿者支艳他们来到晴晴家，一见到孩子，心就揪了起来。支艳告诉我，晴晴看到这些人来，就躲到一个地方，不想和他们说话，屋里到处都乱糟糟的。支艳问什么，孩子就回答什么，有的话就是不说；孩子穿得很破，一低头，支艳看到，满头都是虱子。

从那，支艳开始对晴晴帮扶，因为她经常到各地送货，就直接开车到晴晴家。那时候的山路不好走，路面都是坑，车根本跑不起来，可支艳不知在这条路上走了多少回儿，用支艳的话说，老路修成新路了，新路又变成老路了。支艳每次都给晴晴带去生活必需品和小礼物，每次都告诉晴晴，爸爸妈妈不在了，可是你还有爷爷，还有阿姨和你在一起。

为了让晴晴好好学习，支艳他们把她送到费县益海助学中心。每到周末，支艳都把晴晴接到家里，关爱她。晴晴对支艳说，爷爷说过，等她考上大学他也放心了，他就养我到十八，可我没想过长大，我就想现在好好陪着爷爷，不知道怎么回事儿，我就是不想长大，我怕我长大了爷爷就会离开我……懂事儿的孩子，说到这里她就哭。

通过帮扶，晴晴变了，学习很好，脸上有了微笑。她开始叫支艳妈妈，她对支艳说，妈妈，你每天都那么忙那么累吗？你能不能少干点儿啊。支艳听了特别感动，她说我两个儿子也没这么说过。孩子，就像一棵小树，歪倒了，只要我们轻轻扶一把，就能长成大树。

……

愿天下无孤（下）

一

你看看这个视频，你看这孩子，也就是七八岁吧，是个流浪儿，谁也不知道他是哪里人，有的说是本地的，有的说是江苏那边的，在这一带流浪好几年了。你看他穿的衣裳都是大人的，说不定就是在垃圾箱里捡的，头发又长又脏；他饿了，就随便到各家讨点儿，晚上还不知道睡到哪里。（孩子坐在村边亭子的栏杆上抽烟）你看这抽烟的姿势，很老练，满不在乎，有时候看见大人过来了，他故意出洋相，把两支烟叼在嘴上，同时点上抽。

他这样做，是为了证明自己，找存在感。你要不挽救他，以后变成什么人，还用想吗？

我们志愿者找到他，把他送进学校，学费全免。孩子开始不识数，老师慢慢地教，他也慢慢地变，现在学习很认真。你看，这是现在的样子，穿上校服，干净整洁，听说这孩子很遵守纪律，和同学们很团结，就是换了一个人。

有个孩子叫金宝，个子长得不矮。他还没有出生，父亲就遭遇了车祸，爷爷伤心过度，不多时间也去世了。母亲把他生下来，看看没有奔头儿，扔下他就改嫁了。

金宝从小跟着奶奶和小姑生活。家里就剩下这根苗儿，奶奶当然对孙子溺爱了，慢慢养成了金宝蛮横无理的性格。在学校里他根本不学习，是个“惹不起”，又砸又摔，后来干脆不上学了，就在外边撒野，上网吧，打游戏，没钱了回家向奶奶要，奶奶没钱给，他就破口骂，还抄起棍子打奶奶。

和金宝对接的志愿者叫褚夫彩，刚到金宝家，金宝就很无礼，冲着褚夫彩翻白眼，说你上俺家干什么？走，快走！褚夫彩微笑着说，我来看看你和奶奶。金宝斜着眼说你算老几啊，谁用你看啦？出去！

褚夫彩不生气，也不泄气，她先到四周邻居家了解情况，然后，每周就骑着电动车到金宝家。两地相距十几里路，褚夫彩也不知去了多少次，用她对金宝奶奶的话说，我去你家的路都不长草了。

褚夫彩和金宝谈话，金宝就是不听，很不耐烦。褚夫彩几次想放弃，可是再一想，如果放弃了，这孩子就完了。她铆足了心劲儿，再来，就这样缠磨了大半年，突然有一天，金宝给褚夫彩打电话，说阿姨，我听你的劝，我想上学了。褚夫彩一听激动啊，自己接触了金宝半年多，他从来没叫一声阿姨。接着电话，褚夫彩掉眼泪了，工夫没有白费，终于把这孩子的心暖过来了。

从那，金宝有事就给褚夫彩发信息，见了信息，褚夫彩就到金宝家。金宝把褚夫彩当成亲人，自己也上道了，规矩了。他小姑感激地对褚夫彩说，大姐啊，我侄子要不是遇到你，有可能，监狱就是他的家！

……

我们帮扶的孤困儿童，还有的是爹娘犯了法，进了监狱，孩子就跟着爷爷奶奶。在外边，好多孩子就歧视他们，你如果不关心，他们就很可能仇恨社会，不是偷，就是抢，慢慢地就可能会走向犯罪。

志愿者王以涛，到一个村里走访，书记告诉他说，你到谁谁家看看吧，挺厉害的。

王以涛进了那家门，看到那个孩子，非常吃惊。孩子的手上全是伤痕，是用圆珠笔一道一道硬划的。王以涛了解到，孩子父亲刚刚意外死亡，也就三四个月，母亲犯法入狱，他现在跟着爷爷过，爷爷八十多岁了，又瘦又弱，已经无力支撑这个家庭。

王以涛回到家，心里想着怎么办，突然接到孩子叔叔的电话，说孩子在学校自杀，用刀子在手臂上划，划了七刀，被人送到医院，缝了好多针。

王以涛觉得，自己必须对接这个孩子。从那，不论刮风下雨，老王定时骑着车子到孩子家，给他买来图书，辅导作业，然后爷俩聊天儿，也领着他参加一些社会活动。慢慢地，王以涛走进孩子的心里，每当王以涛要来的时候，孩子总是早早站到村口等着，一见面爷俩就拥抱在一起。

这孩子变得很优秀，不只学习认真，回到家就打扫卫生，洗衣服，陪着爷爷说话；他叔跟爷爷说话嗓门大，孩子就跟叔说，以后你和俺爷爷说话别吵了，爷爷这么大岁数，别让他生气了。家里有片果园，他还经常帮着爷爷干活儿，有时候，还帮他姑家两个表妹做作业。

王以涛跟我说，他非常喜欢这孩子，他的两个孩子也喜欢和他一块玩儿，我肯定要帮扶到底，让这个孩子成人，成才。

……

通过服务团摸排，志愿者刘涛结识了蒙阴山区的小在和小熙姊妹俩。她们的父母在七年前双双服刑，家里只有年近七旬的爷爷、奶奶和一个姑姑。

刘涛自从对接了这两个孩子，几乎每个周末都去看他们，辅导她们学习，做作业，时间长了，她们也愿意和他说心里话。有一次刘涛问她俩，你们心里最大的愿望是什么，姐姐小在犹豫了很长时间，说就想让爸爸妈妈抱一抱。刘涛听了这话，心里很酸楚，这愿望对于其他孩子算不上什么，但对她们却成了奢望，父母触犯了法律，首先是对孩子不负责任。

刘涛当时就想，一定满足孩子这个愿望。

经过多方面协调，2018 年年底，刘涛带着小在和小熙，到历山监狱见了妈妈。2019 年 6 月 16 日，正是父亲节，刘涛他们又接上两个孩子，去了淄博监狱。高墙内，姐妹俩见到了爸爸，并通过视频连线见到了妈妈，一家人，以这样特殊的方式“团圆”了。

刘涛说，以前的做法，就是送钱送物，但我们发现，有些孩子心里并不愉快，我们就思考，孩子的内心真正缺什么。对于物质来说，国家对这些儿童的帮扶力度是比较大的，孤儿每个月有九百多块钱，这些孩子，缺物质的还是少，主要是精神上的缺乏，真正缺的是爸爸妈妈的那种爱，我们要从这方面入手。

……

这个群体的孩子，最容易出问题。有些孤困儿童，没人管或管不了，就在外边游逛。有个孩子，天不怕，地不怕，大白天就在村里偷东西，抢东西，拿了就走，弄得全村不敢敞门。有的孩子，不给钱就打爷爷打奶奶，打他父亲，有的在社会上成了惯偷。前几天，市里有个孩子，唉，也是个孤儿，十六岁就开始偷东西，刚刚偷了一辆三轮车，也就是几千元，可是他过了十八岁了，判了。听到后我很心疼，我要是早知道他，早去帮扶他，绝不会是这个样子……

去年过小年那天，我们到历山监狱调研；今年的 6 月 14 日，我们又到淄博监狱，监狱长也是这样的看法，他们说，你们帮的这个群体，恰恰是我们想管却管不过来的，这里关押的中年以下的犯人，他们的孩子，有六成以上是孤困儿童，家庭教育缺失，最容易出问题了。

所以，我们重点关注未成年人犯罪问题，一个都不能让他犯罪。

二

我现在，掌握着近千名孤困儿童的信息，哪一个家庭都发生过悲剧，都令人心酸，但是现在，他们的境况都有了很大的改善，孩子的脸上都有了笑容。我们志愿团的成员，可以说人人尽心尽力，许多人甚至顾不上自己的家，可是大家无怨无悔。

志愿者王光琳，到一个孤困孩子家去，进门就被人家打出来了，但是，咬咬牙，再去，一连十几次终于把孩子暖过来。她跟我说，我是豁上了，帮扶一个是一个。

前面我说过，我们志愿团千多人，就为了帮扶得精准，用了三个多月，对全市 9494 个村庄逐个排查，对零到十四岁的孤儿、事实孤儿、精神病家庭及服刑人员的孩子，全部筛查出来，共有 5317 名，同时建了档案库。费县的王光琳，为了这，把自己的生意放下，酷暑天开着车，走遍全县十二个乡镇的所有村庄，对所有孤儿挨家访问，你说她多细心啊，所有孩子的身高，穿多大的鞋子，她都了解得清清楚楚。

碰到问题，需要大家一起出力的时候，只要打个招呼，附近的志愿者都会赶过来。

在沂水县郊区，有个叫小玉的女孩儿，父亲生病去世，母亲智障。志愿者来到小玉家一看，树枝子挡在门口，周围都是杂草，草都长到了膝盖。院子里，都是成堆成堆的垃圾，瓶子罐子破衣服、塑料袋子，满地都是，只有一条小道能走到屋前。

屋子破砖烂瓦，门板碎了没人修，用胶带纸粘着。屋里，电线胡乱扯拉，五冬六夏的破衣裳全堆在那里，到处都是灰尘，到处都是蜘蛛网。

一根房梁眼看就要歪下来了，只好用两根棍子顶着。

她们吃的用的，和垃圾混在一块儿。一张小床，娘俩睡觉根本伸不开腿，破被子，哪像是被子，就是灰乎乎的棉花爪子。

志愿者发出祈请函，大家立即响应，有钱的出钱，有力的出力，有物的出物。两天后，二十六名志愿者来到小玉家，有的扛着铁锨，推着小车，大家戴上头套和口罩，围上围裙，给小玉家打扫里外，爬上屋顶给他们修房子。

小玉家里根本没有厕所，户外角落里，大便、手纸成堆。正是夏天，大家忍受着高温和刺鼻的臭味儿忙碌，村干部调来一辆垃圾车，也带了一些人过来帮忙，几十号人一直干到下午六点多，扫除的垃圾，整整装了二十车。

接着，志愿者们用捐款买来了大衣橱、组合床和沙发等，有的从自家带来床上用品，给小玉家重新布置。床上给她们铺上褥子、单子，上边铺上凉席，挂上蚊帐。给小玉单独布置了学习的房间，放上新书桌，新椅子。

小玉写了感谢信，感谢帮助她的叔叔阿姨，自己一定好好学习，做个感恩的人，将来回报社会。

这么多志愿者，每个人伸出一只手，就能改变一个孩子、一个家庭的命运。兰陵县有个特困家庭，八十七岁的老母双目失明，妻子患有精神病，两个孩子基本上失学。我们先解决他的实际困难，志愿者给他家打扫卫生，刷墙皮，买上新家具。新被子新褥子，米面粮油送上，再和学校联系，把两个孩子分别送到临沂国防教育基地和临沂“百颗心”传统文化学校，都是全部免费。

我说，有钱不能给孩子，该吃的苦，已经让他吃了，主要从心灵上培养，让他们有阳光思想。

去年，我们组织了两千名孤困儿童夏令营，孩子们穿上统一服装开展活动，他们到景点游览，参观红色圣地，讲当年沂蒙山战斗故事，看电影，演节目，做游戏，诗朗诵，还有演讲比赛，孩子们可高兴了。

活动期间，许多企业都赞助，每天都有好几辆汽车，拉来葡萄、香蕉，一箱一箱往下搬，也不知道是哪些企业送来的。我问司机，司机说，老板不让我们说哪里。你看，这就是咱沂蒙山人啊，心里善，心肠热。有的企业经理之前就问我，钱缺不缺？如果缺我就随时捐。我说不缺，现在什么也不缺。

不要突出我，要突出我们这个群体，事情是大家干的，我不过是个组织者，也是临沂五千多名孤困儿童的父亲，想到这里，我很自豪。我们做这事儿不为名利，可是你看会议室里，各级部门的表彰很多很多，荣誉证书，奖状，奖牌，奖杯，锦旗，三面墙都放不开了，我看重这些，因为这不是给我的，是给这个群体的，我要全部陈列，我们八千多志愿者，不定什么时候会到这里看看，这里是总部。

做了几十年的生意，我也五十多岁了，也悟出些人生道理。钱再多，最终不是个人的，有再大的财富，最后还是归到社会。我时常提醒自己，花不能全开，要永远处在半开状态，这样心里总有追求，总有愿景，做事儿就会一直保持恒心，花如果全开了就要败，这不行。

我也给自己立下了誓言，它也印在志愿团的手册上：

不放弃，不抛弃，不漏掉，不让一个孩子犯罪，誓让每个孩子成人，让孩子们得到真心关爱。

我的价值观是：奉献、关爱、纯粹、担当。

我的使命是：建立一支纯粹、无私欲、良知清澈的志愿者队伍。

我的愿景是：沂蒙无孤，天下无孤！

侧记：

徐军讲述着，放在桌子上的两手十指交叉，姿势纹丝不动，目不转睛，这是一个干练的人，一个有很大定力的人。正说着，他的手机响了。他说，我接个电话。……我是，做了？做得怎么样？顺利？顺利就好。小孩怎么样？还没醒？医生怎么说的？……那好，那好。

徐军告诉我，是济南打过来的，兰陵县一个小女孩儿，脊柱侧弯。（他让我看手机上的照片）……你看，腰都弯成罗圈形，根本站不起来，也不能走远，眼看就废了。我们找了专家，专家说手术能做好，今天在山大医院刚做完。孩子小，恢复起来也快，椎骨直了，就不影响长个子了。……花了六十多万，是志愿团募集的。

我最喜欢红霞

（崔侠，兰陵县向城镇敬老院院长。山东省敬老孝老模范，临沂市道德模范，大义临沂人，中国好人等。）

一

我老家就是本地车辋镇的，是顶我父亲的班，从农村到了镇上，在镇政府做打字员。干了几年后，有一天，镇上对我说，崔侠，看你这人脾气怪好，你到民政去吧，去分管残联。说完了，就把办公桌从这屋搬到那屋。

做残联工作，就是为政府分忧。这样，我经常跟着人家下到各村，看到困难的残疾人就帮助。最难忘的一件事儿，是在 1996 年，南楼村有个妇女见义勇为。不知道什么仇恨，一个坏分子，抱着炸药包往学校里跑，导火索嗤嗤地冒着火星，这个妇女正好碰上了，她一下子扑上去，夺过炸药包，拼命往旁边的阳明河跑去，她想把炸药扔进河里，可是路上就爆炸了，轰的一声，这个女人的右胳膊被炸掉了。

事情过去好几年，我作为残联的人去看她，她家里生活很困难，丈夫得了癌症，两个女儿几乎没钱上学。那时候没有见义勇为奖励，也没有大病救助，她想不开了，自杀的心都有。我说嫂子，你一定放宽心，我这不是来看你了么，你做了了不起的事情，你就是英雄，我会给你往上反映，该争取的争取。我们两个越说越亲，两个人就抱在一块儿哭起来。

我那时才二十多岁，很热心，镇上县里几次跑，把她的事迹整成材料到处送。上边知道了，该奖的奖，该帮的帮，这个家庭就渡过了难关。

我在民政上，做成了一件最大的事儿，就是救活了张桂丽。

那是 2011 年，张桂丽突然到镇上找我，是爷爷领着她来的，进门姑娘就给我跪下了。之前我就知道，她患有很严重的心脏病，因为喘不上气来，脸憋得发紫，从小就这样家里人一看治不好，也就放弃了，基本上算是把她扔了，就跟着八十多岁的爷爷。

她爷爷看着我，说侄女啊，好多人都说你心眼儿好，你发发善心，救救俺孙女吧。

一个大姑娘跪着，她爷爷又哀告，吓得我出了一身冷汗，走都走不动了。

看这爷孙俩真是可怜，我答应了他们，之后就领着张桂丽到了临沂市医院。检查完，医生对我说，没法治了，先天性的。我也没敢告诉姑娘，哄着她说能治好，能治好，但得慢慢地治，要很长的时间。

回来后，我有事儿到县民政局。你说巧不巧，县里人告诉我，省里有个“神华爱心行动”，已经来到咱这里，医生们免费为一到十六岁的孩子做心脏手术。可是，张桂丽已经二十五岁，早就超龄了。但是机会难得，我还是领着她去见了医生。

那位医生五十多岁，是省里有名的心脏专家。他看了看病例，再检查了一下，最后让姑娘出去了。我就问能不能给她做手术，医生说，不能做，一个是超龄了，不在这次活动范围；二是风险太大，很容易出事儿。医生说完，看我忤怔地站在那里不动，问我还有什么要说的，我说您能不能照顾照顾这孩子，她太可怜了……话没说完，我就哭起来，当着医生的面呜呜地哭。

医生却不高兴了，说你这当妈的怎么这么不懂事儿，医生也不能包治百病，就是治了病也治不了命。

可是，我没走，我还是哭，我说大夫，你能不能救救她？医生板着脸不说话，下巴朝门口一扬，就是赶我走了。

回到家里，我越想越觉得不能再失去这个机会，为了这个姑娘，我得要赖了。到了晚上，我麻利地吃了饭，就去找那个医生，打听到他们在哪里住，我就赶到驻地。到那里一看，人家刚开始吃饭，好像是活动结束了，县里为医生们送行。

我不能进去，就坐在门口的台阶上等，从六点一直等到十点多，终于等到吃完饭，医生们开始陆续地出来，我就站在一边，等那个专家。最后，那个专家有人陪着走出来，我迎向前去，他一看是我，显然是感动了，我说我六点就在这里等着您。他叹口气说，唉，你这当妈的……这样，你回去等通知吧。

医生们回济南了，我就天天等消息，几乎每天都问部门里的人，有没有济南的电话啊，有电话你们立马告诉我。可是，一直没有回音。又过了几天，我又找到当初接待医疗队的人，说你能不能给打个电话问问，可别话说了又不给孩子治了呀！他们说，人家是省里的专家，忙，你这点事儿算什么。我说算什么，一个人的命就是天大的事儿。

就这样盼星星盼月亮，熬了半个多月，突然有一天，济南真的来电话了，让我们过去。

我高兴啊，赶紧骑上车子蹿到姑娘家，一进门却傻眼了，爷孙俩正在家里哭。我一问，姑娘的父母在外地打工，他们回电话，说我们打听了这里的医院，医生说这病根本没希望，最多活几年。那时候也没有合作医疗，做手术要三十多万，他们怎么能负担得起。

该着天无绝人之路，就这时候，那位专家亲自给我打电话，让我立即赶到济南。他说正好医院搞活动，有个德国专家来学术交流，他要亲自做几台手术，这样，其他费用可以全免，但德国专家的费用不能免，要一万元，必须交的，人家是外国人。

可是，这些钱姑娘也拿不出来。我回到家，和女儿商量说，咱们替她交了吧，你还小，目前咱也花不着，再说我每月有工资。我女儿很懂事儿，她说妈，咱这是救人命，我没意见。

我就带上钱，领着姑娘到了济南。临走前我给姑娘的父母打电话，说你们的女儿要动手术，得来个人，这可是人命关天的事儿。可是他们说，该费的心俺都费了，做什么手术，根本没必要。然后他们又说，（闺女）好了也感谢，不好也感谢。

当时有些熟人对我说，崔侠，你怎么这么憨啊，如果动手术把人动死了，人家会赖着你啊！

可是镇上的同事都支持我，他们说，这钱不能让你出，我们想办法解决。

到了济南就住进医院，就要动手术了，这要患者的亲人签字。说实话，当时我也紧张了，说不出什么心情，既觉得我没有白忙活，姑娘有救了，又觉得生死关口上心里没有底儿，真要是出了意外我怎么办？不敢往下想。

护士让病人家属签字儿，我拿起笔，签我名字的时候，眼泪吧嗒滴在纸上。护士觉得不对，突然很严肃地看着我问，你是她的什么人？我说，我是她妈。一边几个护士看到了，悄悄地说，长得不像呢。

姑娘八点进了手术室，我就坐在外边等着，除了到洗手间，不敢挪窝儿，一直等到下午五点她才被推出来。医生让我看清理出的东西，俺亲娘，光那红乎乎的血块子就是一大盆，手术刀从脖子一直割到肚子，但是很成功。

我守在床边，姑娘微微睁开眼，迷迷糊糊地看着我，嘴里轻轻地叫着，妈，又迷糊过去了……

我在床边守了一夜，到了第二天头午，姑娘完全醒过来了。我说，昨天你认错人了，你赶我叫妈。

姑娘说，我没有认错人，你就是我妈。

手术后，姑娘完全康复了，理家做活儿都没问题，结婚后生了两个孩子。她对我很孝敬，经常来看我，开口就叫我妈，我们就是母女关系。我母亲病了，她说妈你工作太忙了，我来照顾俺奶奶吧，我母亲就是她照顾的。

后来，各镇成立敬老院，让我过来当院长。

兰陵是山东和江苏交界的地方，那时候政策紧，个别老百姓观念落后，怎么着也要生个男孩儿，生下孩子一看又是个女孩儿，或者孩子有残疾，就偷偷地找地方扔掉。有的知道这里有敬老院，也想给孩子找个托付，就趁着黑夜把婴儿遗弃在门口。也有的是人在路边捡到了，不知道该往哪里送，那时福利机构还不完备，也送到这里；远的，还有大车司机从外省捡到孩子送过来的。前前后后咱这里收了几十个婴儿，你说让我怎么办？

看看这些孩子，都是爹娘的心头肉，可是却被爹娘抛弃了。婴儿包在小被子里，就是一个肉蛋蛋，要吃要喝要人呵护，谁要是看见不管，他就是罪人。虽然我这里是敬老院，但这些孩子我得收下，说不定孩子们就是奔着我来，让我做他们活命的娘。

我三间平房里，全是这样的孩子。我去上户口，他们的身世都成了谜，那就全姓崔吧，名字都是我给他们起的。

有病的孩子，多数是从娘胎里带来的，我就得给他们治。崔兰兰，嘴上有个豁儿，我抱着她到临沂做手术。当时她才一岁多，就是不让别人抱，只有我抱她才老实。我就抱着她做手术，做了五个小时，累得我胳膊都伸不直了。

崔小雨，是下小雨的时候有人捡了送来的，是个两性人。我带着她到济南做检查，她有子宫，能生育。医生给她做完手术，知道孩子的经历后，他们都不理解：她亲娘都把她扔了，你却操这么大的心。我想，孩子能站起来，我就不能让她坐着，治好了，她就是个健康的女人，以后就可以做母亲。

这个孩子后来被人领养了，养父母不想孩子再和我有联系，我完全理解，就应该保护孩子的隐私，不能让她受到丝毫伤害。我手机里还有她的照片，当时她才四岁……孩子长得真是漂亮，我想她了，就打开手机看看，亲亲她，她就是我远方的闺女，我永远爱着她。

最让我伤心的，是那个叫崔可的女孩儿。

崔可，是从别的地方转来的孩子，他们一共八个人，大的也有，小的也有，都是弃儿。当时，县里没有相应的机构，孤残儿童没地方去，合适不合适的，大致分到各处寄养，出现了好多问题。上边的人把这些孩子送到这里，对我说，崔侠呀，我们想来想去，实在没有别的办法，只有你能照顾这些孩子。

我也不知道原先是怎么护理的，这些小孩儿，脸上身上又脏又黑，除了牙，其他地方没有白的，还有的皮肤都溃烂了。这时敬老院里已经住进249个老人，就几个临时工，再加上这些孩子，我哪能忙乎过来？几天就累得发高烧，高烧不退，幸亏一些身体好的老人站出来，里里外外帮着干，这才顶起来。

崔可来的时候，还不到十四岁，也是严重的心脏病。孩子长得很好看，弯弯的细眉毛，大眼睛，瞳仁又黑又纯，牙齿很整齐很白；孩子的嘴特别甜，总爱围着我，妈妈长，妈妈短，看我的时候总是很亲地仰着脸。她也很有礼貌，敬老院的老人都喜欢这个孩子。

可是，她被心脏病折磨着，稍微一活动，胸口憋闷，嘴唇就会发青，在她十五岁的时候，突然有一次昏倒在地上。

因为我领着张桂丽治好了病，也领着崔可去了济南。医生检查后告诉我，这孩子真的不好治了，整个心脏都有病变。我不灰心，又领着她到了另一家医院，检查完后，我示意了一下医生，然后对崔可说，你到大厅里等着我。

孩子出去了，医生告诉我，手术不能做了，情况很不好。当时我就哭了，我哭不能让孩子看见，我擦干眼泪出来门，崔可就站在那里等着我。

等我走近她，她好像明白了什么，突然抓着我的手，仰着脸看着我说，妈妈，你救救我，我不想死。

我咬住嘴唇点点头，我说咱们先回去，咱再找更好的医院，找更好的医生，一定把你治好！

可是，回来不久，崔可就病情加重，躺在床上起不来了。我的心，真是崩溃了，我感到了无助，感到了无奈，最后，眼巴巴地看着孩子一次次昏迷却救不了她。

我走到院子里，跪下了，我双手伸出，对着天空哭，我说老天爷啊，你发发善心，留孩子一条命吧，你千万别带她走啊，她爹妈不要她了，你可怜可怜她，你让我死，用我换她一条命行不行啊？……

我放了悲声地哭，对着老天哀求，在我背后，敬老院里几百个老人，都跪下了，院子里黑压压地跪了一大片，大家都伸出双手，一遍一遍地喊着老天爷，满院里都是哭声……（哭了）

……崔可知道自己不行了，她喘着粗气，看着我说，妈妈，我，太想当你的女儿了，可是，我，没有福气……你为我尽力了，你，别再难受……我下辈子，当你的女儿……

说完，她就闭上了眼睛。

……

二

再说老人吧。

这些老人，都是从各村来的鳏寡孤独，人都很朴实，没有故意找茬儿惹麻烦的，身体好的还帮着我料理各种事情。麻烦的就是，好多人干了一辈子下力的活儿，从老社会过来，遭了不少罪，落下这样那样的毛病，就得给他们看医生。

像马崔蒙老人，九十多岁了，得的是气性肺气肿。那是八月，天气闷热，他突然胸口疼得就不行了，憋得喘不上气来。我赶紧开车送他到医院，大家都认识我，进门就直接进了手术室，医生赶紧给他放气。我在外面等着，医生出来后对我说，没事了，幸亏你送得及时，再晚二十多分钟老头就没命了。

后来，这老人给我编了个快板书，念给大伙儿听。他平时靠拧绳子卖点儿钱，就给我买了一箱奶。我说大爷，我不要，我怎么能要你的东西？老人说，你是我的救命闺女，我感激你，你不收就是看不起我。话说到这分儿上，不收就不好了，后来，我又买了些别的礼物送给他。

我们这里去年才招工，原来就我一个正式的，领着几个临时工。新职工来了，我对他们说，咱们在这里，就得把老人看成自己的长辈，我们就是儿女，绝不能和他们发生冲突，给他们气生，就是他们说错了，做错了，我们也得先忍着，随后再解释。我们做的这份工作，就是为他们养老。

这里有个古老汉，他有两个侄子。老汉家里有四间房，他说，谁养我的老，到时候就给谁。为了那四间房，古老汉已经来敬老院好久了，侄子非要把他接回家，嘴里说得很好。可是过了两个月，老汉又被送回来了，而且病得很厉害，浑身上下都起了疮，看着让人心疼。

我问了医生，医生说用洁尔阴洗最好，回来我就给老人洗，洗完了，再把艾蒿烧成灰抹上。正巧我妹妹来看我，一看老汉光着身子躺在床上，我翻来覆去上下左右地给他洗，给他擦，给他抹药，妹妹当时就哭起来，掉头跑到外边去了。

给老人拾掇完后我出来，妹妹泪眼扑簌地说，姐姐，你太委屈自己了，你怎么干这样的事情？你不难为情吗？

我笑着说，我不害羞，有什么害羞的？我伺候这些老人，我就是他们的闺女，你给咱爹咱娘擦身子会害羞吗？

妹妹不说话了，但还是接受不了。当时，这里还有四十多个瘫痪的老人，都是我给他们洗澡擦身子，我没觉得丢人。

有个王连荣大爷，得了小脑萎缩。我领他去医院，上下楼梯都是我扶着他。这个老人真好，通情达理。他要拍片子，我给他办手续回来，他上台阶的时候一脚踩空，一下子栽到地上，当时头就磕破了。我吓得一下子扑过去，把他拉起来扶着。老人说，他大姐，你别着急，也别害怕，我死不了，就是死了我也不赖你。

医生过来给他包扎，然后住院。住了一周后出院，复查的时候，医生看了好半天的片子，说没看出问题啊。最后才确定，老人就是摔了那一跤，把小脑给摔好了，血管摔通了。老人出了医院高兴地对我说，他大姐，还真管（行）来，不堵啦！

杨振庆老人，九十多岁了，战争年代参军，被炮弹震聋了耳朵，一辈子就是一个人过。那年秋天，他跟我说要去赶集，到集上买点东西。集市离敬老院不远，只有三华里，我正好急着要到上边办事儿，就大声说路上注意安全，你耳朵不好使，过马路一定要前后都看看。我连说带比画，他很明白，说你放心，赶完集我就回来。

可是，等我下午回到敬老院，却没见到老人。我立即给他侄子打电话，他侄子说没见他回来。我一听头皮就发麻了，坏了，老人会不会出意外？我马上开车去找他，可是到哪里找啊，我在周边的村子里一直找到小半夜，没找到。

第二天接着找，这一找就是两天，还是不见老人的踪影。他本家有人开始说些不好听的了，说你敬老院不负责任，老人如果有个三长两短，我们就怎么怎么，你们要赔偿人命。我也顾不得接他们的话了，我想，老人战争年代负过伤，除了耳聋也没有别的毛病，老天不会亏待这样的老革命、老英雄。我组织了一些人，我家里的人也出来了，大家分头找。我做了寻人启事，县里电视台反复地播放。

可是几天过去了，还是没有消息，我真是急得要撞墙了。累得实在不行了，就让女儿和我一块儿找，做着伴儿到玉米地里找，从白天找到晚上。

正是初秋，棒子快要掰了，我们娘俩牵着手在玉米地里钻，走走，看看，听听。天黑了，玉米地里更黑，风吹得玉米叶子刷拉刷拉地响。我女儿本来就害怕，走着走着，突然从里面蹿出一个人，手里拿着棍子，大声喝道干什么的？吓得我女儿嗷的一声哭起来。我说我们是找人的，你看没看见有个流浪的老汉？那个人没有回答，看看我们，放下棍子说，我还以为你们是偷棒子的。

那天，我们找到夜里十一点多，太疲劳，太疲劳了，回到家还没进门，电话突然响起来，是南桥镇开饭店的一个人打来的，他说看见电视里播出的那个老人了，就坐在南桥的桥头上。我说你快把他领到屋里，我这就赶过去！

我立即开车赶到南桥镇的桥头，却只有打电话的那个人在饭店等我，他说来吃饭的客人不少，自己忙得没注意，老人又走了。我和女儿只好顺着大路往北找，一个村、一个村地打听，当我们找到第四个村，突然看见村口的草垛旁站起一个人，再走几步看仔细，当时我就哭了，我说杨大爷，你怎么在这里啊？你是怎么到了这里的？你让我们都……

老汉说，闺女，我错了。

回到敬老院后，我才知道，老人在赶集路上，突然想回家看看，他家离敬老院也不远。走到半路上，看见一个骑自行车的小伙子，就问人家到杨桥怎么走，他家在杨桥。可是那人听错了，听成了南桥，而且还是个热心人，他说大爷你上车吧，我带上你。

就这样到了南桥，小伙子把他放下，老人当然不知道怎么走了，这么走，那么走，迷路了。这十几天，老人就在外边靠着草垛睡，饿了，到人家饭店里要点儿吃，有时候没得吃，就是捡垃圾。

我很后悔，是我大意了，我嘱咐得不够。从那以后，我再也不让他自己出去了，他要回家，我就开车送他，让他看看接着拉回来。老人也想在家里住几天，见见村里的人，可他本家说没地方住。人老了，寂寞啊。

来找麻烦的事情也不是没有，但很少。敬老院里有个老人，女的，是个哑巴。丈夫去世后，她就一个人过，本家根本不管她，是兄弟把她送到这里来的。安顿下老人后，她兄弟交给我五百块钱，他说大妹妹，论说我应该照顾她，可是我也得了重病，只好拜托你了。这钱，是俺哑巴姐姐的养老金，给谁我也不放心，就在你这里给她存着，需要时你给她花。

过了几年，哑巴老人去世了，她丈夫的本家找到我，要存钱卡，我把卡给了他。很快，他回来质问我，上两年的钱哪里去了，为什么卡上没有。我说我怎么知道。好家伙，随后他就带了几个人，要看原始录像。我笑笑说，没必要，你可以到银行去查，存钱提钱都很清楚。他就到银行查了，没有提钱的记录。

后来，他过来给我道歉，说当时家里七嘴八舌，自己就怀疑起来了，很对不住我。我说弄清楚了就好，我不生气。

在这里，老人有点儿钱，都让我给存，有的五十元也让我存。我都是当着几个人的面收钱，当面点清，然后写下收条，让大家按上手印。

还有一个老人，也是个哑巴，是本家把他送来的。那年这里发大水，老人非要回家看看。从家里回来后，他就伸出三个指头啊啊地喊，眼睛瞪得通红，瞪着瞪着就哭。

原来，老汉还有三万块钱在家里藏着，回去取的时候，发现钱不见了。他问本家，本家说没看到，肯定让大水冲跑了。老人当然不信，在这里哭完了，就像疯了一样，又跺脚，又喊叫，嗓子都变了腔。更让人为难的，十个哑巴九个聋，谁也没法劝他，他根本听不见。

我赶紧去县里，找来聋哑学校的老师，我劝，老师就比画。我说钱没了不要紧，咱养你的老，你在这里吃穿住都不用花钱，不要生气了，生气对身体不好。总算劝好了。

过了些日子，弄不明白老汉怎么知道的，村里要拆他的房子，这下他可着急了，非要回家看看。我不放心，正好这里还有个老人，和他一个村，我就让老人用自行车驮着他回去，看看再回来。

到了下午，这个老人自己骑车回来了，他对我说，哑巴老人非要在家住两天，怎么说也不行，很固执，住两天就住两天吧，你放心，到时候我再回村把他带回来。

可是，谁也没想到，哑巴老人怕拆他的房子，想不开，当天晚上自己就在屋里上了吊，谁也不知道，又是夏天，身体很快就……

他本家来了个先告状，反咬我们一口，说肯定敬老院对老人不好才寻死上吊的。几个人来闹，提着录音机要录音。这里的老人们都很气愤，围着这个人数落他，他也知道理亏，但还是耍赖，拉走老人东西的时候，连我们的彩电都搬到车上。

还有个人，姓魏（化名），从前在内蒙古混，吊儿郎当不正干，回到老家，还是不着调儿，独自一人花天酒地，这样的人，哪个女人会跟他？有次出门被车撞了腰，瘫痪了。别人把他送到家，可本家的人不收留，就送到我这里来。这个人当时不到五十岁，我给他洗，给他涮，细心伺候他。

慢慢地，他也能动了，我到他房间里查看，看看里外没有人，他突然眨巴着眼看着我，说了些不好听的话。

我不能骂，我找到他村里的书记，书记把他严厉地批评了一顿，后来他就不敢了。我对他，该怎么照顾就怎么照顾，就当什么也没有发生。

后来，他们那里也建了敬老院，还有康复设备，他要转到自己镇上。临走，他很认真地对我说，大妹妹，对不起，你对我照顾得很好，我舍不得离开这里。我说，你到那里做康复，对病情有利，你什么时候愿意回来，那就再回来。

老人之间也经常有吵架的，年纪大了，八十多岁的一大帮，脾气古怪，发邪，为了一句话，为了一张牌，因为下棋输赢，都会争起来，嗷嗷地吵，谁也不让谁。我呢，就两头抹乎，悄悄地对他说，你没看，他糊涂，你脑子多好使，咱不和他较真儿；然后再对另一个说，你是明白人，你和他较真干什么？较真咱还生气，生气对身体影响不好，犯不上。老人就是老小孩儿，有时候还真有意思。这些事儿，太多了，说不完，说多了我也觉得累，不说了吧。

三

我，就是忙啊，敬老院里人这么多，现在又要求机关干部扶贫，责任落实到人。我的编制在镇上，也包了四户。我得定期走访，帮他们解决困难，承包了你就得真心实意，帮他们脱贫。有一户人家，男的生病去世，留下三个孩子，我帮持着他们上学，现在，大孩子在上海读大学了，学的是汽车修理。我经常给他发微信，说你如果有困难，克服不了，一定告诉我。

……这里一大摊子事儿，外头四户家庭，怎么说也是分心。再加上这疫情闹的，现在是五月了，从过年起我就没敢离开这里。腊月廿九我回了趟家，看看俺娘，就再也没有回去。

母亲和我一个属相，都属猴，她比我大两旬，八十多岁了。我回到家里，看着俺娘又老了很多，我这当闺女的，对她没尽多少孝，心里就觉得愧疚。我说娘，我给你梳梳头吧。

当娘的明白闺女的心意，知道我干的这事儿不容易，她看看我，微笑着说走吧，忙成这个样儿还回来献殷勤，快走快走。我好不容易回趟家，每次待不上半天，娘就这样撵我，可是，我不回去她就想我，对着俺弟弟俺妹妹老是念叨。

我的家庭……不说了吧。（微笑）

那就简单地说吧，我离婚了，四十岁时我和他离了婚。原因……我实在太忙了，敬老院里几百个老人，还有几十个孩子，里里外外我一个人，回到家里身心疲惫。我说，咱们有个女儿就行了，如果再带孩子，敬老院怎么办？

他在别的镇工作，平时我们各忙各的。有一天他回来了，很平静地说咱们离婚吧。他提出来了，我很难过，我说咱们成家不容易，不看我们的感情也要看看孩子，女儿都懂事儿了。他说我的心思你也知道，咱们好聚好散。

我婆婆和我母亲很好，她坚决不同意，老人又伤心又气愤，骂她儿。我大伯哥对我也很好，知道这事儿后，三番五次找他弟弟发脾气。可是，他已经铁了心了。后来，那个姑娘还找到我，嫌我还不快离。我一看都这样了，拖下去也没意思，那就和平离婚吧。

我弟弟在上海做水果生意，知道后立马赶回来，握着拳头就要问问他。我说你要敢动他一指头，我饶不了你！我弟弟从小怵我，也听我的，也就没怎么着。就这样，我领着女儿过。他再婚，生了两个儿子，后来又生了个女儿。直到现在，婆婆和我母亲的关系没有断，大伯哥对我们娘俩儿一直很照顾，有事儿他们都惦记着我。

前些年乡镇合并，他又调到我们镇上。在一个院子里进进出出，我们碰了面，也搭腔说话，不是夫妻了，还是同事啊。我这个人，从小就不会记仇，不会记恨。

女儿大了，我说你要去看看你爸爸。女儿生气地说，我不去，他把我们娘俩儿抛弃了。我说孩子，不能这么说，谁把谁抛弃了？也可能咱们把他抛弃了，当初我也有责任，不能光怪他。再说，你爸爸对你很好，你是他的女儿，这是割不断的血缘，亲情不能忘。

我这么一说，女儿不吱声了。我知道，如果不这样教育，让她产生对父亲的恨，其实是害了女儿，她心里就会缺失父爱，情绪就会偏执，大了会影响她的人生。

过父亲节，我让女儿去看她爸爸，而且必须买上礼品。我女儿赌气，怎么说也不去。我说你要是不去，我就让某某替你去了，某某是她的同学。女儿寻思了半天，撅着嘴，还是拎着礼品去了。就这样，逢年过节，我都让女儿到她爸爸那里去。

去年，他突然给我打电话，说他媳妇生病了，在上海住院。我说，你要好好给她治疗，尽上心，你把俺娘俩儿扔下了，你犯了一次错，现在你不能再犯错了，你要担当，孩子不能没有妈！需要我做什么，你说。他在那边不吱声。

我们是个和睦的家庭，老的少的很亲，很融洽。我弟弟做生意，一年多了能挣五六十万，你说怪不怪，都让我给存着，让我存着我弟妹还很乐意。弟妹跟我说，大姐，俺愿意把钱存在你这里，存在你这里俺心里觉得热乎，钱你随便花，无论是敬老院，还是你自己。我说我哪里花得着！没别的，他们就是对我亲。因为我从小拉巴俺弟弟，我对他的好他记着了。我珍惜这份亲情，我把他们的钱，一笔一笔都记在本子上，分文不动。

我们家，早年真是不容易。父亲在县食品公司工作，我们在农村，父亲是个热心人，星期天回到家，谁家有忙他都帮。在我十六岁的时候，父亲得了绝症去世了。家里我最大，下边一个弟弟两个妹妹，最小的妹妹才两三岁。

我们家的天塌了，只有母亲拖着几个未成年的孩子。邻居们都同情我们，我记得很清楚，那年夏天发大水，把我们家的房子冲坏了，村里人都来帮我们盖房子。盖房要用石灰，先得把石灰用水冲开，俺娘看着屋架子，有人就从家里搬来水泵。俺一个大爷，那么大年纪了，挑起两个大水筲，来来回回地担水。抹墙需要黄泥，黄泥里要掺上麦糠，他们就挽起裤腿子，赤脚在泥里反复地踹。天很热，所有的人都浑身是汗，可是没有人说累。我年纪小，又是个女孩子，凡是重活儿，叔叔大爷决不让我插手。我那时就想，我不能忘了这份恩情，长大了，我一定帮助困难的人，我也教育弟弟妹妹这样做，他们对邻居都很好。

我小名叫红霞，上学的时候叫崔霞；我从小就特别喜欢红霞，早晨起来，只要天边出来红霞，我都站在那里看半天，看得着迷。没想到办身份证的时候，那个人粗心，也可能图省事儿，给我写成大侠的侠了，不知道的，还以为我是个耍刀弄棒的人。(开心地笑起来)

侧记：

兰陵县向阳镇敬老院，围墙内三座楼，很大很平坦的院子里，到处是花草树木。几个老汉坐在楼下打扑克，身旁放着各自的玻璃杯。一位老汉独坐一边，脚前一个暗红塑料壳的收音机，天线拉开，正在播放京剧，老汉眼睛微微眯着，右手食指弯起来，在腿上点着节奏。

崔侠穿着可体的玫瑰红上衣，黑裤子，黑皮鞋。她五十多岁，微胖的脸，黑亮的齐耳短发，皮肤白皙，端庄美丽，笑起来眼睛闪光，眼角甜蜜地翘起。这样和善的人，天生就该当敬老院的院长。

聊完，我们跟着崔侠到楼后边看他们的菜园。崔侠说，从前这里是一片山脚地，都是烂石渣。她来到这里后，心想经费不足，正好可以开荒。她领着一群老人，把石头一筐一筐拣出来，断断续续忙了一两年，终于平整出十多亩地。他们种上蔬菜，还建起温室大棚。养了近百头猪，并养鸡、养鸭，很好地改善了老人们的生活。

眼前的菜园里，豆棚瓜架，满眼翠绿，几个老人戴着斗笠正在锄草。另几位老人在灌园，清凌凌的水从很长的帆布管子里流出来，流进一畦芹菜地。

还要谢俺爹

（郭军见，兰陵县向城镇东村人，兰陵鸿强蔬菜产销专业合作社理事长。第九届“全国农村青年致富带头人”，第六届“齐鲁乡村之星”等。）

一

先从俺爹吧说起，他叫郭红江，俺叔叫郭红海；我 1978 年出生，起名的时候，俺叔说，咱家里“江”也有了,“海”也有了，这小子得上军舰，就叫“郭军舰”吧。可是，庄里的会计往上报户口时候，嫌这个字写起来麻烦，就把“舰”写成看见的“见”了。

俺爹就是个农民，种地种了几十年，后来，熟人让他到镇供销社干临时工，干了好多年也没转正。他很能干，心也好，可叔叔大爷都说他脾气瞎，瞎，在俺这里就是太倔太犟的意思。他看不服的就说，不给人留情面，容易得罪人，可是他朋友很多，日子长了，都了解他。在庄里，俺爹真是个家长，出了门儿，总是沉着脸，我们爷俩儿在街上碰上，不说话，可回到家我们无话不谈。

我就兄妹俩，在本村上小学，到镇上念初中。我从小就贪玩儿，上墙爬屋，翻跟头，打提溜，学习就是中游，后来考上山东建工学院大专班，学完了也没再继续，我自己也没看得上自己。

我回到老家找工作，在一家银行干临时工，就是拉存款，天天骑着车子到处蹿。干了两年，我看转正很难，银行招正式职工要求很严，咱又不是科班出身。临时工的收入很低，一月就七百块钱，手张开就没了，还得需要家里补贴。我越想越丢人，供应你上大学已经很不容易了，工作了还啃父母的肉，不是孬种是什么？

说着我就二十三岁了，这个年龄在下边，就要结婚成家，可现在这个样子，就是有女的跟我也没钱娶，思来想去心一横，回家创业！

回到庄里，自己面子上也不好看，这是肯定的。邻居们都嘀咕，小青年上了一阵子大学，结果回来了，这是怎么弄的。

回来了，开始也不知道干什么好，怎么能挣钱。当时俺爹还在镇上干，俺妈在家里卖青菜，种大棚。我七八岁时就跟着俺妈下地，帮着她掀苫子，盖苫子。我从小就怪听话，俺妈说什么我都听。

这天下午，俺爹回来了，领来了徐叔。徐叔来了，当然要喝酒，俺妈在锅屋里炒菜，徐叔和俺爹在堂屋里说话，说的就是贩青菜的事儿。徐叔就是本地人，他家在向城镇徐园村，专门收购当地的青菜发上海，赚了大钱了，这地面上没人不知道“苍山大老徐”的。

徐叔，四十多岁，高个子，又黑又胖，大脸，大眼，说话嗓门很响亮。我坐在一边，时刻给他们倒茶。一会儿菜上来了，他们开始喝酒。喝了几杯后，我父亲说，老徐，你侄子跟着你干行不行？徐叔看了我一眼，大手一摆说，这狗日的一看就是公子哥儿，根本干不了！

俺爹看看我，我不服气，我对大老徐说，徐叔，我在银行跑存款都跑了两年多，什么门槛我也迈过，什么脸子我也看过，我怎么是公子哥儿？大老徐再看看我，端起酒杯喝了一口，说上海苍山来回蹿，你吃不了这个苦！

我倒上一杯酒，端着站起来说，徐叔，我敬你两杯酒，我也不是三岁两岁的小孩子，上海我也去过多次，你闯到哪里我就能跟到哪里！——我连敬了他两杯酒，他就不说话了。我爹说，老徐，我的儿子就是你的侄子，你该熊的熊，该骂的骂，摔打摔打他，他也二十多了，该干自己的事儿了！

这样，我就开始跟着大老徐干，他在上海管销售，我在当地收菜、发菜，当地有车。有一回，我从磨山收了黄瓜，天气已经热了，老徐打来电话，嘱咐我加冰要匀，黄瓜铺四十公分就要加一层冰，再用草帘子盖上。可是，我没有上心，冰加得不匀，黄瓜到了上海就烂了许多。大老徐火了，在电话里破口大骂：你狗日的不好好弄，光知道玩儿，妈了个巴子你能干就干，不能干滚你的蛋！

我让他骂得狗血喷头，满脸通红淌大汗，俺爹俺妈也没这么骂过我。我情绪很低落，耷拉着头回到家，躺在床上觉得憋屈，憋屈得发了怒，猛地一下坐起来，心想不干了，我受你这样的窝囊气！

可是，再想想，自己就是好玩儿啊，把货一发走，就和同学、朋友打扑克，搓麻将，赢钱，三毛两毛的，最多的时候百元。到了晚上就喝酒，喝的都是当地酒，兰陵醇香、兰陵喜盈门，还有一种酒叫“双轮底”，是两次发酵的。这些酒都是三十八度，喝得怪开心，贩青菜两个月，我就胖了二十斤。以前在外边跑存款，人跑成了瘦狗，现在放松了，心宽体胖了。

大老徐骂我，可能被俺妈知道了。她坐在我面前，温和地说，军见，你也不小了，无论干什么都得当事儿干，脚踏实地，不能吊儿郎当，你上了大学又回到家，已经没面子了，再这样混下去，俺都感到丢人。

俺妈这一说，戳到我心里了，一下子我就改了。我们收青菜，旺季就是三个月，八月、九月和十月最忙。我脾气随和，对人有礼貌，也是在银行两年锻炼的，和菜农关系搞得很好，我经常请他们吃饭喝酒，他们也愿意把菜卖给我。我记得那十几天，行情很好，人家一天往上海发一车，我发两车，就是我货源充足。老徐打来电话了：不孬，管！狗日的这些日子干得不孬，上道了，老子不会亏待你！

就那几天，我们挣了五六万。两人对半分，我手里一下子有钱了，家里很高兴。俺爹不会说表扬的话，脸还是板着，但我从他眼神里就看出来了。这是2002年。

跟着老徐干了几年，我积攒了百八十万，那时候算是不小的数目。我的心就开始野，想干个大事儿。正好有一天，几个同学和朋友一块儿喝酒，都是做生意的。喝酒喝得头脑发热了，有人对我说，军见，咱们合伙包个铁矿吧，赚大钱。大家在酒桌上议论，有的说行，有的说不行。我有个同学在国土系统上班，叫他来就是听听他的意见，他说政策允许，完全合法，可以干。

我满怀信心，回来跟俺爹一说，他接着火了：有几个钱就烧包了，摸不着南天门了，我听说，凡是干铁矿的，人家都有背景，咱们就是个农民，谁把钱放在那里让你去赚？弄不好，前头就是个火坑，让你血本无归倾家荡产，把心收回来，老老实实跟着你徐叔卖菜！

俺妈当然也不同意。这时我已经结婚了，爱人原先是南桥镇医院妇产科的医生。结婚前，她就业余帮我做会计，没想到她倒看得开。她说，你想干我就支持，只要你考虑好，认准了，那就干下去，万一干砸了，咱们还年轻，再挣回来就是！

爱人这样说我就来劲了，反正俺爹俺妈的养老钱足够了，我再闯荡闯荡，就像歌里唱的，大不了从头再来。就这样，我们四个人凑了五百万，到新兴镇承包了二青山铁矿。

二

我们到了二青山，可这里的土地山场，都已经承包给个人了，咱又拿到了采矿权，怎么办？那就协商，该补偿的补偿，这样，局面平静了，老百姓没意见。我们采出矿石，磨成粉，再销售到徐州钢厂。

还好，当地民风朴实，但总归是开头难，个别人也找点儿小麻烦，但好解决。附近村里有个大爷，是个光棍子，他的地离我们矿不远，有一次放炮，石头落进地里，把花生秧给砸了不少，大爷就找到过来；又过了几天，我们散养的两头猪，把人家地头上的祖坟给拱了。该赔偿的赔偿，该道歉的道歉。

……

干了四年赚了钱，但大家都感到这活儿太累，几个人商量了商量，不干了，转给别人吧。按照入股把钱分了分，我拿到了很多钱。

我才三十岁冒头，就有这么多钱，真是大发了，今辈子够花的了。那一阵子，我天天和一帮哥们上酒楼，下饭店，喝好酒，什么菜贵点什么，不醉不回家。可是过了一些日子，自己总觉得不踏实，也说不清怎么不踏实，回到家躺下，半夜醒了酒，就感到空虚，好像就躺在空荡荡的地上，怎么也睡不着，心里老在想，这日子往后怎么过？就这样？难道老天爷就是让我挣足了钱，下辈子喝酒捞肉？人在世上跑来跑去，还不就是为了这个？可是，自己轻松完了快活完了，怎么老觉得迷茫？

这时候，俺爹看得最清楚，老话说知子莫若父，真是这样。那些日子，俺爹老是沉闷，板着脸，在家也不爱说话，就看着我早起晚归混天了日。

这天，他突然问我，你今天有没有酒场啊？我说没有。

他说那好，咱说说话。

爷俩儿坐在家里，俺爹看着我，突然问：就这样泡在酒里一辈子？

我不说话，觉得脸红。

我对俺爹实话实说，我说家里有了这么多钱，我想不出再干什么，钱怎么花了。

俺爹说，有事干，我都给你想好了。

我抬起头来，看着他。俺爹说，把你的钱拿出来，开发镇上供销社。现在你也看见了，供销社快要倒闭了，都是些破房子，职工都下了岗，生活很困难，咱得帮帮他们。

俺爹继续说，我在那里干了几十年，他们都是我的老伙计，是你的叔叔大爷，你也是在供销社大院里长大的。

我们村离镇上不远，小时候我几乎天天去那里，和供销社的孩子一起玩儿，玩成了好朋友。有个王大爷，也是从农村出来的，他儿子比我大一岁，去了我们就在一块儿。孩子贪玩儿，嘴馋，再说我在村子里，平时肉都见不到。不觉到了好吃饭的时候了，王大爷就让他儿子领我到他家，炒了菜，包水饺，让我吃个饱。有时候我没来，王大爷包了水饺就给我留着，那时没有冰箱，他就捎信儿让我去。还有个马大爷，是饭店的经理。饭店里卖熟肉，那时候猪肚子不计入重量。马大爷看见我，就亲切地招着手，军见，军见，过来，过来。我跑过去，马大爷就拿起刀，在案板上切一小块猪肚儿，捏在手里，慈爱地说，张开口。我就乖乖地张开口，马大爷把猪肚儿仔细地放进我的嘴里，还嘱咐我，慢慢嚼，别噎着……

可是，时过境迁，供销社衰落了，早就发不出工资，大多数人就靠摆个小摊儿维持着生计。

我沉默不语，心想，这些年，我怎么把王大爷、马大爷他们忘了呢。可是，俺爹记着他们，牵挂着他们。

我说，我找人合计一下，看看怎么办好。

过了几天，心里有谱了，我对俺爹说，你放心，我要让他们都住上新楼房。

俺爹问要花多少钱？我说找人匡算了，要一千万。工程完成，咱没有钱赚，但也赔不了多少。

俺爹坚决地说，赔不了就行，这事儿咱就不能赚钱！

我说，咱要操两年的心。

俺爹就说了一个字：值！

我对供销社的房子做了统计，共一百四十套。对旧房进行改造，不收老职工的钱，他们住的旧房就算入股；沿街新建三十套房子作为出租，每年收租金，供销社的职工优先，也优惠。这样，对外出租有部分剩余，再补我的亏空。

俺爹很明白，他说留出十间出租房，对老职工低价。

俺爹又叮嘱我说，咱们不能光图钱，人过留名，雁过留声，要让你叔叔大爷有个饭碗，不能看着他们生活没有着落。

我说行，我听你的。

这样，两年后竣工，供销社的职工都住进新房子，在街上都有了自己的门头，各人做着自己的生意。我到王大爷家里去，老人握着我的手，说军见啊，你真不简单，为咱们做了这么大的好事儿。你爹也不简单，他脾气瞎，倔，想不到还有这个觉悟，多少年都想着老哥们！

马大爷早去世了，马大娘分到了房子，搬家前，我去给她打扫卫生。大娘身体还好，小区有物业，我就让她到物业上班。小区名字叫“供销家园”，是我起的。

那天我回到家，俺爹和我喝酒，他真是高兴，喝得很痛快，话说得也多。他说，儿啊，成熟了，你为人实在，也接地气，从今往后我不再管你了，家里的小生意就交给你妹妹、妹夫，交给你媳妇，你就放开闯吧！

他喝了一盅酒，又说，前十年，是望父敬子；后十年，是望子敬父，你做到了，我从前没做好，现在你成熟了，我以你高兴，以你为荣。

我听了，心里阵阵发热，差点儿流出泪来。从开发供销社，我知道了很多道理，知道应该怎么干事儿了，我要像俺爹，心里想着别人。

三

再往后干什么，我想到了蔬菜，这是我的老本行。

这是 2010 年，正好县里提出“三进工程”，就是让苍山蔬菜进上海，进超市，进世博。我就成立了蔬菜合作社，要带动乡亲们靠种菜致富。

我先到了寿光考察，是五月去的。人家种了几十年的蔬菜了，品种、主苗产业、设备和运销，都很成熟。他们的黄瓜每斤卖三块二，我们产的只卖到两块。人家的黄瓜又亮又绿，又甜又嫩，口感好，可咱这里黄瓜个头倒是很大，可是吃起来又硬又韧，皮还发黑，我们都叫它黑条子。老百姓说，咱只能种黑条子，别的咱弄不好。咱这里种辣椒，棚子矮，有一百多米长，两口子要钻进去，跪在地上干活儿。早晨卷帘子，晚上盖帘子，他们叫“两头跪”。可是人家寿光的大棚又大又高，卷帘子，盖帘子，全部机械化。咱这里把种子泡泡，用布包好揣在怀里让它发芽，再撒到地里，人家已经实现机械化育苗，老百姓可以到苗场订购，也更利于新品种推广。咱这里一年只能种一茬儿，人家可以种三茬儿。人家一亩地可是收入到五六万、七八万元，咱这里最多收入也就三万元。

我是和爱人一起去的，我大学的同学在那里工作，他领着我们去参观、学习。我爱人说，咱卖了这么多年地膜，到这里才开了眼界，人家比咱强多了！

回来后，我要在村里建大棚，俺妈坚决不同意。她种了几十年的塑料大棚，下雨排水，下雪扫雪，真是受够罪了。有一年冬天下了大雪，俺妈扫雪摔下来，伤着了腰。她说你干点儿什么不好？光吃利息就够了，老百姓，老百姓，百人百性，你好心好意，可弄不好个别人还会埋怨你！不能干！

俺爹不说话，因为他有言在先，让我闯嘛。我就是看着这里落后，老百姓日子穷，我领着他们有发展的空间，只要我做人无愧，就一定能干好。我对俺妈说，我这么年轻，不可能老躺在家里吃利息，创钱不容易，可坐吃山空很容易，我做人没问题吧？你就放心。

俺妈最后赌气地说，你爱怎么着就怎么着吧，俺有养老金，不指望你的。

我就开始在村子里招人，成立蔬菜合作社。开始没有几个人参加，就是我的同学和亲戚。

最难的是土地流转，镇上帮着我协调，有五十户顺利地签了。有的户不想转，说亲人的坟在地里。我就到他们家里做工作，三番五次，又动员了十几户。

可是，我一个大姐找来了，坚决不同意，她嫁到外村，可是村里还有几亩地。我看那地不是很好，涝洼，长满了野芦苇和杂草。她开始同意了，就在丈量的时候，她又变卦了。

我说，大姐，你是觉得这事儿我做不成，让出地又吃了亏，是不是？她不说话。我说大姐，你那几亩地也不是好地，还能打多少粮食？这样，我成立公司先聘你，你领工资，保证比你打工强；你儿媳妇都找我了，愿意在我这里干，你别扭啥？你把地让给我，我好连成片；再不愿意，我在别的地方找块地，给你补上行不？

大姐还能说什么，同意。现在，她在我这里干得很好。

我把大棚建起来，就派人到寿光学习育苗技术，他们学了八个月，其中就有俺舅子。

他们学成回来，没想到头一炮就打哑了。这事儿是俺舅子负责的，他播了十万株黄瓜种子，种子出芽后，长势良好。十五天后就要嫁接，应该接到白籽南瓜上，这种南瓜叶子小，嫁接容易；而黑籽南瓜叶子大，通风差。咱不懂啊，就嫁接到黑籽儿南瓜上，我们依然按照白籽南瓜管理，五天就烂了一多半儿；一棵苗成本是四毛，一下子就损失了两万多元。俺舅子急得，一夜之间满嘴都是水疱。

我立即给寿光那边打电话，人家赶来一看，说天气热，棚里温度高，放风时间太短，每天应该放四次风，一次不得少于半小时。

没别的办法，重新育苗。

开始，干活的人也不熟练，嫁接的时候应该掐叶子，结果把头儿掐去了，效率也低。那就要培训，学寿光经验：棚长负责制。

我们育苗不是目的，目的是让蔬菜有好的效益。可是，苗子到了各家，他们的观念也不对。2012年，我们育出黑南瓜嫁接苗和白南瓜嫁接苗，选出十几户让他们种。

苗子栽上就很旺，瓜也结得多。苗是冬天栽上的，可是过了年就不结了，按说黑南瓜苗要结到五月份，可是到了三月就全死了。这些户找来了，说幸亏种得少，种多就麻烦了。后来我发现，这里人种黄瓜求多；面积大，栽得多，可是管理粗放，喜欢留大瓜，要产量。人家寿光每家只有四个棚，咱们种一大片；人家要种两茬儿，咱就要一茬儿；人家见好就收，咱们是能留长久就长久；人家用水施肥讲科学，咱们是凭感觉，黄瓜早死是必然的。

这样，我们请来专家给大家上课，土专家也请，土秀才也请，他们有经验啊。再把大学教授也请来，山东农业大学的，山东省农科院的，都来讲。给大家讲清楚了，好，咱就按标准来。

我又引来了苦瓜苗，老百姓种上了，结了瓜，可是没想到前期价格很低，天气又热又旱，他们几乎不管了。那年，种苦瓜的全都赔了本。

有三四个人找上门来了，这个说，你的种子太孬，苗子不好，你把我坑惨了；那个说，你得给我说清楚。可是，我怎么解释他们都不听。这个说，反正你明白俺不明白，你说好俺就相信，俺相信你，才瞪着大眼让你坑，你必须赔偿。那个说，反正你有的是钱，也不差仨瓜俩枣的，放在我们身上就得穷多半年。

我心里很明白，是他们管理不好，看见瓜长了，就开始浇水，为了增产又栽得很密，亏本了，再把鳖画在我的背上。我有口难辩，只好认倒霉，我卖的苗子三元一棵，按两元退钱，全部退！

当时爱人身体不好，我开着车和她到临沂检查，还好，没有什么大事儿。在回来的路上，我一边开车一边流泪，我不是在乎钱，我不疼钱，就是觉得委屈、憋屈，我一门心思为大家致富，可个别人把我当成骗子；你们种菜不细心，反过来再咬我一口。这时候我想到了俺娘说的那句话，现在，真是应验了。

那几天我心里就是不痛快，后来转念一想，老百姓也真是不容易，说来说去就是家里穷，没有钱，没有钱他吃什么，喝什么，孩子要上学，如果有个感冒发烧，家里再有个生病的人，那还不是难上加难？如果口袋里不缺钱，他们也不会找到我门上。我做得没错，我做得就是改变他们命运的事情，我得干下去，干到底！

我总感到有一种很沉、很沉的责任，我一个品种下来，要上千亩地栽种，关系到千家万户，这可不是闹着玩的，实在说，我赚钱和风险真是不成比例。

这几年过去，我这个合作社完全成熟了。工人技术都很熟练，育苗完全没有问题。你从这楼上往外看，望不到边的都是大棚，六万亩啊，里面都是蔬菜。汽车每天都来拉，拉到上海和别的城市。不光我们本村的人富了，五百多户都入了社，而且往外辐射到五千多户，我还要辐射全县。

那边就是敬老院，（就是崔侠那个敬老院）我经常给敬老院免费送菜。有些老人身体很好，我就让他们过来干些轻活儿，活动活动，其实，就是想发给他们点儿零花钱。我这么做，还担心老人会认为我是施舍，我就按时间付酬，干一小时，给他们十块八块的，再分些西红柿给他们吃，老人们很高兴。逢年过节，我都给敬老院送礼品，中秋节我送了二十箱月饼，过春节我送了五十袋子大米，这六七年我一直这样做。

见了困难的我就帮，好多困难户都让我招工到这里。2016 年，有个小女孩儿考上大学，可是家里非常贫寒，拿不出学费。我知道后，就派了一个人，我说你找到她，接到我这里来。

女孩儿个子不高，就一米五多一点儿，很瘦，下边两个牙磕掉了。我问怎么回事儿。女孩说是骑自行车摔倒了。这个孩子是个弃儿，是一个老光棍子抱养了她。女孩上高中的时候，养父去世了，她就跟着这边的姑妈。姑妈现在也老了，孩子至今不知道自己的爹娘是谁，唉，身世很惨。

我对女孩儿说，你好好学习，我每月给你五百元。女孩儿还是穿着高中的校服，都很旧了，她是没有别的衣裳。我立马给我爱人打电话，让她过来。爱人过来后，我对女孩儿说，跟着你婶子，去买两身衣裳，再到医院把牙镶上，你这样到大学里不好看。你要好好上学，有困难就给你婶子打电话。

我爱人领着她去了，买来衣裳和一个拉杆箱，可是牙没有镶。爱人告诉我，医院里说要预先定制牙模，现在镶不了。我对女孩儿说，那就以后镶吧，钱我给你出。女孩儿当时就哭了，我说你不要哭，我权当半路上捡了个闺女。

女孩儿上的是幼师，放假就到我这里来，现在毕业了，因为疫情，幼儿园不开，我说孩子，你就先到我这里帮忙吧。……（流泪了）

我现在也四十二岁了，人家说是盛年，可是我感觉不小了。回头望望，就像过电影，当年我赚钱，赚钱，是赚了大钱了，想想我从矿山回来，真是后怕，半夜里我经常想，想着想着就出冷汗。当年，我的一个小兄弟从矿山回来，五百万拿在手里，买了豪车，上夜总会，泡女人，赌钱，后来就吸了毒，父母也离了婚。家没了，他也失踪了。

别看存折上写的是你的名字，可是钱多了一定不属于你。

……就在我找不到人生路的时候，是俺爹点拨了我，让我做了一件大事儿，从此改变了我的人生观，让我有了情怀，真得感谢俺爹。现在，哪里有灾有难，我都捐款。汶川大地震，没有人要求我，我捐了十万。今年疫情，我又捐了五万。

……

侧记：

四十岁刚冒头的郭军见，沉稳，果断，多少年的历练，显得比许多同龄者更成熟。我们在聊，但我发现，他总是有意无意地转过脸去，往窗外看。末了，我们站在二楼望去，六万亩的开阔地面上，是成排成排的现代大棚，乳白色的半弧形棚顶，由近及远形成透视，似乎直接天底下逶迤的青山，非常壮观。大棚里边，各种蔬菜茂盛地生长，这是郭军见的创业基地，是他带领乡亲们致富的营盘，在他的眼里，充满了成就感和豪情。

都是应该的

（张付香，兰陵县向城镇加头村村民。兰陵好人、临沂好人、山东好人、中国好人等。）

到了张付香的村庄，我们先到社区办公地。很小的四合院，就是六间民房。社区的人说，张付香家没法去，社区办公室桌椅板凳齐全，就让她到这里来吧。

张付香出嫁后，撇家舍业，回来照顾盲人母亲和生病的弟弟，十七年来无怨无悔，两个家庭都压在她的肩膀上。

地里的麦子已经收割完，天气渐渐热起来，我们等着张付香，社区的人说，她人太老实，话很少，也真是不容易。

不多会儿，张付香随着社区的人进了院子，到屋里坐在沙发上。四十多岁的农村妇女，小个儿，短发，微黑的脸，五官端正。穿一件淡红的横条旧衬衫，蓝裤子，赤脚穿着双塑料旧拖鞋，脚背晒得黝黑，沾满了泥土。

看见我们几个陌生人，她有些紧张，不知道说什么好，抬眼看看，显得害羞，还有些个怯意，目光也似乎迷离。

社区的人叫着她的名字说，你是咱们这里的好人，他们来采访，是详细了解你的事迹。这么说着，我看到张付香更紧张了，真像是做错了事，有受审的感觉，脸上一红一白，额头出了汗，嘴唇还发干。她抬头看看大家，很难为情，然后低下头，吞吞吐吐地说……都是应该的。

社区的姑娘拧开一瓶矿泉水，送给张付香。她说俺不喝，就用手轻轻地推开。姑娘说喝吧，你慢慢说，就把水放在面前的茶几上。

张付香又低下头，坐在陌生人面前，还是很局促。我说你别紧张，就是聊天，随便聊。张付香抬起头来，眼神依然有些迷离，看看大家，又低下头去，像是自言自语地说，真没什么可说的，都是应该的。

我只好提问了，可是我问一句她说一句，依然是低着头回答，回答好像受罪，张付香根本就不愿意说。就这样停停，顿顿，半半，拉拉，用了整个下午，得到的都是碎片，慢慢地，家庭境况和她的经历还是有了完整的轮廓。

这曾经是一个困苦甚至悲苦的家庭。张付香的父亲是个老实巴交的人，因为家贫，四十岁上才找了张付香的母亲。母亲比父亲小二十岁，是个盲人。

母亲老家离这里二十多里，五岁时生病没钱治疗，眼睛逐渐失明。当初同意嫁给父亲，就是姥娘门上看着他老实，给女儿找个家。父亲对母亲很好，母亲腿疼，路近，就背着她去看医生，远了，就用小车推着她，几十里山路去找先生。

母亲虽然看不见，但是勤快，做起活儿来干净利落，她能蒸馒头、贴饼子，能缝衣服，拾掇里外都没有问题，但就是不能烙煎饼，因为眼睛看不见，旁边如果没有人，起了火可不得了。母亲生了四个女儿，一个儿子，张付香排老三，她身下就是弟弟。

父亲让孩子们都上学，就是让他们识几个字儿，上到三四年级就上不起了。张付香上到二年级，就回家帮着母亲做活儿。失明的母亲，不能老在家里，只靠着男人干活养家，也领着张付香她们姐妹，到路边拾草。母亲蹲在地上，摸索着拔草，然后姐妹们收起来，背回家晒干做饭用。生产队里有合适的活儿，母亲也去干。母亲善良，从来不打骂自己的孩子，她看不见，就一个一个地摸摸，摸摸头，再摸摸脸，捏捏下巴，当娘的就感到很满足了。

后来，父亲得了阑尾炎，前后开了三次刀，身体虚弱，干不动重活了，多亏两个姐姐在生产队里劳动，日子过得很紧巴。那时张付香还小，不到十岁，就是拾草剜菜。张付香很懂事儿，干活从来不偷懒，也不知道什么叫偷懒，在家里帮着母亲做这做那，她也从来不和别的孩子玩儿，就在家守着母亲，看着弟弟。

她是一个不出家门的人，家几乎就是她的世界。

后来，两个姐姐先后出嫁，也可能因为母亲的眼睛，都嫁在本村，凡事儿有个照应。年轻人，二十出头就结婚了，可张付香三十岁才结婚，在那时就算很晚的了。看张付香，年轻时候是个秀气的姑娘，加上老实能干，会有许多人家看中。只有一种可能，就是她想多照顾母亲几年，等着弟弟长大成人。

父亲八十岁上去世，长大的弟弟上完高中，没能考上大学。可是小伙子很精明，先在家里卖菜，然后到苏州，从摆摊卖菜到批发，赚了些钱。

这时候，张付香已经嫁到离家六十里外的村庄，有了孩子。弟弟看到三姐家里困难，掏出钱来给她盖了五间瓦房。

可是，没过几年，在南方做生意的弟弟出事儿了。开始觉得手背痒痒，一挠发现有些紫红疙瘩，以为是过敏，也没放在心上，过了些日子，紫红疙瘩就蔓延到胳膊上、身上，最后蔓延到脸上。

弟弟到医院里一查，是严重的银屑病。不光奇痒难耐，脸都没法看了。人成了这个模样，谁还敢买他的菜啊。生意没法做了，只好回家治病。

弟弟要治病，母亲年纪越来越大。村里两个姐姐，日子过得都不好。二姐孩子多，照顾不过来。大姐不光孩子多，家里不富裕，性格也很懦弱，碰到事儿拿不出主意。

张付香的日子过不下去了，她对丈夫说，不行，我得回去。

丈夫说，咱们结婚没几年，还没过上几天安稳日子，你要回去了，咱这个家算什么？

张付香说，俺家碰到难处了，弟弟是我从小背着长大的，他没生病时，对姐姐们都很好，我不回去帮他治病怎么办？俺娘眼又看不见，不能把她丢在屋里不管啊。

丈夫说，村里还有两个姐姐嘛。

张付香说，别说她们顾不上，就是顾得上，她是她，我是我，小妹妹离家一百多里，也不能常回来。

丈夫也是个老实巴交的人，就不怎么说话了。

张付香对丈夫说，回去一样过日子，家里也不是没房子住。

于是，两个人把门一锁，回到这里了。

母亲已经八十七岁了，张付香他们天不亮就起床下地，再赶回家做早饭，给孩子们穿衣，再给母亲梳头、洗脸，每天都是这样。有点儿闲空，她就把母亲领到外面晒太阳，给她捶背按腰，跟邻居聊聊天。

怎么给弟弟看病，这过程张付香不说，问她，她就低下头，垂下头。

银屑病是血液里有毒，是顽症，治来治去没有任何效果。几年里，做生意的钱就全部花完了，弟弟开始绝望，他说三姐啊，治不好了，我不治了，就这样吧，活几天算几天。

张付香也不会劝弟弟，她光说，你得治啊。

弟弟冷笑，说你懂什么，这病坏在血液里，神仙也治不好。

张付香说，哪里、哪里的人，也是这种病，治好了。

弟弟说那是他命好，老天爷开了恩，我是治不好了，死了这条心吧。

再到后来，弟弟更加固执，打针，他不打；吃药，他不吃，躺在床上闭门不出，谁说也不管用，村里的书记也几次来，喊他出去走走，见见阳光，他根本听不进去，慢慢地，他就得了自闭症，躺了几年，后来就干脆起不来了。

这个家，就靠着张付香和她的丈夫，好在当初她分的地还在，丈夫就在附近面粉厂打工，工资不高，两口子省吃俭用，伺候老母亲，守护着弟弟。

看到这家人这么背运，有人就说了，可能你们的家风水不好，好心人给他们请来了一个先生，先生里外看了看，说这小伙子和你们住不着，要想病好，就得自己另开宅子。

人难到这个分儿上，姐姐们都信了，她们七拼八凑，也借了些钱，又给弟弟盖了四间新房，让他搬进去。明摆着，不治病，人当然不会有好转。弟弟浑身痒得难受，就用手拼命地挠，挠得皮都出血。疾病使他的性格完全变了，变得暴躁，偏激，发邪，有时嘴里胡说八道，还骂人。

但是，再怎么着也是弟弟，张付香从来不发火，默默地忍受着，总是那样温和地伺候弟弟，呕吐了给他擦，给他洗；给他端屎端尿，完了再到地里干活。对弟弟的病，她还是不放弃，总想着哪一天吃了药，弟弟会好起来，所以有点儿钱，她就去给弟弟买药。出门买药的时候，母亲在家她不放心，就让母亲坐在电动车后边，她眼睛看不见，可是路上有人和她说说话，听听也好。

张付香有了三个女儿，大女儿十四岁的时候，再也没钱念书了，背着书包回了家。正好这时候有了低保政策，学校又把她叫回去，学杂费该免的都免了。

政府也给他们办了社保。

张付香在娘家，一住就是十七年。

……

社区的人说，张付香回村照顾母亲和弟弟，她那边的家，基本上放弃了，连回家看看都脱不开身。我们去她那边看过，院子里长满了青草，蒿子长到一人多高，树根扎到她家的院子里，冒出的芽子都成了小树。房子没人住，坏得更快，檩条子都弯了，屋顶快要塌了。

我看到，张付香静静地坐在那里，突然间眼里就噙着泪，不说话，然后，歪头看着窗外……

社区的人对她说，你应该回去看看，把房子修修啊。

张付香还是不说话，摇了摇头。

村里人看到张付香这么不容易，说哪有这么孝顺的闺女啊，没有她，这个家就垮了。

张付香说，我是女儿，我是姐姐，我来照顾他们，都是应该的。

镇上给她评上了好人，让她去开会领奖。张付香不去，谁说也不去，就是一句话，都是应该的。

县里给她评上好人奖，张付香还是不去，谁说也不去。村里和社区里的人没办法，找到她的邻居说，你去替张付香领奖吧，她脾气这么倔呢。

社区的人告诉我，最近，张付香又被评上中国好人。估计，她也不会去。

聊完了，我们到张付香家去看看。

村子里很干净，街道都是石子儿水泥铺的，沿街都是一样的大门楼，两边砖垛子，水泥板盖顶，上面贴着紫红色陶瓷瓦。张付香骑着一辆旧三轮车，从后边赶上来。前边，一位老人站在大门口，相比两边人家，那是最简陋寒碜的门楼。

张付香说，这是俺娘。然后停车，扶着老人的胳膊说，镇上的人来看你。老人仰着脸，笑着说，破家啊。

院子里，铺着乱石渣子，踩在上面硌脚。两边堆着些破烂。屋里，就是一张旧吃饭桌子，几个板凳，再没有其他家具。三间屋，也没有墙壁间隔，两边各用铁丝拉开一人高的旧布帘儿。北边墙上，贴着七八张奖章，是张付香女儿的奖状，有三好学生奖，有好孩子奖，成为屋里仅有的亮色。

我在心里默默地说，家贫出孝子啊，张付香是，她的孩子肯定也理解了母亲，好孩子，要好好学习，学习改变命运。

弟弟住的院子就在墙那边，同样简陋的门楼，同样空空的院子，空空的屋子，屋里也拉着旧布帘儿。帘子后边一张小床，张付香的弟弟就躺在床上。小伙子面黄肌瘦，背心短裤，胳膊、腿，瘦得像柴棒，头发又密又长，胡子也懒得刮，枕头边上，放着中学生的课本和复习资料。

……

侧记：

大家就在要离开的时候，张付香拦住了我们，她说我买了个西瓜，你们吃了再走！随行的人说我们还要赶回去。这时，张付香变得很果断，很坚决，完全不是刚才的样子，她说不吃不能走。

张付香拦在路上，说不能走，我这就切开。

社区的人说，你别客气，西瓜留着给老人、给你弟弟吃吧，不该乱花钱。

张付香不听，她说不吃你们就捎着。说着跑进屋去，转眼就把西瓜抱出来。社区的人接过西瓜，放在地上。张付香突然又回身进家，转眼就拎着一提溜矿泉水跑出来，是用厚塑料膜筒装。她说你们把水带上，大热的天。

我说小张，我们有水，就在车里，你破费了。

车在街口停着，我们放大些步子快走，一回头，发现张付香拎着矿泉水小快步儿赶上来，眼里急得几乎要哭。

我跟随行的人说，咱们每人拿一瓶吧。

我们停下，每人拿了一瓶水。社区的人对她说，回头你去退了吧。

张付香流泪了，她说，还有司机师傅。

我们又给司机捎了一瓶。

张付香拎着少了三瓶的矿泉水，站在路中间，小个儿，短发，地上的影子很小。靠墙，是她的旧三轮车。

……

咱还是农民

（王传喜，临沂市兰陵县下庄街道代村社区党委书记，村委会主任。十九大代表，全国优秀共产党员，全国劳动模范，全国最美基层干部，时代楷模等。）

一

事情都是大家摸索着干出来的。我干的这点儿事，网上都查得到，我就从头说，说到哪里算哪里，写不写不当紧，算聊天吧。

论说我应该上大学，从小学到初中，我学习都是名列前茅，各科成绩都好，也没怎么用功。初中后我就蹿起个子来，明显比别人高一大截，身体也壮。那时候全国武侠热，电视里放霍元甲，电影演少林寺，我迷上了金庸的小说，接着迷上了武术，老想着自己有一身好功夫，可以走遍天下抱打不平。我想，上完高中咱就当兵，坚决上战场。

考上县一中后，我要求分到体育班，还当了班长。俺庄里一共考上三个人，人家都刻苦学习，后来他俩都进了大学。我呢，除了学习，晚上就练拳，还拜了师傅。那时候学费并不高，虽然生活困难的家庭很多，但我家就是我和俺妹妹，供应我念书不成问题，可是我走偏了，学也没考上，武术也半途而废，回家当了农民。

这时国家开始搞活经济，我就开始做买卖，心想咱也没有大出息了，想办法挣点儿钱吧。我骑着摩托车贩大米，也到山西卖大蒜，我脑子比较活，也不懒，只要有赚钱的门路，我就去闯，就这么倒腾。

俺庄离县城很近，我认识的人也多，有个朋友搞建筑，他说传喜，现在建筑很红火，活儿多，赚钱也快，我都忙不过来，你这东跑西颠挣个仨瓜俩枣，也就是汗珠子钱，干脆和我一块干吧。这样，我就到了他的公司。我能吃苦，爱动脑子，在学校当班长历练了，知道怎样团结人，时间不长我就当上公司的经理。

干了几年，我就有钱了，早早地住进了小洋楼儿，买上了轿车，那时候个人能买轿车的，全县也没有几个。我开着轿车回家，一进村孩子们就跟在车后边追，嘴里还嗷嗷叫，新鲜啊。

可是，俺庄是真穷，穷得我看着心里就不舒服。我曾和村里的刘永建聊天儿，他是我的好哥们。我说，在咱村里，我算是有出息的了，可是每次回来，看看这些破屋，路不是路，街不像街，老的少的受穷，心里就不是滋味儿。刘永建苦笑着说，这个烂摊子，神仙也治不得。我说，等我发展好了，我得把咱庄好好治理治理，得让老少爷们过上好日子。刘永建摇摇头，看着我说，咱这村，没前途，你在咱村是数得着了，听我一句话，自己过好就行了，老巴实地在县城里住着，过城里人的日子，想怎么滋润就怎么滋润，可别再回来找麻烦。

哥俩随便聊，谁也没有放在心上。

说话就到了 1998 年，镇上的副书记老侯在俺村挂职。俺村，从前是县里有名的先进村，他们都叫它红旗村，各方面都好。可是那十几年的闹腾，你争我斗，人心就散了，遗风流毒很严重，成了老大难。我天天忙自己公司的事情，回家看看就走，没有太留心村里乱七八糟的事儿，但也经常看到街上贴出大字报、小字报，说谁谁贪污，谁谁以权谋私，谁谁手脚不干净，说得有鼻子有眼。

这个村姓氏很多，有五十多个姓，大姓有姓王的，姓李的，姓成的，都是几百号人的家族。你和我有仇，我和你有恨，邻居和邻居打架，家族和家族斗争，今天这边吵起来了，明天那边又骂起来了。

村里偷盗成风，有时候一晚上连续几家被盗。李学全的母亲，老人就养了三只鸡，一只羊，就在傍晚时分，小偷几乎明目张胆地给偷走了，老人坐在地上放声大哭，这小偷真是没长人肠子，连七十多岁的老人都不放过。这还是小的，有的人家养了奶牛，夜里就被偷走了；村里安上个大喇叭，没吆喝几天就让人摘走；还有人偷电视机，偷粮食，几乎见了什么偷什么。穷啊，好多人的粮食根本不够吃的，囤子里空了，只好挎着篮子到外面讨饭，你说惨不惨。

村里村外，到处是垃圾，下雨天，黑水臭水四下里淌，村庄就是个贫民窟。

越穷，人心越焦，村干部根本压不住阵。一伙人直咋呼，要把村子分开。这个村庄很大，中间有条河叫小汶河，河东河西分了两片，河东又分前圩子后圩子。他们说就以河为界，各管各的，井水不犯河水！村里党员干部分了好几帮，开会就吵架。坚决要把村子拆开的人，办公室早就找好了，只要村子一分，他们就立即刻公章，另立门户。可是，唯独小学不好分，因为小学就在村中间。（笑）

随随便便分村庄，上边肯定不同意。可是每到村里换届，各投各的票，都投自己人，最后就是选不出村干部来。挂职的副书记挠头了，不知道为什么，他们想到了我。

副书记来公司找到我谈，我才三十岁，他把意思一说我就有些蒙。

我说我干不了，村子这么大，乱了这么多年，我又这么年轻，嘴上没毛，哪有那个本事。

再怎么谈的我也记不太清楚，书记好像又是劝说，又是激将，他说大家都看着你行，镇上认真研究了，也觉得你是最合适的人选，这是对你的信任。

我不吱声，书记又说，代村这么大，人这么多，怎么就选不出个领头的人？大家就不信连你王传喜也是孬种！你自己富了，就这么看着村里父老乡亲受穷受苦？三说两说，我年轻气盛，要面子啊，头脑慢慢开始发热，最后，我对书记说我听你的，大不了干不好再回来。书记说，那不行，要干就得干好，这可不是小孩办家家。我想了想说，好吧！

回家一说，我爱人立时就急眼了，她是城里人，城里和农村差别多大，她最明白了。她说干这个明摆着是得罪人，我胆小，我跟着你就想过平安日子，你这是往火坑里跳。

我说村里好多人推荐我，上边也找我谈话，人要脸树要皮，咱不能冷了人家的心，让人瞧不起。得罪人怕什么，只要走得正，没私心，没有什么可怕的，天还能塌下来？我这人，表面上平和，可是性子倔，我爱人也倔，两个人为这事儿闹了很大的别扭。这一别扭，我呢，牛脾气上来了，我说我真不信这个邪，我非干不可！

上任后，我先得把村里治安弄好啊。因为偷盗成风，家家到晚上闭门锁户，胆小的不敢出门，有的关上门都不敢合眼皮，就怕盗贼悄悄进了院子。我们发动大家，群防群治，夜间持牌站岗和巡逻。我们把全村划分成 45 个治安小组，以胡同为单位派人执勤。每个胡同大约一二十户，轮流持牌。——这可能是我读武侠小说得来的灵感吧，牌子是铁质的，背面是治安小组的名单，明明白白，谁持牌，谁站岗，值班一夜，一大早传给下一户。

站岗的同时，还要查岗，我得带领大家巡查，除了防止个别人应付，还要提防监守自盗。我们每晚巡查两次，这个村庄太大了，我们每个点必须到，每天巡查完了，就得到凌晨一两点，算起来，我们每晚都得走三十多里路。我脚上长了好几个鸡眼，一走路，脚底板的鸡眼就往里锥，往肉里扎，很疼。有人看见我走路不自然，问我怎么了，我说没事儿，走多了路就这样。大家看我一走一歪，催我回家歇着，我说不行，不转完回去我也睡不踏实。没想到，我就这样坚持走了几个月，脚底下的鸡眼儿硬是被磨掉了，好了呢。

用这种办法，没过多长时间，村子变了，最后基本上是夜不闭户，后来，还被评为先进治保村。

二

我上任第三天，就接到了法院的传票。

我一看传票，头一下子大了：村里欠下的外债就 380 多万，放到现在就得几千万。实际上，也不都是以前的人贪污，是几个村干部管理不善，上边来人，村际交往，吃喝拉撒等，没钱了就借，向村民借，打白条，迟迟还不上，就这么拖着，日积月累成了大数儿。再就是卖宅基地。一些下面的干部，想在县城里盖房子，找到村里买宅基地，村干部答应了，收了钱，有的钱入账了，有的钱没入，地却没给人家。有人说当时把钱交给村书记了，书记说接着交给村里了，可是账上没有。人家陆续起诉了，那一年，我作为被告，光出庭就一百多次。

回到村里，我先干的就是清理账目。我找了律师，依法处理，最后是，账上有的，我给你本钱，但利息没有，因为本身不受法律保护；账上没有的，我不能还，因为你空口无凭。好多人找我闹仗，拍桌子，骂娘，我说任怎么闹也不行，咱就按法律来。

……

代村往后怎么干，得到外边，看看人家是怎么干的。看到河南南街村搞得好，我们就开着车，去学习人家的经验。我们班子几个人，带上一百多斤煎饼和老干妈辣椒酱，开的是一辆面包车，长安铃木，七个座，这是我们勒紧裤腰带买的，出行办事儿，没有车不行。

那时候还没有高速路，我们在国道上走。到了吃饭的时候，就在路边上停下，啃煎饼，喝白水，沿街都是小饭店，可我们没有钱，吃不起。

到了南街村，到处看了，听了人家的介绍，我们心里开始亮堂了。走进人家的村史馆，有个大厚本子放在那里，让参观者留言。我年轻，其他几个都比我年龄大，我说你们年长，你们留言。他们说，你是书记，你的留言就代表我们，你写吧。

我想了想，写上了这句话：南街村的今天，就是我们的明天！

许多年后，老同事回忆当时的情景，说传喜，那时我们觉得你太年轻，就像麻雀刚出窝儿，嘴角还是黄的，让你留言，就是看看你行不行。

村里最大的马蜂窝是土地，是土地不均。

敢不敢捅，就看我的了。

我上任的第二年就干了这个事儿。

村里的土地非常零散，一户的地分好几块，一亩地分五六块。村里的姑娘出嫁，地还是归娘家，这样，家里闺女多的，陆续出嫁走了，留下的地就多；儿子多的，地就是那些。多少年的习惯就这样，严重的不公平。

从南街村学习回来，我们很快达成共识，代村要翻身，就得像南街村那样搞集约经营，小农经济你很难富起来。我们先解决土地不均问题，再走流转的路子。怎么解决？先统，再分。平均起来，村里每人是七分地，我们先把好地孬地划开，好孬搭配。根据节气，我们必须在冬天摸底儿，开春拿出方案，清明前后落实，不能误了耕种。

正好俺这里有个家具大世界，我让他们给做木桩，一元钱一根。同时我们走民主程序，召集村民，同意方案的签字，不同意的我们再做工作。大多数人拥护，说合理，早就应该这样。有少数人难缠，很难缠，他们说，合理，合理，很合理，可我就是不同意！

到了开春实施的时候，村里一些人简直发疯了。我让村干部先丈量，然后往地头插木桩。因为时间紧，他们吃住都在地里。村里有个老年人，很支持我。老人有六个女儿，大女儿是个军医，女婿是医院的院长，副军级干部。女儿跟父亲说你要支持传喜，他做得对。为了这，女儿专门给父亲买了一辆脚蹬三轮车，拉着木桩帮我往地里送。

几天时间，我们插了一万多根木桩，可是，没有想到，就一夜的工夫被人拔了个精光。这时候，有人往我院子里扔石头，扔刀子，从门缝里插进恐吓信；有的把恐吓信交给我孩子，孩子才上小学，就是暗示要对孩子下手；有的大人就唆使自己的孩子打我的孩子；我爱人走在路上，有的女人就指桑骂槐，骂鸡骂狗。

我爱人胆子小，吓坏了，受不了了。我回到家，爱人就哭，说你不能干了，你这样下去，不定什么时候俺娘们的命就没了……

看这情况，是要让我举起白旗，逼着我认输啊；想到这些，我反而越觉得浑身都是劲儿了，我不害怕，更不会趴下，当年我学革命英雄人物，迷武术，读武侠，这时候好像有作用了，让我面临大事有静气。我三十刚冒头儿，觉得眼下就是站在阵地上，重要的时候到了，万事开头难，我要是不踢出去这一脚，那就得卷起狗皮，灰溜溜地走人。

我还是平静地安慰我爱人，可是，越安慰她越不听，她的拗脾气完全上来了，说什么也不同意我干了。那天早晨，天刚刚放亮，我急着要到地里去，可是我爱人站在门口拦着，就是不让我走。

她哭着说，咱们的日子本来过得好好的，现在让你闹得鸡飞狗跳，大人孩子提心吊胆，你不能干了，今天早晨我就是不让你走！

唉，当时我性子也急，村里的事儿，像火攻着心。我劝她，我说你看，土地到了这个分儿上，如果半途而废，我就败了，颜面扫地不说，以后什么事儿也干不成了，我在全庄人眼里就是孬种，是窝囊废。再说，也没有什么可怕的，有些人就是发发狠，吓唬你两句，谅他们也没有这个胆，你尽管放宽心。

说完，我把爱人往边上一拨就想往外走，可是她说，不能干，你再干，我就死给你看！我一下子火了，大着嗓门说，我还非干不可！说完把门一摔我就走了。

对家里，我是个粗心人，对爱人和孩子不会说些暖和的话。我不知道，我爱人已经准备了敌敌畏。我出了门，说了气话，可又担心她，我往前走，耳朵还往后边听，听着她在家里放声大哭，突然我听着不对劲了，哭声变了，我一想不好，转身跑回来一看，她已经喝了农药，嘴上还沾着药液，躺在地上手脚开始抽搐。

我赶紧叫来车，把她往医院送，幸亏这里离县医院不远，送到医院马上洗胃，住了半个月的院。这期间，我没能在医院陪她，因为地里正在腾茬，到了关键时候了，就靠家里人伺候她。想想这事儿我就后悔，当时我说话口气太硬了，总觉得我需要家里支持，可是她总是给我破气。我要是多多安慰她，在家陪陪，晚到地里半天，也不至于发生那样的事情。爱人的命是保住了，可是从此落下病根，只要生气，马上就犯，也是那时候让人吓的。

后来，有些人传说，我爱人喝了药，我也豁上了，也拿着药瓶子到了地头，随时准备喝。我说哪有那事儿，我要是真那样，不就说明我没有信心了？成了耍赖了？以后还怎么干事儿？人家还瞧得起我啊？后来以讹

传讹，连电影也这么写，我是哭笑不得，这样做，不是王传喜啊。(微笑)

再接着说土地，你们不是把木桩拔了吗？好，咱用钢钎打眼儿，下打几十公分，插上桩，再灌上水泥固定，然后埋起来。这样，他们就不好找了，桩都保住了。

这时正是芒种，小麦、大蒜刚收完，接着就要种秋粮，如果有人再按原来的地种上，就会失控，麻烦就更大了。老百姓都知道，玉米早种一天，秋来就会要早收四五天，所以抢种的人很多，全村几千号人都下地了，犁沟的，播种的，施肥的，拉水的，都在忙活。

开始我老是担心，说起来也亏着老天爷倒着帮了忙，几个月没怎么下雨，地里很旱，没有水就抢种不了。村里立即组织抗旱，这下就掌握了主动权：咱们组织水源，按照新的规划给你抽水送水；村干部全部到地里，帮着村民引水抗旱；大家全在现场，带上吃的，带着棉衣晚上值班，很有秩序，这样，既密切了村干部和大家的关系，也不用担心会有人起哄捣乱了。

三

我常想，咱也不是多能，都是大伙儿一块商量着干，这也有个潜移默化，走走看看，想好了再干，十几年就干成今天这个样子。我觉得，当个普通村干部不难，很容易，上边怎么说你就怎么干，照着葫芦画瓢，别出格，干好就行，即便出了错也不全是你的事儿。可是你如果要想发展，又要符合上边的精神，那就得靠自己蹚出路子来。

我上任不久，不是欠了那么多债嘛，村里有个加油站，有人就打它的主意，要出八十万收购。老话说心急剜得手心肉，好多人说行啊，正好急着用钱还债。我说不行，好不容易建了这么个加油站，卖了就没了，不能只看眼前。我找到一家公司，和他们谈，让他们承包下来。公司老总和我熟，知道我的为人，谈好每年租金十万，先付十三年的租金让我还债，双方签了合同。现在，合同早就结束，这个加油站还是属于代村的，每年我们收租金就三十万。

从 2000 年起，我们看到了，要想富裕，靠零打碎敲不行，就开始把部分土地反租倒包。从村民手里把地租过来，搞苗圃花卉，直到现在搞旅游观光，还办了好多企业。

咱这里靠着县城，县城要扩大，我们村也被纳入城区规划。那些年房地产红火得了不得，咱这里寸土寸金。村里好多人动了心思，找到我说，咱们把土地都化成宅基地吧，分一分，各家再卖一卖，立马就发大财了，村里有了钱，家里也有钱了，干点儿什么都行。

好多房地产老板盯上这里的地。我就是搞工程出身的，知道俺村土地的分量，这是祖祖辈辈留下来的，是村里的命根子。你如果卖巴掌大的一块地，就是对祖宗、对子孙后代犯罪。我说，代村的地，不允许向开发商卖出一分一厘。

有一天，有个熟人来找我，随便聊了聊，简单问了问地的事情。他从车上搬下一个纸箱子，上面印着两个大红苹果，我以为就是苹果，也没在意，我们这里有果园，苹果不稀罕。

熟人临走也说没别的，纸箱子就放在办公室里，没人注意。晚上我到了办公室，用脚尖想把纸箱子推到墙根下，碰了一下，觉得很重，我打开一看，好家伙，里边全是崭新的现金。这时已经很晚了，我立即找了两个人来守着，不能一个人，让他俩守一夜。第二天，会计上班，几个人开始点钱，整整二百万。

除了这，经常有人找我要地皮，张口要给我几十万现金，那时几万元就可以买一套房子。我跟他们半认真半开玩笑说，我当书记，不是地主，这地不是我的，我没有这个权力。

纸箱子里的钱，当然退回去了。这些熟人，用这些法儿弄地，是给我挖坑啊，不是一般的坑，是挖坟坑。（笑）

老话说能领千军，不领十民。其实，老百姓很好领，咱自己也是老百姓，只要你做事不为自己，公道，公平，即便个别人开始不理解，慢慢地也就通情达理了。

老少爷们得到了实惠，人心开始顺了，村里搞什么他们都配合。我们开始治理河道，修路，进行旧村改造，把村貌弄好。

我们摸了多少次底儿，补偿政策研究了多少回，还是有好多人抵触，尤其是盖了新房的人，拆了心疼。说情的人很多，我说，拆迁的决心不动摇，政策定了不走样，一碗水端平，先安置，再拆迁。我们搞"旧房流转"，年轻人有钱，愿意住楼房，有些老人腿脚不利索了，不愿意爬楼，村里就收购年轻人的旧房，再以相同价格流转给这些老年人。

村子规划了，肯定要拆一些房子，拆到付清泉的家。老付也是干建筑的，给自己盖房子，用的都是好料，使用面积七百多平方米，盖起来不到十年，每年出租有七八万元收入，他无论如何也不想拆。

我和老付在办公室里聊，聊到半夜。过去我们一块儿搞建筑，还互相帮衬，说到动情处，俺俩都泪流满面。最后他说，传喜，冲着你对代村、对兄弟爷们的这份情谊，我拆，明天一早我就叫人拆！

村里盖楼、修路，工程很多，而且本村搞工程的就不少，我妹夫也干这个。所有的工程，我们都定出标准、标段，多少钱，然后公开对外招标，同样的标准，村民优先。

有个工程，好多人报了名，我妹夫也报名了，其实他带的建筑队技术更过硬。

开始我不知道，过来一看，发现投标多出一组，这就得通过抓抽儿去掉。我一想不行，一旦抓空的是别人，肯定会说我做了手脚，照顾了妹夫，豆腐掉进灰里，我怎么也洗不白。

我把妹夫喊到外边，说这工程你退出来，免得别人说闲话。

我妹夫没吱声，掉头就走了。

我妹妹跑到家里找父母，哭着说我胳膊肘子往外拐，俺又不是搞特殊，也是明着竞标，你凭什么让我们退出来？你没道理啊！

我听到了，也就是苦笑，我对她说，你别想着沾我的光，有个好名声就是沾光。这一次你不参加，以后还可以参与别的招标啊。

……我当书记，好多亲戚被我得罪了，有的早就不上门了。我心里很明白，选我当干部，投票的人各有各的想法，有的希望我公平对人，有的想着的是他自己，觉得选我以后他能沾光。我如果被牵着鼻子走，很快就会完蛋，我得自己看住自己。

新楼建好了，分之前，我说，干部不能特殊，和大家一块儿抓抽儿，得不到满意的楼房，只能怪自己的手气。那天，我就站在一边，看着全村人抓。我对我爱人说，等所有的人抓完了你再抓，最后剩下的就是我们的房子。

我住的房子是底层楼，和大伙儿一样。

日子过好了，就得立规矩，搞文明，移风易俗，如红白喜事儿，尊老爱幼，等等，我就不说了。

四

村子大了，每天都有干不完的事儿，就觉得忙，好多事情别人代替不了。我每天在外面跑，到家就小半夜，最对不起的就是家人。

我父亲对我影响很大，俺家祖祖辈辈是农民，老辈里就老实巴交。

从小父亲就教育我们，出门碰见长辈，要站好后再说话，下湖（地）走路要看好脚底，别踩了庄稼。父亲常跟别人说，我对儿女没有太高的要求，能做个老少爷们都说不孬的人就行了。我高中毕业，干了建筑，父亲就说，干建筑，天天摸石头，你要记住这句话：石匠石匠，良心是尺棒！

我女儿大学毕业，也写了我一篇小文章。小时候她对我不理解，很有意见。我就是忙，半月二十天见不到孩子，从来没有问过她的学习。女儿记得很清楚，她放学回家，正好我和朋友也在，朋友问我，孩子上几年级了？我挠挠头说不知道啊。我爱人赶快接上话说，上五年级了。

我女儿心细，小时候她经常去她奶奶家，有的老人问她，你爸爸怎么不来看你奶奶？我母亲总是说，她爸爸忙啊，经常晚上来。其实，晚上我也没时间去，母亲是给我要面子。女儿回家问我，你是晚上看俺爷爷奶奶吗？我就不好意思，实话说，我看得很少。

我父母都理解我，父亲说，村里的事情我们也帮不上你，我把家里打点好就行，你也少操心，重要的是你注意身体，千万别生病，别让我们挂牵你。我当书记，父亲不知道嘱咐我多少回，他说你记着，吃人家的嘴软，拿人家的手短，办事一定要公道，碰到大事儿，要和兄弟爷们商量，听听人家怎么说，不要自作主张。

这些，我都记着，不管在哪里，对人一定要和蔼，同等对待所有的人。我有酒量，但是不喝，在家里也不喝；烟，我不经常吸，就是加班太累了，吸一支半支的；喝茶咱也不在行，不管什么茶，冲在杯子里就喝。

大家都知道我忙，他们喝酒也不叫我。我从来不到村民家里喝酒，邻居家有红白喜事儿，我送上礼就行。我女儿回顾说，她小时候最怕过春节，因为乡亲们感到我对他们好，总送些礼品到家里，咱这是农村，如果我拒收，有些人会觉得我有架子，瞧不起他。所以，我就让我爱人和孩子，骑着三轮车，挨家挨户加倍回礼，把她们累得够呛，回家就埋怨我。

女儿长大了，进了大学门。在她读大二的时候，借着出差我去看她。那次我和女儿谈得很多，爷俩几十年没说那么多的话。我女儿问我，爸，你舍小家，顾大家，像机器一样老是转着，哪里来的这么大的动力?

我说，就是因为小时候的一个梦想。

女儿瞪大眼睛问我，我说，你爷爷在生产队里劳动，满身是力气，大家都叫他老黄牛。可是，即使他没白没黑地干，还是不能养家顾口，到了冬天，看看家里分的那点儿粮食，春天就要挨饿，他就拉着地排车，步行走三百多里路，到江苏那边贩大米，回来补贴家用。

咱们离县城一步之遥，看看城里人过着舒心的日子，再看看你爷爷出的力，我那时候就想，长大了，我一定让你爷爷过上城里人的日子!

我女儿不说话，默默地看着我，她理解我了。

你提的这个问题很好，我现在干了点儿事儿，也出了名了，组织上给我这称号，那荣誉，头上不少光环。来这里参观的，学习的，一群接着一群，我耳朵听的都是赞扬。

夜里睡不着，有时我总觉得心里紧张。我想到南街村，想到华西村，我还想到天津的大邱庄!

我告诫自己，决不能膨胀，不能胀包，不能烧包，把我举到天上我还是个农民，是农民的儿子，我得知道自己几斤几两，我既要干事儿，也要干净，最重要的，我不能在钱上有杂念。我现在的工资足够花的，镇上给我的奖金，每年五六万，我都交到村里，然后再平均分给班子成员，因为工作不是我一个人干的，我在村委拿最低的工资。我到外边去介绍经验，得有一百多场了，每次人家都要给我辛苦费，我都谢绝，分文不收。

现在，我还是顾不上家，照顾不了我爱人。那几年，她在家给儿子看孩子，有小孙子闹着，累，但心里充实。可现在孩子都上学了，她就觉得没事儿干了，总觉得孤独、委屈，早年落下的病，很难好利索，那天她还给村里王主任打电话，在电话里，说着说着就哭了。我欠她的太多了，她曾经长过肿瘤，一直拖着等我的时间，最后到了2016年才到市医院做的手术，可是不巧我又因公外出，不能在手术单上签字，她是流着泪上了手术台。还有我父亲，他的肺需要动手术，我作为长子，也没能回来签字，更谈不上陪护了。

我每天忙到很晚，回到家还要看书学习，把白天的事儿拢一拢，几十年就这个习惯。开始我爱人都劝我，看我不改，也就不屑劝了，她说我不管你了，也管不了你，你就慢性自杀吧。（无奈地笑笑）

侧记：

这是第二次到代村，几年前到兰陵县参加笔会，曾来代村采风。这个靠近县城的穷村庄，让王传喜他们接过来，十几年间变成闻名全国的富裕村。代村建得比城市还城市，比田园还田园。排排新楼，栋栋别墅，村中广场，林荫道，果园、菜园……村街整洁，左右看看，就会觉得这个村有着丰厚的经济实力。

时为春末夏初，代村田野里，满眼是成片的金黄的油菜花，花间小径蜿蜒，花海里有凉亭，有观光台。清澈的水塘里小荷露出尖角儿，圆圆的绿叶贴在水面上。那边，是现代蔬菜博览馆，周边省市的大巴轰轰地开到这里，旅游参观者络绎不绝。

作家们都说，王传喜他们了不起，王传喜是个人物。

王传喜不到五十岁，中等身材，气质儒雅，一表人才。他的故事被拍成了电影，当然，主人公用的是化名。

亲家就是一家

（梁付华，临沂市兰陵县苍山街道孙洼村村民。临沂好人，山东好人之星，中国好人等。）

梁付华：让俺说什么呢？

镇上人：就是说说你怎么照顾亲家的。

梁付华：说什么，都是一家人。

……

也幸亏两个庄离得近，那个庄就在前边，三里路。要是离得远，你想照顾也照顾不过来。

俺儿媳妇，是孩子他姑做的媒，他姑就嫁到俺儿媳妇那个庄。儿子大了，他姑回来，说这个女孩怎么好，很老实，很勤快，什么也会干，就是家里不富裕，她娘精神不太好，哥哥发呆，就靠她爹种地，卖点儿大蒜，俺这里家家种大蒜。

庄离得近，地连在一块儿，老一辈少一辈的碰头撞面，女孩的家咱也知道。孩子小名叫丫丫，个儿不高，有一米五多，瘦巴巴的，可模样长得俊，正好和俺儿同岁。那时候俺家也不富，没有那个能力挑三拣四，我说富找富，穷找穷，日子都是人过出来的。

两个年轻人见了几回，俺儿跟我说，妈，俺们挺合得来。我说那就好，只要你们俩互相看中了，老人没意见。

两人二十四岁结的婚，儿媳妇很懂事儿，里里外外什么都干，对俺老两口子很好，邻居们都夸奖，我也很知足，庄户人家没别的可图，就是一家人心贴心地过日子。我就生了一个闺女一个儿，我对俺儿媳妇说，妮儿，我孩子少，加上你也不多，你嫁过来，就是我的闺女。她就笑着点点头，俺娘俩儿真好。

结了婚就得奔日子，他们两个人到集上卖光盘、收音机什么的，今天这个集，明天那个集，起早贪黑，可也挣不了几个钱。

过了半年多，那天，我突然看着不对劲儿，儿媳妇坐在门框上不吱声，还眼泪汪汪的。她公公也坐在院子里，可他没看见。

我就过去悄悄地问，妮儿，你这是怎么啦？她不说话。我说妮儿，有什么话你跟我说嘛，是不是他欺负你了？她摇摇头。我说是不是我和你爹哪里做得不周全？她又摇摇头。我说那到底怎么了？跟我还有什么话不可说的？

她说，娘，他想和我到外边打工，我也想出去挣点儿钱，咱不能老待在家里受穷，可是，俺娘那个样儿，俺哥哥又是个呆人，我走了，他们怎么办？

我说，就为这个啊，好办，你们放心走，你爹你娘你哥哥，我来照顾。

儿媳妇抬头看看我说，娘，可不行，你得受多少累啊，不行，不行。

我说，庄户人谁家不累，不累能把日子过好？累习惯了，也就不在乎了。

儿媳妇摇摇头，她说娘，没有这个道理，哪有婆婆照顾儿媳妇全家的？

我说怎么没道理？你爹娘和我是亲家，亲家就是一家人，他们有难处，我照顾他们还不应该？

儿媳妇还是摇头。我说妮儿，我还不到五十，身子骨硬实，家里有我，你们就放心走，有什么事儿，我就给你们打电话！

他们是四月底走的。头天晚上，我给他们煮上鸡蛋，包上煎饼，切上一大罐子疙瘩咸菜；把铺的盖的，里外衣裳，杂七杂八装了两个蛇皮袋子。

四五点钟天还很黑，我早早起来，做好饭让他俩吃上，再骑着电动三轮车，把他们送到县里汽车站，俺老伴儿他不会骑。

买上车票，我把儿媳妇叫到一边。我说妮儿，走吧，家里你尽管放心，出去人生地不熟，你们互相照顾着，头疼感冒一定快吃药，身上不舒坦了就别干活儿，一定歇着。实在找不到合适的工作也别为难，你们就回来。

俺儿媳妇老实，不说话，看看我，点点头，再听我嘱咐，再点点头。我又跟儿说，出去了，你要照顾好丫丫，处处当心，丫丫是你媳妇。儿子说，娘，你放心。

两个人这就上了车，我站在下边看着他们。

儿媳妇向我笑笑，回去吧，娘。

我还是站在那里，儿媳妇又说，回去吧，娘，路上慢点儿走。

我说好，等车开了我就走。

说着车就动了，儿媳妇又说，娘，路上慢点儿走。

孩子不会说好听的，就是这句话。

从那开始，我就每天骑着电动车到亲家那里，去了就给他们拾掇，屋里屋外，该扫的扫，该擦的擦，再给他们做饭。

女亲家，精神病很厉害，犯了病就往外跑。开始她自己能吃药，后来不知为什么，就是不吃了，谁说也不听。男亲家也没那个耐心，不管了。

不吃药就病得更厉害，我去了，我说三嫂子，你吃药了？

她说，我吃药干什么？

我说吃上药，你的病就好了。

她说他们要药死我，我不吃！

我说别胡想，咱是亲家，我的话你还能不听？都是为你好，吃吧。

我把药给她找出来，倒上水，递给她。她半信半疑地看看我，把药接过去吃了。从这往后，只有我在她才吃药，我要不去她就是不吃。

她这个病，就靠吃药控制，要按时，要定量，我怕她自己多吃了，每天我都是看着她把药吃完。

原先，女亲家不犯病的时候，自己还能做点儿饭，打个粥，切点儿咸菜，也凑合。自从我到她家做饭，她就不做了，就是肚子饿着也不动，就等着我来。

我在家里也忙，有时候，看看要到晌午了，自己家先别管，带上棒子面儿，带上白菜，骑着电动赶到亲家那里。我教丫丫的哥哥，手把手教他，慢慢地，他也会打稀粥了。

也不能光让他们喝粥啊，有时候我去了，给他们炒上菜，煮好稀饭，看着他们吃完，给他们拾掇了，我再回家做自己的。看看时间来不及，就干脆在家做好稀饭，炒上两个菜，再不就到早餐店买大包子或油饼、油条，骑着车子送过去，给他们改善生活。

男亲家种不了菜园，家里也没人能烙煎饼，我就从家里往那边拿，现在粮食多了，大米白面有的是。

有时我去给他们做晚上饭，都是摸着黑回家。那年冬天下了大雪，我在亲家那里做好了饭，看着他们吃完后，才骑着三轮车往回走。没有灯，我就借着雪看路，路上滑，我一不小心，车子一下子翻到沟里，当时我就被砸得昏了过去。半天后醒过来，就从沟里往上爬，这时正好俺老伴来了，那么晚我还没回家，他不放心，过来接我，正好碰上了，磕得我鼻青眼肿。

这些年，我光在路上摔倒、摔伤，不知多少回了，就是因为我忙啊，忙着伺候亲家，还惦记着自家，家里的地也靠我忙活，人忙了就分心，天天是急三火四地两头赶。磕倒了，也没什么，爬起来就是了。可是，碰到下雪天，路上结了冰，我就不敢骑车了，就是来回步行。步行也经不住来回走，每天两趟，腿渐渐地受不了，没觉着我也是老人了，回到家里，很累很累。

到了夏天，刮风下雨不说，就是出了亲家门往回走的时候，两边都是玉米地，黢黑黢黑的，风一刮叶子就稀里哗啦响，我心里害怕，可害怕也得走。后来，老伴就站在半路上，等着我。

实在地说，我从来不烦，我也没觉得亲家是负担。我两头跑，就是让儿媳妇在外边儿安心。人家的闺女嫁到我家，成了我的儿媳妇，我就得尽心把亲家照顾好。

儿子儿媳妇找到了工作，儿子在汽车修理厂，儿媳妇干快递分拣员。头一个月发了工资，他们就往家里寄。我在电话里说，不用啊，先顾好你们自己的生活，吃好睡好，该买什么买什么，家里真要用钱就和你们说。可是，孩子们不听，还是寄，月月都寄，我就给他们攒着，这不，后来就盖了这座新房。

家里没事儿的时候，我就在亲家那里多待会儿。女亲家吃上药，就安静多了，我就陪着她拉拉呱儿。我这么伺候她，她心情好多了，脑子慢，也说些胡话，可是也知道一些事儿。当娘的，她也惦记自己的闺女，问我丫丫在哪里，怎么不来看我？我说丫丫她在上海，上海很远。她问上海在哪里，我说上海在南边儿，是个大城市，他们在那里找了工作，每月都有钱，你就放心吧，吃药打针，他们会给你花钱。

前年的十月初十，我买了大包子，去给亲家那里送。我一进门，屋里没有动静。男亲家不在家，他好串门儿。我说，三嫂子，在家么？还是没有人应。我走到屋里，看见女亲家还躺在被子里。我过去捂着她的手说，三嫂子，怎么还不起来？手还温乎，可是她就是不搭腔。我害怕了，赶紧骑上电动车，回来告诉了老伴儿。老伴儿又和我赶过去，他伸手捂捂亲家的鼻子说，咽气了。

我赶紧给儿子儿媳妇打电话，我没敢照实说，就说丫丫娘病得怪重，你们回来吧。完了，我就忙着给亲家办丧事儿。

现在交通方便了，儿子儿媳接到电话，当天就从上海赶回来。可是他们也插不上手，不知道怎么弄，里里外外都是我操办。我给女亲家置办了寿衣，儿子到外边买这买那，办了酒席，里外弄得很周全。丫丫哭得很伤心，抓住我的手哭，我也是眼泪不干，丫丫生在这样的家庭里，娘有病，哥哥傻，就靠着爹，自小没有受到多少疼爱，现在，她的娘走了，我这当婆婆的，就是她的娘了。

女亲家出殡后三天，儿子坐到我跟前，说娘，你这样来回跑，太辛苦了，你和俺爹都这么大年纪了，我也不放心，可是，俺岳父领着个傻瓜儿，以后怎么过？能不能……

儿子把后边的话含在嘴里，我明白孩子的意思了。我说行，接到咱家，两家合一家，咱们一块过，这样更好。

这样，我回家整理了整理，第二天就把亲家爷儿俩接了过来。

儿子先回上海，儿媳妇没有走，没想到过了十天，又出事儿了。

那天吃过早饭，丫丫的哥哥对我说，婶子，我要去做礼拜了。他傻，让人点惑，稀里糊涂地信了教。我说你去吧，做完了赶紧回来。他答应得好好地。

快到晌午时候，儿媳妇急呼呼地从外边赶回来，进门说，娘，俺哥哥路上跌倒了，很厉害。说着，就有几个人抬着她哥哥送来，放到床上。我一看，好像没什么大事儿，我说咱到医院看看吧。她哥哥说，婶子，俺不去，俺想睡一会儿。我说那你就睡吧，觉得不好受你就说，咱再上医院。

她哥哥睡了一下午，我进屋看了几次，他就是呼呼地睡，可是到了晚上还没起床，我一看八点多了，也该起来了。我有点儿不放心，过去一看，她哥哥正喘着粗气。

我说不行，快送医院！我把老伴儿、亲家和儿媳妇都喊过来，几个人把他弄到三轮车上，亲家看看说，不撑劲了，不撑劲了。

我骑上三轮车，先把他拉到村卫生室，人家不敢给他打针，怕耽误了，出人命。我拉着他就要去县医院，儿媳妇说，娘，俺哥哥的腿都耷拉了。我下来车一看，人的身子已经软了，嘴里流出了口水。

咱这里有风俗，人快不行的时候，一定要回到自己的家，我们赶紧把他送回老家。

儿子立即寄来了五千块钱，俺两口子又给张罗了后事。

完了，儿媳妇看着我说，娘，怎么弄？

我说，还能怎么弄？事儿都办完了，你走就是！

我又把儿媳妇送到汽车站。买上票，儿媳妇站在我面前，眼里恋恋不舍地看着我，不说话。

我心里很难受，转眼间，她的两个亲人走了，再怎么着也是娘、也是哥哥啊，孩子心里很苦，很苦。

我说，你上车吧，路上一定要小心。

儿媳妇坐在车上，推开玻璃看着我，说娘，路上你慢点儿走。

——还是那句话。

我说你放心。

儿媳妇想想，又说，娘，回家你少干活儿。

——我想，她看见我也老了。

我说，家里你不用惦记。

家里，就俺老两口儿和男亲家。

亲家过了一辈子苦日子，没钱花，也舍不得花钱。刚到我家时，头发长得老长，后面都快要到肩膀了。俺老伴儿说，大哥，理理发吧。他光答应，就是不去理。我看着都觉得难受了，我说，大哥，走，我用车驮着你，咱去理发，理了发舒坦。

到了理发店，理发店的人笑着说，他来过了，一问要花五块钱，他就摸摸头，说不理了，让头发再长长。

儿媳妇听说了，买了把推子，我就给老伴儿理，给亲家理。

男亲家在他家，就已经有病了，是帕金森，经常大小便失禁。他儿就给他换衣服，可是刚换上，转眼又尿了。

弄脏的衣裳没人洗，我就把它装进袋子里，回来给他们洗干净，晒干后再送回去。洗好的送去，那里又有一堆脏的了，接着再往回带。那时洗衣裳就是两只手搓，冬天里，水冷得骨头都疼，用嘴哈哈热气儿，再洗，我两只手上都是血口子。

后来，儿媳妇给我买了洗衣机。

他儿子去世不很长，男亲家突然中了风，瘫痪在俺家里，饭都不会吃了。他的牙，差不多早就掉光了，我就得做面条，打鸡蛋，泡馒头，做软的稀的给他吃。他不能端碗拿筷子，我就得坐到炕上喂他。我忙不过来，俺老伴儿也喂。

亲家的病越来越重，后来就不会说话了，屎尿都拉在裤子里。

俺老伴儿给他脱下来，我给他洗。

到了夏天，怕他起痱子长褥疮，只好让他光着身子躺在床上。俺老伴儿给他擦屎擦尿，换尿布，还给他扇蒲扇。老伴儿身体也不好，他不抽烟，不喝酒，可因为肺积水又转成肺气肿，多少年的老毛病，重活儿他不能干，活动大了就喘不过气来，干活就是帮着我打下手，我这女人，几十年就当男人使。

有时老伴儿累病了，就得住几天院。他要住了院，我就得两头跑。这边亲家拉屎拉尿，就得我来弄，我给他洗，给他擦，再给他常翻身。他身子光就光吧，也管不了那么多了，如果好好的，谁愿意有病啊。

邻居看着我们不容易，说你们这是替儿媳妇尽孝呀。

俺老伴儿叹口气也说，怎么着嘛，不是亲家嘛。

就这样，到男亲家去世，我照顾他们家整整十七年。十七年，当时没觉得，就是来回跑，来回蹿，忙得停不下来，事后回头想想，我也不知道是怎么过来的。我四十多岁开始到他们家去，转眼到了六十多岁。知道的人都说我这么好那么好，我说我没有那么多好，事儿碰上了，就得去做，说来说去也是为了儿女。

现在，我们也熬出来了，儿子儿媳还在上海干，我们在家看孙子。一个孙子，一个孙女，大的已经上学了。

侧记：

梁付华，一位很普通的农村妇女，六十多岁，白发，满脸皱纹，常年操劳的她很瘦，但是健康。叙说往事，她很平静。

天下起了小雨，梁付华家的山墙下，栽有五六根竹子，三棵月季，十几朵深红色的花，开得鲜艳饱满，花瓣儿上落着透明的雨滴。竹子淋在细雨里，更加青绿。梁付华看看花儿，又抬头看着翠竹，微笑着，很满足地对我们说，这是俺儿媳妇栽的！

车着火了

（唐永纪，兰陵县庄坞镇山后村村民，公交司机。兰陵好人，临沂好人等。）

我就是唐永纪，我开乡镇公交车六七年了。

我刚开车时是四十多岁。

我以前开大货车，在别的公司。

我们家还不错，我父亲、我叔早年都参加革命，我五叔当过兵，我弟弟当过兵，我儿子现在也当兵。

我以前在乡镇计生委当通讯员，负责准生证填表、报表，临时工。

我干事儿认真，领导也表扬，可是国家下来政策，临时工都要辞退，我就回到村里。后来，大家选我当了村干部，主要忙着修路、架电线。干完一届后，我就买了一辆面包跑出租。跑了几年有了积攒，又买了辆解放牌汽车搞运输，运水果，运蔬菜，主要跑广州，那时候咱年轻，两个人轮换着开，六十多个小时就到了，也挣了不少钱。

年龄大了，家里也不放心，我就卖了大车，换成十九座的小客车，拉客，觉得生意不错，九个月后我又换成四十一座的大客车，挂靠在县交运公司跑长途。

现在，还是因为年龄大，就在本县跑乡镇。

救人灭火，是我在路上碰到的。

那天，天气特别闷热，我正好开车走到那里，突然听到嘭的一声，接着前边一辆面包车着火了。后面的客车、大车看到，接二连三地停下来。

我把车继续向前开出四五十米，停在路边，让乘客千万别动，立即往着火的汽车那里跑，是一辆白色越野车，已经冒烟了。我开了多年车，一看就明白，因为天太热，车里的氟利昂罐爆炸了，前边的车座子已经着火，靠左前轮那边有电瓶，必定先把电瓶烧着。

看见着火，司机紧张，车就一下子撞到路边上。

当时那里正在修路，修的路段全都封闭，竖着标志，拉着红线不让通行，可是司机就是不听，硬闯，偏偏这时候出事儿了。路上一堆土，主驾驶的车门正好卡在土堆和路障之间。

前面有几辆大客车，所有的人在车上不下来，都坐在座位上远远地看着。我一下子就火了，嘴里说这么多人怎么还不救火啊！我再一看，外边只有一个小青年呆呆地站在那里，他也是个司机。我看着着火的车问他，车上有人吧？他说，有人，好像有人没下车。

我一听就急眼了，嗷嗷地冲着他喝道，车上有人你怎么不救啊！？我冲着公交车方向大声喊，快把灭火器给我送过来！一位乘客提着灭火器跑过来，我抓过灭火器，打开就对着越野车喷，火太大了，灭火器根本起不了作用，我放下灭火器就开车门，可是车门里边锁着，怎么拉也拉不开！

眼看里面的火快要烧到车门这里了，那个司机这才醒过神来，从他车上拿来一根撬棍。我接过撬棍就撬车门子，撬了几下撬不开，我就抡起撬棍，啪啪地砸玻璃，一砸开玻璃，我先发现里面有个孩子，只有三四岁，也不哭，脸上也没有表情，两眼发直，是吓掉魂了。我把手伸进去，从里面拉开车门，玻璃碴子把我的胳膊都划烂了，我也顾不上淌血、顾不上疼了，——到现在我这只胳膊也伸不直。一看小孩和我孙子差不多大，我想我非把你救出来！火越来越大，浓烟全憋在车里面，呛得我睁不开眼，我弯腰进去，把小孩一把抱出来，一溜小跑抱到我的车上。

放下孩子我又往回蹿跑，我要救驾驶员，开车的肯定是孩子的妈啊。这时候，火更大了，我也红了眼了，豁上了，我想孩子太小，他不能没有妈！

我跑到驾驶座那边，正好有一辆洒水车开过来了，对着越野车喷水灭火。有位大爷拎着铁锨跑过来，紧忙着铲土堆，车门子这才打开。

我猛地拉开车门，看见那个女的还坐着座位上，两只手紧抓着方向盘。女的有二十七八岁，完全吓傻了。我冒着烟，抓着她的胳膊往外拽，就是拽不下来，我去扒她的手，可是我怎么扒也扒不开。她的头发被火燎得全都蜷曲了，下边的牛仔裤快要烧完了，胳膊已经烧伤。我大声喊着那个司机说，快！你到副驾驶座上往外推！

司机听我的，从那边拉开门子，把女的往我这边推，啊呀，俺两个大男人用上力气，那女的双手还是松不开。我对司机说，你到这边来！他跑到这边，抓着女的脚脖子拼命地往外拉，我咬着牙扒她的双手，这才把她拖出来。

女的躺在一边的草坪上，她还是不说话，裤子烧了，脸烧得变了形。这时候，119 也赶过来了，很快灭了火。我想把女的放到我的车上送医院，可是我怕造成二次伤害，赶紧打了 120，把女的送走了。

说起来话长，其实就是十几分钟的时间。如果再晚十分钟，或五分钟，孩子就会窒息，女的就会被活活烧死。

事后我才理解，为什么车上的人没下来，他们是不敢啊，水火无情，没有一定的常识心里就没底儿，如果车爆炸了，再伤了人怎么办？依照规定，司机也不允许自己的旅客下车。我开车多年，公司每周都要给司机培训，对突发事故如何应急处理，我也见得多了，也有经验。

女的送走了，孩子还在我车上。我问孩子，你家在哪里？才三四岁的小孩，再加上刚才惊吓，根本说不出话来。

我先把旅客送到县城，然后就把孩子送到磨山派出所。两个协警在那里，我对他们说明了情况，留下我的电话，我说如果孩子没人认领，你们就通知我，我回来把他抱到我家。

说完我就走了，我还要开车拉客。到了傍晚，等最后一班车停下，我立马又赶到派出所。所里人告诉我，孩子被认领走了。我这才知道，被烧伤的女的，婆家是金岭镇的，丈夫叫林青山，正在外地打工。

后来我听说，女的被拉进县医院，一看那情况，医院就没有收，直接送到临沂市中心医院。女的没有生命危险，但是残疾了，脸被毁了容，一只手至今伸不开。

我忙了一天，开车回到家，发现座位上有一件衬衫，是米黄色的。我想起来了，我把孩子抱上车，有个乘客看我上衣烧出不少窟窿，胳膊上血淋淋的，就把一件广告衫送给我。我看孩子就穿着短裤，上衣全脏了，我就把他的脏衣服脱下来，放在一边，给他穿上那件衬衫。可是天太热，我又给他脱了下来。

我光忙着把孩子托付给派出所，衣服也忘了给他。

孩子的上衣是白色的，胸口还戴着一朵小红花。我拿着衣裳回到家，老婆一看吓了一跳，我上衣破烂，灰头土脸，胳膊上血糊糊的。她问我怎么了，碰到坏人打架了？我告诉她是救人了。

我把事情说了说，她抬着我的胳膊看看，停了半天，说了一句很平常的话：你做得怪对！

老婆看看孩子的小衣裳，说脏了，我给他洗洗吧。她就在院子里洗了，晾在铁丝上。天气热，衣裳很快就干了，我老婆把它叠得板板正正的，然后对我说，打听到了孩子的家，咱给他送去。

事情过了三个多月，有一天，单位上跟我说，有个人来打听你，姓林。因为我开着车到处跑，也没见到他。

又过了些日子，我回到家，邻居找到我说，你救的那个女的，他爹过来找你，感谢你，可是你不在，这不，给你一箱兰陵酒。

又过了不久，女的她大爷正好坐我的车，我这才知道她家在沙沟村，离我们村三公里。

我就开着车，把孩子的衣裳送过去。

我到了他们家，女的她爹她娘，跪下就给我磕头，女的躲在里头不敢出门。问到女的情况，她爹娘哭着给我说，闺女的脸毁了，觉得没法见人了，总想着要自杀。

我站在外面，对着门里边说，侄女儿，你这样不行，我豁上命救你，就是让你的孩子有个妈，你只要活着，就是大命的，你孩子就会健康地长大。你要有别的想法，你不光对不住爹娘，对不住孩子，你首先对不住的是我。（你）出来吧，出来见见我这个叔！

我站在那里，一遍一遍地劝说，就是劝她出来，我知道，只要出来见了人，她就有信心了，就很可能不会再出意外。

我说了好听的，也说些不好听的，我开车多年，见过、听过因为事故烧伤的事儿不少，我就说给她听，鼓励她。

我劝了半天，女的终于出来了，出来就跪在地上磕头，嘴里不住地说，多亏俺叔，多亏俺叔！

就是这么个事儿，其实是应该做的，哪有见死不救的道理？

做了这个事后，儿子在军营里知道了，他说爹你干得对，我给你点赞！女儿当时上初三，她说爸爸，我为你感到骄傲！儿子、女儿这么一说，我心里真是怪恣。可是，一想到那个烧伤的女的，心里就不是滋味儿。唉，新手开车，千万千万别大意啊，千万千万别逞能！

我怪自豪的还有一件事儿，我们老唐家又出了个人，他叫唐力国。论辈分他叫我爷爷，俺爷俩怪好，大学放假回来，唐力国就到我家里玩儿。

去年，他大学毕业，到济南求职面试，考的是鲁南制药。在回家的路上，有个人在车上和驾驶员闹起来，车在高速路上跑，那个人就去夺方向盘。全车的人都吓坏了，我孙子起来，猛地扑上去，一个绊子就把他撂在地上。

唐力国受到表扬，鲁南制药那边听到这个消息，头一个录取的就是他。

我跟唐力国说，小子，好样的，是咱老唐家的人，纯爷们儿，有血性，关键时候，该出手的就出手，要是在战争年代，咱爷俩都是英雄好汉！

侧记：

在兰陵汽车站候车室采访唐永纪，老唐瘦，却是结实精干，说话干脆直爽。结束后，老唐还随在后边，更像自言自语地说，也没什么大不了的，就干了这么一件事儿……碰上了嘛。

碰上了就躲不开

（韩勤彩，临沂市郯城县马头镇埝上二村村民。）

韩勤彩，一个靠卖菜养家的农村妇女，遇到车祸舍己救人。

韩勤彩家在郯城县马头镇埝上二村，离县城五公里。

天气阴，我们出了县城就开始下雨；此时麦子已经收割完，麦茬地里种上玉米，已经冒出指头高的嫩芽，水田也开始插秧。淅沥的小雨中，白马河的水向南缓缓地流淌，两岸的树木绿得更深了；绿树里的村庄红瓦屋顶，沉浸在雨季的宁静里。乡村公路，循着蜿蜒的河岸徐徐延伸。

大柳树，杨树林，竹林，菜园，又是村庄。

白马河流到埝上村，从村前右拐向西流去。雨下得更密了。

很快就找到韩勤彩的家，车在大门口停下，我们冒着雨往院子里跑。院子低洼，积下不少雨水，两边围墙下堆着树枝等杂物；一辆三轮电动车，上面蒙着塑料布，雨密集地滴在塑料布上，噗噗地响。

韩勤彩的屋子很旧，两边邻居都是新盖的高房，平檐外伸，贴着紫红瓷瓦，她家的房就更显得矮。进去，屋里很乱，都是几十年的旧家具，方桌上瓶瓶罐罐，顾不得拾掇。对面拉着旧布帘儿，只露出开窗的一面，靠窗的旧桌子底下，也塞着杂物。

她们的日子并不富裕。

韩勤彩四十多岁，朴朴素素，她个子不高，但一看就是个利落人。

村里说好我们要来，她就在家等着，正好又下雨，菜不能卖了，也算一日闲。

雨，簌簌地下着，密密地落在院子里。

我卖菜，主要在西边的冷庙，离俺这里二三里地，是个小集市。除了赶集，我也在那里卖水果。水果、蔬菜，就是跟季节。我嫁到这里，没有地，就是靠干这个。我每天两点就得起来，骑着电动车到县城西关批发，五点多钟就回来，吃上饭就上集。有时候，也到外面去，冷庙、刘庄、花园、大房，五天赶四个集。如果卖得不好，要一天赶两个集，晌午在大房，下午再到冷庙，有时候，熬到晚上七点多才回家。很累，白天光打盹儿。

俺娘家，就是河南边的那个村，俺姊妹四个，我是老小，1966 年出生，嫁到这里是别人介绍的。他弟兄五个，那时候兄弟们多了，肯定是穷。人家都说，疼老大，惯老小。可是我结婚的时候，上边四个哥哥都结婚成家，就算有点儿家底也早掏空了，那时候，庄户人，还有什么家底儿啊。

我们两个村，就隔着这道河。两村的人，问问都知道。俺爹开始就是不同意，他说不是嫌他家里穷，就是嫌他不会干活儿，让我闺女受委屈。他家送来 3600 元礼钱，俺爹背着我，拿着钱上门退亲。可是，熟人都帮着说好话，我也知道了。我对俺爹说，是我自己愿意的，他不会干活我教他，以后，我有泪往肚子里滚，我不会埋怨你。话说到这里了，俺爹还能说什么。

结婚时，嫁妆，哪有嫁妆啊，就是一个破橱子；像样的床也没有，一张小木床，窄得躺不下两个人；小方桌，四条腿，一条腿还晃悠，早让我扔了。就两床被子，两个枕头，两个枕头并排着，都伸到床外边，只好一头放一个。

他是小学毕业，我就没上过学。我对他说，穷不要紧，日子靠咱们一块儿过，咱本本分分地过，慢慢地什么都会有。他脾气不好，任性，一戳就发火，可是我一说他就好了，他听我的。那天他对儿子发火，在家里嗷嗷叫，我说你咋呼什么，你给小孩带来了什么？你为他们做了哪些事儿？他挠挠头，看看我，呲牙就笑了。今天他在外头干活儿，给人家杀树，也挖树苗，咱这里主要是卖银杏树苗，到了季节很忙，可是他懒，从来两点起不来床，有时候我也生气。

我们结婚时，俺公公早就去世了，俺婆婆也没有跟着我们。他兄弟们多，对母亲都很孝敬。我和俺婆婆相处十几年了，从来没红过脸拌过嘴。她拉巴五个儿子真是不容易，早年里受了罪了，咱不能惹老人生气，顺着她。她爱吃甜，现在也没有牙了，我就给她买面包、点心，水果就给她买软的，咱又是卖这个的，断不了她吃，没了我就给她送过去。今年六月她去世了，没大病，活了八十三岁，照现在的生活，她活到九十多才好。

我来到这个村，没有地。当年村里分地，都签了合同，合同不到期限，地就不能动，所以闺女出嫁了，地还在，这叫“走了不减，来了不添”，我的那份儿地还在老家，这里没有地，不干点儿生意怎么办？

雨，簌簌地下着。

我从县城西关进货，二十多分钟就到那里。开始我光卖水果，脑筋死。有人说，大妹妹，卖什么也是卖，人家需要什么你就得卖什么，要不怎么挣到钱？这一说我也开了点儿窍，也卖豆芽、卖豆腐。平时，我就在冷庙桥头出摊儿，来买的都是周边村里的人，日子长了都怪熟，谁买东西少个三毛五毛的也就算了；有的忘了带钱，从这里路过，先买回去再说；

我也不识字儿，不会记账，想着的就想着，忘了也就忘了，过多少日子再想起来；人家也会忘，想起来再给也行。都是乡里乡亲，我的秤，都是称得高高的，大伙儿都说我实在，都乐意买我的东西。还有的人忙，让我到城里进货时，替他捎这个捎那个，我都是放在心上。有个人养鹅，经常让我给他捎大头菜，一次就是一麻袋，这一麻袋就占了我的半个车斗子，我不能计较，多少钱进的就多少钱给他。日子长了，他觉得不好意思，也就不让我再捎了。

有一回儿，头晌，有个小伙子开着车，停到我这里，急呼呼地买上菜，开车就走。我低头一看，他的钱包忘在摊位上了。我把钱包收好，等着他回来。可是到了下午，菜都卖完了，还是不见人影儿。我想，他心里肯定着急，我不能回家，他不知道我家在哪里。我收好摊子，就坐在桥头等着他，等到日头落了，再等到天黑，等到家家亮了灯做晚饭了，我还是坐在那里，也不能说饿了、渴了，等到快八点了，还是不见人来。

我只好回到家，可心里光想着这个事儿，整整一宿，我翻来覆去睡不着，夜里两点多我就起来到县城进货，天才蒙蒙亮我就赶到桥头，我怕人家早早到那里。

直到下午，那个小伙子终于开车来了，车一停稳就开门过来。

我笑笑，把钱包交给他，我说你的钱包我没动，你点一点。

小伙子高兴地说，嫂子，不用点。

我说不行，你得点点。

小伙子点了点钱，说嫂子，分文不少，我谢谢你。

我说这还谢什么，没丢就好。

小伙子说，嫂子，你不知道，钱包里还有一枚订婚的金戒指，可把我吓坏了。

说着，他就捏着戒指让我看。

我说以后你要长记性，别丢三落四的。

小伙子连连点头，他说嫂子，你告诉我你的电话。

我说不用。

他一想又说，那就留下我的电话吧，你有什么事儿要我帮忙，就尽管说。

我笑着说，也不用，我就在这里卖菜，天天在这个地方，还有什么事儿麻烦你？需要菜了你来买就行。

十几年卖菜，好的时候，一天卖五六百元，逢大集卖到六七百，这样我可以挣百多元，平时，也就挣五六十元、四五十元。儿子、女儿大了，都没有考上学，都在南方打工。闺女在宁波工厂里，儿子在上海学修车。前些日子他们说，因为疫情，出门的少了，工资发不及时，不想在那里干了。

儿子结婚，盖的是二层楼，就在后边，这旧房子俺住着。盖楼花了将近四十万，欠了别人七八万，贷款两万，现在大部分还上了，还欠五万多。

俺爹俺娘看我起早贪黑，累死累活，心里疼我。俺爹八十多岁了，俺娘还偏瘫，幸亏俺大姐招的上门女婿，两个人照顾着。我忙，只有晚上去看看他们。

俺娘一见面就数落我，整天抓钱抓钱，抓去吧，你还来干什么？累死活该！又说，我这几天叫你弄得睡不着觉，胡思乱想，你没事儿吧？

我说没事儿，你放心。

俺娘说，我就是惦记你骑车，就是怕你出车祸，起那么早，黑咕隆咚地在路上跑，可要当心啊。

俺爹看也不看我，狠狠地说，累死拉倒！（笑）

说完了话，我就要回来，看我带着东西，俺娘躺在床上，说拿什么东西？浪费！有点儿钱把你烧的！

就说说救人的事儿吧。

我救的那个老人，是徐庄的，我们很熟。老人三个闺女一个儿子，女儿出嫁后，她就跟着儿子过。他们也是一般家庭，儿子儿媳妇在宁波打工，生了个女孩，后来又生了个儿。老人经常抱着小孙子来买我的菜，和我什么都聊。有时候忘了带钱，我就说下回送来吧。俺们聊得很亲，我要是哪几天赶别的集了，老人就惦记我，怕我有什么别的，还让人到俺村里打听。

出事的那天早晨，我开着电动车到了桥头，还没有卸货，老人就抱着孙子过来了，老远就喊大妹妹。

我要摆摊位，先停下手站着，看着她走过来。

这时候，两辆送货的依维柯开过来了，这是一个十字路口，一辆车是蒲汪庄的，一辆是大圩庄的，开车的都是小青年。一辆从西往东开，一辆从南往北开。一辆是送服装的，一辆是送食品的。

早晨，路上人也少，车都开得很快，突然我看见，两辆车都看到对方但都刹不住闸了，路也不宽，他俩同时把方向盘往右打，眼看着两个车屁股要撞到一块儿，眨眼的工夫，我看见老人抱着孙子就站在中间，我一下子扑过去，一把抓住孩子拽过来，当时就听到嘭的一声，我什么也不知道了。

雨，还在下。

醒过来，我已经躺在医院里，迷迷糊糊不停地想，我还活着，我还活着……

我当时不能动弹，不知道自己左右断了三根肋骨，颧骨、眉骨也断了，到现在眉骨还是断的（用手按了一下）。耳朵、鼻子都往外流血，脸当时就变形了。

我胸口闷得厉害，三天三夜喘不上来气儿，气全堵在上边呼不出来。医生诊断后，要给我插管子。俺三姐看到我受这么大的罪，鼻子上插着管子，坚决不同意再给我胸膛插管子了。她就跪在床上给我按摩，整整按摩了一头午，到了下午就通气了。

我有气无力地嘱咐俺三姐说，三姐啊，可不能让咱爹知道啊，你答应我。

俺三姐含着泪，点点头。她知道我的心思，俺爹脾气火暴，他要是知道了，首先就会骂他，骂他不知道疼我，让我天天忙，连歇歇的日子也没有。

我又问三姐他们，老人和孩子怎么样啊。

他们告诉我，老人两只胳膊都断了，肋骨断了十一根，孩子平安。

我心里很难过，我说事儿来得急，我也没那么大的力气，我要是能拽动大人，老人也不会伤得那么厉害……说完，我的眼泪就出来了，因为孩子好好的，两个大人总算活着，活着就好。

老人的儿子来看我，孩子的妈妈哭着对我说，婶子，感谢你救了孩子，你是俺家的恩人。

我说，孩子没事儿就好，什么恩人不恩人的，这不是碰上了，谁见了也得救，你好好照顾你婆婆。

这时候，车主不敢露面了，他们可能知道我们家有弟兄五个，担心会揍他。我都住院七八天了，他们的父母也没出面，只让他的本家送来两万块钱，这两万块钱还是保险公司理赔的。

好处是两个司机都没有受伤，都属于违章驾驶。

俺几个大伯哥都在外边打工，就是大哥年纪大，七十多岁了，在家。他们兄弟都老实厚道，不可能动手打人。

可是我爱人火了，先是说我，埋怨我，说你要是有个三长两短，我们怎么过？他说我非教训教训那俩小子！我说你不能胡来，人家也不是故意的，你要是戳人一下我饶不了你！我这一说他就老实了。

孩子们听到后，立即赶回来了。儿媳妇老实，只是哭。治病不是花几个钱，三万、两万几天就进去了。儿子工资发不及时，手里也没有积蓄，回来之前借了朋友三万，花着花着就不多了。儿子问我，妈，咱家里还有钱吗？我说，没有了，咱们盖楼，欠了人家那么多，我和你爹，一有了钱就快去还上。

真是犯了难为了，儿媳妇愁得哭。儿子对我说，妈，你别愁，我再去借，我朋友同学多，一定把你治好！

这时候，上边知道了我的事儿，奖给我两万块钱。

我救的那个老人，她老头听说上边给了我两万，就找到我儿子。他说，老侄子，俺家里实在没钱了，能不能把这钱先让我们用？

老头看着俺儿，泪汪汪地说，我老伴儿年纪大了，伤得比你妈还厉害，需要做手术。你母亲不用手术，需要慢慢地养，老侄子你行行好吧。

儿子儿媳也是心善，抹不开面子，就这么答应了。

他们过来跟我说，我说你们答应了，我也没意见，她们家的情况我也知道，也是刚刚盖了房子，实在困难，就让给他们吧。

人家说我自己让出这两万块钱，其实不是，咱实话实说。

老人终于出院了，万幸她没落下残疾。后来，人家告诉我，老人回家后，说起这个事儿，总是说自己晕了，什么也不知道，不知道怎么救的。我明白，她还是担心，我落下病根儿会再找他们。听着后我就笑笑，我想我都救你了，还能去赖人？

我的脸变形了，成了拧的了。临出院医生告诉我，你要有个心理准备，很难恢复了。回到家，有人给我打听了一个偏方，用刚熟的鸡蛋包在布里热焐，再用热牛奶焐上。就这样焐了几个月，没想到真的恢复过来，现在你们看，基本上看不出来了。

我想，做了好事，老天没有亏待我。

侧记：

听韩勤彩把故事讲完，雨已经停了。韩勤彩突然想起什么，站起来走进布帘里边。我们也往外走，韩勤彩赶过来说，不行，中午在这里吃饭！我们说不了，回县城，下午还有事儿。韩勤彩真挚地说，不行，在这里吃，也不用我做，村里就有饭店，你们坐了一上午，不吃饭俺脸上挂不住。

我们当然不会麻烦韩勤彩。回来路上，我问陪同的人，韩勤彩获得过什么荣誉，他们说没有，将来肯定会表彰。沉默了一会儿，他感叹说，真是个好人。

我说，是，好人。

还债的日子

（王纪荣，临沂市郯城街道三井社区新屯村村民。）

还债，是他爹临走留下的，他爹叫李文喜。

我嫁给李文喜，就是看中了他这个人。

他啊，个子不高，就是中等，可是粗实，很壮，干什么都拿得起放得下，地里的活儿不用说，一把好手。他还是个心灵手巧的人，庄户人的行当，没有他不会的。他有个外号，叫“憋木匠”，就是没有师傅，自己憋出来的，还是四级工，屋里的家具都是他自己做的。

别人怎么干的，他去看看，回来就能做，就是坛子裂开了，他弄个金刚钻，钻上眼儿，打上箍子接着用。他会编筐、编篮子，看到南方有背篓，回家他就用竹篾子编了一个。后来自行车多了，他就会修理，补车胎更不在话下。

那时候是生产队，平时都干活儿，碰到下雨天，他就帮人家弄这个，弄那个。打墙盖屋，邻居都请他去，他还是个泥瓦匠。

那几年，兴起给过世的老人树碑。看到能赚钱，他就干起这个。碑面要磨光滑，他就弄了大砂轮，拴上绳子吊起来，让人来回拖，来回磨。别看他识字儿不多，可是人家写好了碑文，他就能贴在石头上刻出来。

因为他样样都会，包产到户后，他就在周边村里给人家干这些活儿，一天能挣三块钱，那时候钱硬，三块就不少了。他从来不喝酒，也不怎么抽烟，一盒烟能抽好几天。最让我舒心的，是他脾气也好，我自从进了他家门，俺两人从来没吵过架，日子过得很好。

这么过了几年，有了两个孩子，没想到好景不长。

有一天，他指着自己的腰对我说，我怎么觉得这里不好受呢。我说，是不是干活不小心，拧着了，他说也可能是，我们谁也就没放在心上，那是 1989 年。

过了些日子，他又说不好受，我说那就去查查吧。到了县医院一查，说是肝炎。从那时起，他就又打针又吃药，可是总不见好。我们又到了临沂，医生看了，说是乙肝。医生问他你喝酒不喝酒啊，他说不喝。医生又问，你家里人有没有这样的病史，他说没有。医生不说话了，我在旁边琢磨着，可能他在哪家干活就在哪家吃饭，不小心传染上了。

我们在临沂打针吃药两个多月，也见好，可是效果不大。

住在医院治疗，时间长了住不起。我们就回到家，这里那里到处求医。那时孩子还小，就让家里人照料着，我陪着他到处看病。西医也看，中医也看，也打听偏方。可是治来治去，他的肝开始疼了。

家里的钱花完了，我就到处借，先是兄弟姐妹，再是亲戚朋友。钱越借越多，我跟他们说，现在我还不上，先记着账，等文喜治好了病再还。

话是这么说，可是文喜的病越来越重，到了后期，有的人就不再借给我，有钱也说没有。我明白，人家看着他的病是治不好了，欠下这么多债，靠这妇道人家肯定还不上，女人和孩子以后还不知哪里是着落儿，钱借了，也就打水漂了。

看着他受罪，我就哭。借不到钱，急得我哭，我不敢在人脸前流泪，就躲在一边儿哭。那些年，我不知道哭了多少回，可眼泪治不了他的病。

治病治了整整七年，我们家也拖垮了。

到了 1996 年 8 月 10 日，他瘦得皮包骨头，实在不行了。临走的时候他看着我说，王纪荣啊，对不住你啊，我把老的小的都交给你了。

我站在床边，流泪看着他说，你放心，我保证不能撂了他们!

李文喜的眼闭上，走了。两个孩子都站在床前，个子才到我的腰，一人抱着我的一条腿，大孩子呜呜地哭着说，娘，咱怎么弄啊。

我低头看看两个孩子，抬头擦擦眼泪，我说，该怎么弄，就怎么弄!

……

文喜交给我的“老的”，就是俺婆婆。老人的眼早就不好了，她是青光眼，没法治，加上儿子长病，长年伤心着急，完全失明了。两个孩子，大的刚上学，小的才立地儿。

治病欠下了三千六百元的债，那时候，工人一个月才挣几十元工资，三千六百元，相当现在的几十万。在农村，一年养头猪才卖百多块钱，再就靠地里收点儿的粮食，我们四口人还要吃饭穿衣，我到哪里弄钱还债?

可是，我必须还，欠债还钱，夫债妻还，这是天理，我不能让他在那边还惦记着。家里养了两头小黄牛，还有一头驴，耕地打场都靠它们。我先把它们卖掉，一头牛卖三百多，驴也卖了三百。我又到孩子的姑家、姨家，问他们说如果有钱，能不能先替我顶上。怎么说也是自家人，他们都帮我。其实他们也没有多少钱，可亲戚们一凑，把急的先还上，也让我喘口气儿，再想别的办法。

其余的债，我再也拿不出一分钱了。

婆婆有三个儿四个闺女，文喜是老二。闺女出嫁了，也就是常回来看看。俺婆婆就住在我家里，另外两个儿子也管，可是婆婆不去，就要跟着我。

在老家，娘跟着我弟弟，可是弟弟身体不好，是股骨头坏死，两个妹妹都嫁到外地，也得靠我时常照顾着。

我回娘家，邻居都知道我的遭遇，有人就说，纪荣你傻啊，老嬷嬷还有两个儿子，你男人走了，家里这么困难，怎么还要你管？

我说，就一个瞎眼的老人，她愿意跟着我，我能不管吗？

我是 1949 年出生，这年我四十七岁，还不老，身上压着债，我得想法挣钱。

我出去干小工，一天就挣一块二毛五，哪天能把债还上？好多人也替我想办法。后来，有人告诉我，沭河里在挖沙，你去拉沙吧。

我就弄了个地排车，花了五十多元买了一头老驴，到沭河去拉沙。我大儿上四年级，小的上二年级。我对大儿说，我得出去干活了，你要照顾好奶奶和弟弟，放学回家你自己做饭。

孩子小，可是早早懂事儿了，他说娘你放心，你别累着，干累了你快回来，别太晚了啊。

我摸摸他的头，拍拍他肩膀，这就出了门，赶着驴拉车走了。

我到了沭河边，把沙子装满车，可是，那头驴又老又瘦，根本拉不动，我就在车一边拴上绳子，套在肩上，和驴一块儿拉。走不多远就淌了大汗，后背都湿透了。

路上的地排车，拉车的都是驴，赶车的都是男人，就我一个女人和驴一块儿拉车。我看看驴，人和驴都是苦命，我也成了牲口了。

走到哪里饿了，我给驴扒上草，自己坐在路边啃煎饼；渴了，向人家要口水；实在太累了，就歇一会儿。有时我一天拉一趟，有时路近，拉两趟，一天能挣两三块钱。那时候农村盖屋的多了，好多人知道了我的难处，就是想让我多挣点儿，把活儿让我干，有的好心人还到我家找我。

就这样，我拉了三年的沙，还上几家的钱。可是，路上有了拖拉机，人家不再用地排车了。

还得找门路。我看见一个捡破烂的老汉，就问他能挣钱吗？他说挣不了大钱，也就是弄个块儿八毛的糊口。

我想，块儿八毛慢慢地攒，日子长了也能补个窟窿。

我也开始捡破烂，就拉着那辆地排车，先在村里收废品，再到周边村子。在外面，看到破烂我就捡，但不敢到建筑工地上去，觉得那都是公家的东西。看见汽车倒下垃圾来，推土机在那里推，我才去找。

又有人点拨我说，在村里你收不到多少废品，村里人少，好多人家有点儿废品垃圾都舍不得扔，你得到县城里收，到临沂收，城市里人多，废品垃圾就多。人家都有钱，对这些破烂儿根本看不上眼，出门就扔，你到那里收几年，捡几年，真能多赚点儿钱。

想了想，我把家里安顿好，就和几个人坐车到了临沂。

没钱住宿，晚上就找个桥底，靠在桥墩子下。我……没法，没法往细里说，睡觉，就躺在纸壳子上，没的铺，没的盖，我把从垃圾箱里捡来的破衣裳披在身上。四周也没个遮挡，小风嗖嗖地刮，冷得睡不着，我就用纸壳子挡，纸壳子盖，就那么熬到天明。（不语）

捡了废品就去卖，我舍不得花钱，什么便宜吃什么，能凑合就凑合，经常在垃圾桶里捡到馒头，就找个墙根蹲着，啃上，不吃菜；渴了，碰到外边的水龙头，喝几口凉水。

大街小巷走一天，卖了废品我就回到桥底下。孤零零的一个人，可我不害怕，没什么可怕的，没人注意我这个叫花子。我坐在那里想家，我挂牵两个孩子，大的上五年级，小的上三年级；我惦记着老婆婆，心里说，俺娘，你看不见，千万别出事儿啊。我又想我的母亲，我生病的弟弟。我想了这个想那个，可是我不哭，哭不出来，我的眼泪早就流干了。

再怎么想家，也不能常回去，坐车就要花钱，就是二十多天回一趟家，安顿一下再回临沂。到了春秋种地的时候，我就得回家干活儿，家家都忙，孩子的大伯小叔也顾不上我们，就我领着两个孩子在地里干，大孩子已经十四五岁了，有牛的使牛，没牛的使犊子。

把地种上，我再走。

城里的好心人，看我穿得破破烂烂的，他们有了废品就让我去捡，有的还把废品留着，送给我，不要钱。后来，我们几个捡垃圾的，合租了一间房，这才算是有个窝儿。再后来，村里有到临沂干活的，让我搭他们的车，省下车票钱。到了那里，再帮我找地方住。邻居们都知道我不容易，尽量地照顾我。

我在临沂干了六七年，积攒下钱我就快还账。头一笔钱先还了我弟弟，是五百，他没有催我，可是他孩子大了，要盖房子了。第二笔钱，还给小孩的大姑，她嫁到赵庄，我欠她六百元。我带上钱去了她家，她说，嫂子，你先用吧。我说，账总是要还，总欠着也不是个事儿。

欠孩子二姑的钱最多，一千。当时因为她刚结婚，手里有点儿，哥哥长病也就拿来用了。还上孩子大姑的钱，我对他二姑说，他姑啊，我现在没有钱还你了，要是有急用，你就自己想办法，过个一两年，凑足了我就还你。他二姑说，嫂嫂你别急，什么时候有了再说。

我又收了两年废品，到了秋天，再加上卖的粮食，一千块钱有了。我带上钱，到了孩子二姑家。他姑说，嫂子你用吧，晚不了。我说，有了我就还你。

最后几家的钱，又过了好几年，每家都是二百、二百的。等到把最后一家的钱还上，我回到家里，坐在凳子上，就觉得眼前模糊，看什么东西都模糊。我想，这是我流泪流多了，我操心操多了，我觉得累了，就想一下子瘫在地上。

这三千多块钱，我还了整整八年。

过节的时候，我领着孩子给他爹上坟，他就埋在村东边。我点上纸钱，蹲在那里，用小树枝儿拨弄着让它烧。

我对孩子说，跪下，给你爹磕头。

我大儿磕了头，对着坟堆说，爹，俺娘不容易，她全干完了。

我坐在地上，看着那堆土，心里说，李文喜啊，你把俺娘儿仨扔下走了，我这些年吃的苦，受的罪，你看见了吗？……我把债还上了，都还上了，剩下的就是伺候老人了，我把你老娘照顾好。

在我咬着牙还债的日子里，顾不上照顾老人，我母亲就交给了兄弟姊妹。现在，老人生病，瘫痪了，我得尽上做闺女的孝心。我母亲吃不好，我说娘，我给你送饭。我这村叫新屯，俺娘的村是三井，好处两个村很近。我每天做好饭，装进饭盒，用毛巾包好，快走快走走到俺娘家，饭菜还热乎乎的，我伺候她吃上再回家。

不管刮风下雨，就是每天三个来回。

我天天这么来回跑，俺娘不忍心，她说我凑合凑合吧，别跑了。我说不远，跑不几步。俺娘说，我躺在炕上不动弹，一天一顿饭就行，你家里还有婆婆，她眼又不好，要是磕着碰着麻烦就大了。

我说，你别操心，我对她像对你一样。

我平时有工夫了，再做的就是两件事儿，把老的服侍好，把小的拉巴大。

我得让婆婆过得好一些，她这辈子不容易，丈夫早早去世，她把一群孩子养大，没想到老年丧子，自己又双目失明。老人也体贴我，心疼我，她眼睛看不见，却给我照看着孩子。我和她一块儿过了三十多年，从来没有斗过嘴。我对婆婆好，是感她的恩，也是李文喜临走的托付。我要让老人穿得干干净净，她的眼看不见了，但庄里人都看着她，我要让她体面。我给她洗脸、洗澡，给她剪指甲，给她把头梳得滑溜溜的，没事儿我就领着她到街上耍。

小孩的姑姑来了，给俺婆婆带来这个那个。我对孩子说，这是你姑买给你奶奶的，谁也不能动。小孩听话，馋也不拿。婆婆对闺女说，我对她怎么怎么好。坐在街上，她逢人就夸我。我听了就生气，我说你以后不要说这些话了，我照顾你是应该的，你这样对人家摆乎，俺觉得难堪。

婆婆心眼好，知道俺娘起不来了，她老是惦记着。我送饭回来她就问，她说我该去看看她，可是我眼瞎了，去不了。

有一天，婆婆跟我说，你这样天天跑，腿都跑断了，把你娘接过来，你也不用跑了，我们也能拉拉呱儿。

我本来有这个想法，又担心婆婆不愿意，可是她却提出来了。我就把母亲接过来，两个老人一起照顾。我母亲活了九十多岁，我婆婆活了正好一百岁，她是今年正月廿五去世的。婆婆在我家三十多年，突然走了，我心里还是不得劲儿。

孩子也长大了，大儿在宁波打工，小二在家承包大棚，他们都成了家。孩子的媳妇都是人家介绍的，问问都知道，王纪荣的儿。两个亲家都说，俺不管他家穷，他家人好，人好就行。两个儿媳妇都不要彩礼，成亲也没花多少钱，我也没有钱。新房，都是孩子打工盖起来的。

结婚的时候，两个儿子，都在我面前跪下来，仰起脸看着他娘，眼眶里都是泪。……儿女们对我都很好，干完活回来，儿子儿媳就陪着我。儿媳妇说，娘，你的眼也不好，别干了。可是，我也不能闲着，庄里成立了鞋帽厂，小活儿分到各家各户，这不，我正给厂里做绒线球儿，是钉在帽子上的。

我七十冒头了，你说我头发黑？我的头发，早年全白了，可是到了六十六七岁的时候，头发又黑了，我也不知道为什么。

唉……都过来了。

都过去了。

侧记：

王纪荣说着，她把多少伤心事、多少细节都省略了，每当说到这些，她突然不语，眼睛恍惚地看着脚前边，半天才回过神来。

我对王纪荣说，照年龄我喊你嫂子，我提个不该提的问题，你别生气。王纪荣说，还有什么不能问的，你说。我说，当初那么艰难，你有没有想着改嫁？王纪荣说，也有人替我想到这，可是我上有老下有小，还背着那么多债，谁敢接这个烂摊子？我也没有想，别人也没有提的。

王纪荣个子不高，背已经驼了。看到她的手，我发现了什么。我说，嫂子，我能看看你的手吗？王纪荣把右手伸给我，我托着她的手，又反复捏了捏，手僵硬，粗糙，经受过损伤，已经畸形，几个指头的骨节都成了硬疙瘩，弯不过来也伸不开，指头和指头还并不上。王纪荣告诉我，那些年拉沙、干活儿，手就成了这样了……

我就愿意干教师

（刘艳丽，郯城街道唐桥小学教师，国家二级心理咨询师，临沂市孤困儿童服务团志愿者。）

愿意干教师，就是我的天性，我就觉得干这个好！

我从小就喜欢小孩儿，特别是小女孩儿。我自己不大的时候，看到邻居的小女孩儿脸脏了，我就给她洗；身上脏了，我就给她洗澡，给她梳头，给她扎辫子、编辫子。小女孩儿坐在我身前，乖乖地让我打扮，我心里就觉得特别甜蜜。

我的童年不算是幸福，从小父母就离婚了。

父亲在外当兵，母亲就是农村妇女，不识字儿，两个人脾气不和。他们分开后，我就跟着父亲。我妈很快再婚了，从部队复员回来的父亲领着我，他说我不找了，这辈子守着闺女就挺好。

别看父亲是从山沟里出去的，但是他不重男轻女，他说，只要人好，有德有才，男女都一样。他经常教育我，你要好好学习，将来考上大学，坐着车回来看我，这是我最高兴的事情。

那时候我就感受到了梦想的力量，是父亲培养了我的梦。

可能因为我是单亲家庭，我很同情小女孩儿。我本家有个小堂妹，她叫小珍，一只眼睛有点儿斜，可是很懂事儿，老愿意跟着我玩儿。小珍很可怜，她父母关系不好，他爹怀疑小珍不是他亲生，在家里经常打她、骂她，不让她上学。

我就领着小珍到俺家，教她认字儿、画画儿。有一次，我看到小珍头上有虱子，就给她洗头。小珍乖乖地坐在凳子上，突然歪头看着我说，姐姐，你要是我妈就好了。

我那时才十七岁，很害羞，但是心里热乎乎的。

家里不让小珍上学，她才七八岁，就出去捡垃圾，和她一起捡的，还有邻居的一个女孩儿，也那么大。

没想到，两个孩子出事儿了。她俩捡垃圾手弄脏了，就到沂河边洗手，我们村东边就是沂河，可能一个人不小心滑进去，另一个去拉她，结果，两个孩子都淹死了。

村里的人把她俩捞出来，未成年的孩子，又是死在外边，照风俗，家门都不能进，很快就火化了，埋在各家的地头上。

我那时候考了县师范，正在家等录取通知书。听到这个不幸的消息心里咯噔一下，我立即跑出去，跑到村外，看着那两个土堆我就哭，哭得很伤心。

好长时间，我都想念这两个女孩儿，想念小珍，我甚至想，我以后结婚，如果生个女儿，肯定有小珍的灵魂。……更让人可恨的，是她们父母的愚昧，害怕闹鬼，削了桃木橛子，砸到孩子的土堆上，说是辟邪。人愚昧了，连感情都没有。（哭）

师范毕业后要分配，我要求回到老家这里，这里是塘桥小学，后边的山村叫高炉。因为离家近，便于我照顾父亲。

教学教小孩儿，我真是觉得幸福，不是说好听的，看见哪个孩子我都觉得亲！

俺这里是山区，还有好多贫困家庭，有的学生家里困难，有的还是孤儿。我就想，自己也是从困难中走出来的，怎么着也得想办法帮帮这些孩子。正好临沂成立了孤贫儿童志愿者协会，我立即报了名，宣了誓，在志愿者里面我算是小的，我是八零后。

我帮助的第一个孩子，叫余航（化名，文中的孩子全部用化名），就在我们班。当时，地里正在收麦子，余航没有到校。奶奶来给他请假，说余航病了。我和老人没聊几句，奶奶就哭了。

原来，余航的父亲曾经离过婚，后来和他妈同居，没有结婚证。母亲怀上余航的时候，父亲犯了罪被逮捕，坐牢服刑三个月后，余航才出生。母亲把孩子生下后，离家出走，至今不知道下落。

我到余航家去看他，我一看，那几间破屋啊，很矮很矮，就像是趴在地上，我进去腰都直不起来。当时天正下着雨，屋里到处摆着接水的盆子、罐子，雨水滴滴嗒嗒往下落，里面又黑又潮。我了解到，余航和奶奶有点儿地，多少打点儿粮食糊口，天天就是煎饼、咸菜。

有一天，在学校里，有个同学拿着一个面包，对着余航说，你吃过面包吗？来，叫我一声大爷你就吃一口。也巧，正好被我看到了，当时我就严厉地批评了那个学生，我说人人平等，你吃的面包也不是自己挣来的，你应该好好学习，比比谁的学习好，一块面包不会给你带来丝毫优越感！

我就想着帮余航家修修房子，可是他奶奶说，爷爷去世不到三年，按风俗不能动屋，这是忌讳。我想了想，要不在东边给他们弄两间吧，一间做厨房，一间当卧室。

我把事情告诉了爱人，他在广东，收入还可以。我和爱人说，咱们先紧一紧吧，少买两件衣裳，帮帮这个家庭。我爱人很支持我，立马把钱打过来。我又联系了我要好的同学，他们有做生意的，一说就给我五千。

我找人做了预算，然后联系了工程队，水泥、沙子我自己去买，后面村里都有。

快要开工的时候，我们刘校长知道了，他中午去看，下午又去看。校长问我钱够不够，我说差不多，但要紧着用。正好余航家里有两棵银杏树，长在那里也碍事儿，校长说，借着这时候卖了吧，卖了把钱添上。这样，一棵树卖了一百元。

十几天后，三间屋就盖起来了，接着再铺院子，建围墙，里边装修。我又给余航买上书橱，总共花了三万多元。余航这孩子，在班里成绩还可以，不是很刻苦，我知道，他是自卑，我想慢慢的就会好起来。

我干这事情，我父亲不知道。

班里还有一个女孩儿，叫杜玉，长得白白净净，不知为什么就是不爱说话。

那天，我一进教室，发现她哭丧着脸，低着头。我讲完课，开始提问，我有意先把杜玉叫起来，让她回答。她站起来了，可就是不说。我问杜玉怎么了，她还是不吱声，低着头，突然眼泪吧嗒掉在桌子上。我觉得有事儿，就让她坐下了。

到了下午，我去了杜玉家，才知道这真是一个悲苦的家庭。杜玉的母亲因为脑萎缩，刚刚去世；奶奶也是脑萎缩，常年卧床；有个伯父还是个光棍儿；杜玉的父亲一只眼还不好。杜玉的姐姐是她妈带过来的，比杜玉大四五岁。大家在一起过日子，屋子里又脏又乱，没法说。

看到我去了，杜玉就哭。我把她搂在怀里，她还是哭。

我里外看看，发现一件事儿，连我也感到害羞。杜玉已经十多岁了，有时跟着奶奶睡，有时和姐姐睡，可是最近不知为什么，姐姐不让她睡在身边了，杜玉只好和父亲睡在一张床上。孩子到了这个年龄，已经有自尊了啊。一边倒是有间空房，但是谁也不住，因为母亲在里边去世的。

我想了想说，杜玉，走，到我家去睡。杜玉很听话，点点头。我领着杜玉往我家的方向走，路上经过商店，我给她买了几件新衣裳。

到了我家，吃过饭，我说杜玉，你洗洗澡，把新衣服换上。可是，杜玉站在那里，低着头，就是不洗。我说今天不洗就不洗吧，先睡觉。我给她铺好床，可是杜玉怎么也不脱衣裳。

我说杜玉，你不要把我当成你老师，你就把我当成你姑姑，脱衣裳吧，洗洗澡，咱换上新的。我说了这些话，杜玉才开始脱衣裳。我看着，心里就难过，泪水就在眼里打转儿。杜玉穿的是什么衣裳呀，里边的面包服，没有拉链儿，一件短短的毛衣破了好多窟窿。

我说，杜玉你看，我老公不在家，往后你就在这里住下吧，在这里做作业，还能帮着我看看孩子，你这是帮我的忙，你愿意吧？

杜玉点点头。

那些日子，杜玉就吃住在我家。

老公有事回来，杜玉就觉得不方便了。

我已经想好了，我说杜玉我问你，我要是把你妈去世的房间收拾干净，给你买上新床，铺上新被子新褥子，你敢不敢住？杜玉说，敢。

我找到杜玉的父亲，说了我的意思，我说不用你管，这事儿我来拾掇。他父亲很感激。

我叫了三个志愿者，在杜玉家那个房间里刷墙，然后买上床，买被子褥子；窗户我给她按上玻璃，拉上窗帘；再买上衣柜，买上书桌，台灯、钟表我都买上了。我想我小时候，多么盼望有这些东西啊，可是没有。现在，我当时没有的，都给杜玉买上，在她身上圆我小时候的梦。

我特别给杜玉买了一个布娃娃。

是这样的，我批改她的作文，看到里面有这么一句：我要是有个布娃娃，晚上睡觉就不害怕了。我就让我老公在网上搜，给杜玉买了一个粉红色的布娃娃。

杜玉很懂事儿，她可以安心在家写作业了，写完作业再看书，学习很刻苦，成绩在班里已经属于中上。写的字儿工整，秀气。最让我宽慰的，是她得到了自信。她姐姐去年考上了幼儿师范，政府补助她三万元。我说杜玉，你好好学习，像你姐姐那样，她点点头。学校组织演讲比赛，杜玉举手上台，讲得很好。

有个学生叫德玉，男孩儿，他爸智力有缺陷，母亲是从贵州那边娶过来的，得过小儿麻痹症，眼斜视。他妈经常走失几个月，人家给她钱，她就跟着走，回来后爸爸就揍她。

德玉从小就跟着爷爷，爷爷干了几年民办教师，懂教育，他把德玉教育得特别稳。可是，德玉心里有阴影，在家里从来不叫妈。我做家访，问德玉是谁做的饭，他就回答说，她——不说俺妈。

班里有活动，大家都欢蹦乱跳，大喊大叫，可是德玉总是站在边上看着，不动，也不说。我心里明白，这孩子敏感，自尊，也自卑。当年，我也是这个样子。

德玉穿得很破，我就给他买衣服。十多岁的孩子，居然从来没有穿过内裤。我把他领到我家，让他和我女儿一块儿玩，我也和他聊天儿。一年四季，我都给德玉买衣服。慢慢的，他变得很活泼了。上课的时候，总是坐得很直，教室里打扫卫生他特别仔细，边边角角都不放过。

下午没有课了，我这里那里检查，德玉总是跟在我后边，别的同学都走了他才离校。我经常夸奖他，我说德玉，你很稳，我喜欢你，给我做干儿子吧。他就咧着嘴笑。

我也在德玉家给他布置一间卧室，也给他买了书柜、床、桌子、衣橱，被子、枕头全是新的。

布置好了，可是德玉不舍得进去住。我说德玉，进去住吧，这算什么？你学习好了考上大学，以后还要结婚，你要是有能力，日子会越来越好。

班里写作文，题目是写给爸爸妈妈一封信，可是德玉把信写给了爷爷，写得真是情深意长。我把那篇作文念给他爷爷听，爷爷当时就哭了。我对他爷爷说，你以后不要当着孩子面埋怨他妈，再不好也是他的妈啊。现在他如果恨他妈，长大了对女性也不会太好。

他爷爷听着，连连点头。

这几年，德玉的母亲不再往外跑了。我听说后，特意去给他们照相，照母子合影。妈妈揽着儿子，在镜头前笑得特别开心。

德玉就要升初中了，学校远，我给他买了一辆电动车。我想，这不是扶贫，这是奖励一个奋斗的学生。我对德玉说了，你要自强自立，我就看着你十七八岁成人。

去年冬天，校长突然来找我，他说刘艳丽，县教育局转给我一封信，是关于你的。我吓了一跳，我想我哪里做错了，惹得有人投诉？校长把信交给我，我抽出来一看就笑了，是德玉的爷爷给县里写的信，表扬我。

父亲应该知道了我做的事情，我回家看他，他说我这个闺女不简单，还能给学生盖房子！

去年十二月，校长、主任走访低保家庭，回来后，主任找到我说，刘艳丽，走，咱们去看一家。

我跟着他们，来到一个学生家里，这学生不是我班的。我一看，很吃惊，很吃惊，我从来没看到过还有这样的家庭。门口就是垃圾和大小便，院子是个猪圈，猪圈顶上是人睡觉的房子。我们往院子里走，根本没有插脚的地方。好歹走进去，堵在堂屋门口的，就是烧水的壶。屋里全是垃圾，几块木板上放着棉花套子，紧靠猪圈，他妈就睡在那里。另一边是个床，床上也是垃圾，什么都有。窗子上的玻璃都坏了，那天还下着小雨，屋里冷飕飕的，可是，那个学生还趴在床上做作业。

我坐了一小会儿，手脸就冻得发麻。

回到学校，我找到校长说，我们必须管这个学生，太困难了。校长说，带你过去看，就是想管，怎么管，你有经验，我们也想听听你的建议。

我说，帮他家盖房子。

校长说，钱从哪里来？咱这里都是财政拨款，分文不能乱动。

我说，想办法，我来跑赞助。

我又到那个学生家走访，邻居告诉我，你这个学生是老二，他妈生完老三后得了抑郁症，后来发展成精神病，时好时坏，发病了就闹腾，家就散了摊子。老大考上了职业中专，走了。最小的都五岁了，还不会说话，因为没人管。

这个学生学习属于中上，但是他长期不和母亲说话，在班里沉默寡言，有时候还用仇视的目光看人。

我和一个老教师做了预算，石头水泥，砖瓦钢筋和预制板，还有门窗，包括前期院子、厨房的清理，还有必备的家具，等等，除了旧房子可用的材料，至少需要两万多元。

我找到村里说明我们的意思，村里也愿意配合。

我和开公司的两个同学联系了，这个给了两千，那个给了三千，有位志愿者也给了两千，在佛山的老公给了我八千。我初中的一个同学知道了，也给了我两千，这样，凑了一万七千元。志愿者们有的送铁皮，有的送玻璃，送油漆。一看众人拾柴火焰高，我就来了干劲了！

就要开工了，我到了学生家，让他父亲快把猪圈迁走。可是，没想到，这个人是村里出名的懒汉，干了几天他就不想干了，烦了。

又过了几天，我去看看搬得怎么样了，一看才动了不大的一块儿。

看我着急，这个人却赖乎乎地说，刘老师，我不搬了，你别帮助我了，你帮助别人吧，我都这样混了十几年了，过几天算几天。

真是没见过这样的人，他懒惯了，五个兄弟姐妹早就烦了他，穷成这个样儿，人家也不肯帮忙。

我找到村委，村委的人来了，很生气，他说为了你，校长、主任都来了，刘老师到处筹钱给你盖房子，人家好心好意来帮你，还不是为了你孩子！

几个老人也过来熊他，你是个什么人物啊？刘老师帮你孩子盖屋还得求着你，不识好歹！

有的人骂他说，稀泥糊不上墙！

有的对我说，刘老师，咱好鞋不踩臭屎，算了吧，你行好还不够生气的。

大家七嘴八舌地数落，熊得那个人光呲牙。最后村委对他发话了，不就是三个老母猪嘛，十天之内你必须清走！

就这样，十天之后，我们顺利开工。村委专门开了会，村长带着人来帮工。干活的时候，村长不小心碰破了头，缝了四针，回来接着干。我们校长、主任，没事儿就过来看看，老师们也过来帮忙。眼看着马上就要过冬下雪了，我们连干了十天，元旦这天也没休息，整整一天在忙活。

院子里，因为过去是猪圈，猪粪的痕迹到处都是，石头都是黑的，怎么刷也刷不掉，我去买来硫酸，一点儿、一点儿地刷，这才刷干净了。

房屋盖好了，我又给他们买来家具，床铺沙发，桌子板凳，还有锅碗瓢盆，能置办的，尽量帮他们。

里外都弄好了，你想都想不到，学生的父亲高兴了，居然在家里举行了婚礼，他和老婆生了好几个孩子，大儿都上职业中专了，居然还是同居关系。你说，什么人都有哩。

我们又把他那个小孩儿送到幼儿园，午餐给他免费。

事儿都办完了，我坐下来，面对学生的父亲，我很认真地对他说，你不是你自己，你是三个孩子的父亲，现在你不尽父亲的责任，等你老了，儿子会对你好？鬼才相信！就这样下去你会很惨，你信不信？

他低下头，不说话。

我说你好好干，一头猪养大了，卖了就五千多块，三头猪就一万多，三年以后你还可以盖新房。现在这社会，只要你肯下力气，挣钱的门路到处都有。

他说，刘老师，我记住了。

给他盖房子，还有五千元的缺口，我没有再化缘的熟人了，只好自己把它补上。老公回家问起这事儿，我说有你给我的钱，其他的都是同学们捐的。他笑了笑，看表情是不信，可也没有生气，他支持我。

我婆婆也是小学老师出身，公公是公职人员，我大姑姐、小叔子在县供电局上班，他们对我都很好。他们愿意我考到县里，离他们近，随时也有个照顾。我想，县里也不缺我这样的教师，我在这里，会帮助更多的山区孩子，反正现在交通很方便，离县城也不远。

我不愿意宣传自己，我多次婉拒了采访。我当教师，就是让学生有好的成绩，好的品质。我做的这些事情，都是孩子们的疼点，我不想把对我的表扬建在这些疼点上。

对了，你写这些事情的时候，提到学生务必用化名，别夸大，别拔高。再说，这些事情都是普通事儿，我是学生的老师，论年龄也是他们的姑姑，做这点事儿是应该的。我就想，等他们长大了，我也老了，退休的时候他们提起我，说刘老师当年对咱们挺好的，这就足够了。

我最愧疚的，是对不起我的大女儿。我忙学校里的事情，对她还是粗心，她得了脑炎，送医院送晚了，昏迷了整整五天，当时医生就说，这孩子恐怕要呆了。但是，很庆幸，没有，可是她的智力受到影响，胆子小，听到声音就害怕。她就在我们学校学习，有一次，我到教室里去领她，看见她一个人坐在座位上等我，小脑袋伸到桌洞里……（哭了）她是害怕。

我觉得我很对不起老公，我做妻子失职，做母亲不合格。我不求名，不求利，就想着带好孩子，即便以后不晋级也行。

我一个人带着两个孩子，到外边为学生盖房子，俩孩子就站在一边等着。有时候我也想，我如果不做，也就过去了，但是我做了，帮助了我的学生，对我的孩子也会有好的影响。我想好了，以后小女儿大了，我就把她送到她爸爸那里上学，我守着大女儿，看目前的情况，她可能考不上大学，将来我们娘俩做着伴儿，相互守着，就是做面包也行啊。

所以，我做这个事儿，自己必须要想得开，乐观！

侧记：

唐桥小学是一座美丽的山村学校，山峦三面重叠，云气缭绕，一座整洁的教学楼，对着平阔的院子，垂柳白杨，鲜花盛开。快乐活泼的孩子们，下了课就在楼前欢蹦乱跳，兴奋得嗷嗷喊叫，无数的童子音明亮清脆。

年轻的刘艳丽老师，细高个儿，披肩发，戴着白框眼镜，文静地坐在对面讲着，右手里拿着面巾纸，说到动情处，就托起眼镜，轻轻地擦擦泪，然后轻轻地说，不好意思，我忍不住……

我突然想到，刘艳丽的故事，完全应该拍成电影，名字就叫《山村女教师》。

判决书上有爱心

（范学青，日照市岚山区人民法院安岚法庭庭长。全国政法系统优秀党员干警，全国法院办案标兵，第一届全省法院办案能手，山东省维护妇女权益先进个人，日照市法院十佳办案能手，日照市法院民事审判工作先进个人等。）

我学法律是半路出家。

1992年我考上济宁市经贸学校，学的是财会。两年后毕业，学历太低了，好长时间找不到对口的工作。我不能老待在家里啃爹娘啊，就应聘当了教师，教了三年小学。因为教得好，上边又让我教初中，又教了四年，除了外语不太行，其他各科我都教过。

这期间，我坚持自学考试，1995年拿到了本科证书。

我热爱上法律，是受我们一个老师的影响。他1997年考上律师，接手的案子多，很快就富起来，第三年就给我们学校捐了八万块钱。学校是一所希望小学，八万块钱在那时是个不小的数目，学校里还给他立了像。

看到这，我心里就痒痒起来了，业余时间开始攻法律，几年苦拼，经过了司法考试，终于拿到了律师证。

我考上了律师，父母也不知道，我就辞去教师职务，来到了临沂，租了个小房子开展业务。可是，我新来乍到，人生地不熟，案子少，每月也就挣七八百元，日子过得很艰苦，熬了两年，才慢慢好起来。

到了2006年，省里公开招考法官。我想，再试试吧，结果就考上了，被分配到日照市岚山区。我这沂蒙山里的孩子，现在来到大海边。从这里到海边，就是几步路。

在基层当法官，我这里又是民事庭，处理的多数是民事纠纷。

日照原来就属于临沂，是沂蒙山老根据地，民风好，人很淳朴，和山区的人比起来，这里靠海，又多了些灵活，尤其是渔民，长年在海上，风里浪里颠簸，豪爽豁达。但是，矛盾纠纷，在哪里也少不了，老百姓吵架，憋不住火就动了手，抓挠起来了，村里摆不平，这就闹到法庭。还有赡养老人问题，离婚财产分割，还有劳务、债务，等等。我当庭长，因为有当律师的底子和经验，依法办事儿，经手的案子也不是大案要案，可以快刀斩乱麻，很快就了结。

多少年的工作经历，我就觉得，法律是无情的，但是它又离不开人情；它是约束人性的，但又离不了人性；法律伸张正义，维护道德，可是你如果就是冷冰冰的断案，未必都有好的效果。社会和谐，是让人心得到温暖。

我这个人，虽然穿着制服，可心很软，可能因为我出生在贫苦家庭。我的老家，就是平邑县九间棚那里。当时，全家就住了三间破屋，我到了八岁都没有像样的裤子穿，上学了，就穿着一条灯笼裤，是用俺爹的破裤子改的，补丁摞补丁。等裤子后边露出皮肉，娘给我补的时候，再没有别的可穿了，只好光着屁股围在破被子里。

我今天当上法官了，可是我从来没觉得自己高人一等，我就是老百姓，看不得受苦的人。有时候我宣判了，譬如两口子离婚，再有个孩子，我心里就很难过，总是想，他们回去这日子怎么过啊，坐在办公室里我就暗暗流泪，惦记他们。所以，我有时候还要当和事佬，能调解的尽力地调解。

2000 年，后村镇有个案子，女的提出要离婚，我一查，他们根本就没有结婚。男的女的是表兄妹，没有登记就同居了。因为是近亲，生了两个女儿，全都又聋又哑，没办法，后来他们又抱养了个男孩儿。

家里这个样子，肯定心里痛快不起来，慢慢地，男的开始酗酒，早晨睁开眼就喝，人颓废了。女的到外面打工去了，男的在家也不正儿八经过日子，有点儿钱就去买酒，没钱了，酒瘾上来了，就到处借，根本不管孩子。两个女儿已经成年，儿子正上初中。

到了开庭的日子，可是男的女的都没来。我琢磨着，里边肯定有事儿，我就做做家访吧。

我开车到了后村，打听到他们的家。去了一看，就三间屋，里边什么也没有，爷儿俩住在东边的小伙房里，进门就一股子酒味儿。

看见我去了，孩子不说话，头一低，出去了。我就和那男的谈，男的也同意离婚，但是孩子必须留给他。看情况，没有挽回的希望了，我对那男的说，你在家里等着吧，到时候我在你们这里开庭，法庭离你家不很远，也省了你的路费。

我出了门，发现孩子就在门口蹲着，还是低着头。

见我出来，孩子抬头看看我，站了起来。

我说孩子，你怎么不上学啊？

孩子说，我在家等着你。

一听这话，我一阵心酸。

我停下来，手搭在他的肩膀上，把他搂到一边。

我说孩子啊，大人离婚，是很正常的事儿。他们就是离了婚，还是你的父亲母亲，他们还会疼你，惦记你。有时候，双方分开更好，你能理解吗？

孩子点点头。

我问，你在哪里上学？

他说后村中学，就在后面不远。

我说，父母离婚是你的不幸，我都没办法了，你更没办法，但是，你的命运在你手里，你要刻苦学习，再苦再难也要学下去，将来考上大学，你就是国家的人才，就能过上好日子。我当年也是穷孩子，也是靠刻苦学习走到现在。

他又点点头。

我又问，你父亲打你不？

孩子不看我，脚尖儿在地上画着，又点点头。

我说，这样，我把我的电话给你，如果父亲打你，你告诉我。

我把电话号码写在纸上，给了孩子。他用两个手指捏着，不说话。

……

等到男女双方都签了字，我在单位写好调解书，明确了离婚后各人必须尽到的责任，事儿就这么办完了。

可是，过了两个多月，天气已经很冷了，是个周六，那个孩子突然来到岚山。这么小的孩子自己坐车，大老远过来找我，让我吃了一惊。我忙问出什么事儿了，孩子告诉我，他父亲很要面子，离婚后觉得没脸见人，也打工去了，临走，就给他留下一百元钱。

这一百元钱，别说上学，养活自己都很难了。

我当时眼泪就掉出来了。我问他，你怎么不给你妈打电话？

他说我打了，可她就是不接。

我说，你这就等着，我打！

我掏出手机，电话很快就通了。

我问孩子的母亲，你儿子给你打电话，你为什么不接？

她说，我怕他是受了他爹的指使。

我说你儿子现在正犯愁，饭都吃不上了，你这当妈的能这样吗！？

女的一听，当时就在那边儿哭起来了，她说工资还没发，发了工资我就寄给他。

我收起电话，对孩子说，你回去吧，别愁，我明天到你学校。

临走，我又给了他一点儿钱。

第二天，我就到了后村中学，找到孩子的班主任，一问，这孩子学习非常好，在班里还是卫生委员，可是他从来不说家里的事儿，老师同学都不知道。

我见了校长，说明了情况，学校马上决定，中午饭对他免费。

一个月后，孩子给我写了一封信，告诉我他马上就读高中了，他的考试成绩很好，我在电话里鼓励了他。

后来，这个孩子顺利地考上了大学。

还有个办低保的事情，这牵扯抚养纠纷，双方都在争孩子。

男的下海打鱼，是船主雇的。但是在海上出了事故，受了伤，船主也赔了钱，他们就用这钱盖了房子。男的可能生理上有点儿原因，就怀疑女的作风不正，经常在家打女的。

女的告到法庭，我也看了，满身是伤痕，住院的病历也有。

男的说，必须离，我不能戴着绿帽子让人笑话。

女的说，我没做错事儿，不能再让他打了。

他们有一个孩子，上初中。我打听了一下，还和我女儿一个年级。我去了他们家，看见他儿子正在做作业，我教过初中啊，先给他辅导数学。做完作业，孩子出去玩了，我就和他们俩谈，平心静气地谈。他们都告诉我，妈妈问孩子，离婚后他跟着谁，孩子就说跟着妈；父亲问孩子跟着谁，孩子就说跟着父亲。

我说，你们怎么对孩子提这个？你们这是为难孩子，折磨孩子！

他们都不吱声，两个人都想要孩子。我心里倾向判给女方，孩子的母亲很可怜。可是，这个男人身体不行了，事故坏了他的腰，站着还可以，走几步就不行了，以后不能动了怎么办？谁照顾他？

这个男人，就是因为事故造成伤害，才怀疑老婆出轨，他心理开始扭曲，酗酒，喝上酒就站在大街上指桑骂槐，周边的邻居都很烦他。可是，我还是把孩子判给了男的。

判决生效后，我心里老是放不下，我想，这个男的每月才五百元收入，还要供应孩子，往后日子怎么过？

我找到社区干部，问能不能给他办低保。社区好多人不同意，说这个人太差劲，且不说不符合低保要求，就是办了低保也让他买酒喝了。

我们都很熟，我说，话不能这么说，喝酒不喝酒是他的事儿，可以劝他戒酒；低保是保证他的生存，有些条件可能卡不上政策，但实际情况摆在这里，没有低保，他就有可能活不下去。

在座的都不说什么，我又说，咱在低保卡上写上他儿子的名字，让他儿子领钱、管钱。大家都说这个办法行，就这样，写了材料上报，街道民政同意了，给他办了低保。

后来，孩子告诉他父亲，是范庭长给办的，父亲就领着儿子来感谢我。可是过了几天，他父亲又领着一个邻居来找我，让我再给他办一个。我说把材料给我看看，我一看不合规定，笑着说，办不了。

黄墩镇有个女的，也是找到我要离婚，原因是男人酗酒。

我先了解了一下，这个男的也能挣钱，对老婆也不错，就是见了酒没命。早晨喝，中午喝，晚上大喝，夜里爬起来尿尿，尿完了，再摸过瓶子喝上一口儿，尿一次，喝一口儿。

为了酒，两口子不知闹了多少仗，可男的就是不改。

我到了他们邻居家，邻居告诉了我实情。他们结婚后，头胎生个女孩儿，俩人就想再要个男孩儿，可是老怀不上。女的认定，就是因为男人喝酒，把精子全杀死了。于是女的就使性子，耍脾气，这么吵，那么闹，男的还是喝，天天喝得晕晕乎乎。女的实在没有办法了，就想用离婚，逼着男人改掉坏毛病。

这样，我心里有底儿了。我对女的说，看你家境也不富裕，就别再花三百元的诉讼费了，我找你男人，和他谈。

我开车到了黄墩，到了他们村，他家就在村口住。

我把车停好，不巧男的不在家。

我对村干部说你们去找，我要在这里开庭。

人们一听在他们村开庭，都觉得有好戏看了，很快就把男的找回家。

他一看见我，老远就紧着小步儿过来，嬉皮笑脸地说，你看看，你看看，我这点儿事弄得，惊官动府啦。

我避开众人，把他引到一边儿，严肃地说，我就是代表政府，代表法律，你老婆要跟你离婚，我已经立案了！

他一听立案，觉得很严重，立即紧张起来。

我说，就是因为你喝酒没数儿，好好的家眼看就要散了，今天我先问你，你说我现在判，就在你村里判，还是等一等，缓一缓？

他一听腿都软了，说求求你啊范法官，你可怜可怜我，给我个机会，我现在就改，现在就改，我要不改，我就不是人！

我心里有数，这样酗酒的人，一下就改过来，那是瞎说。

我说，这样，我先给你把这案子挂着，也是为了你这个家，看在你孩子的面子上，我不能让她小小年纪有爹无娘或有娘无爹。

他点头哈腰地说，是是是，是是是！

我又说，你喝酒，可以早晨二两，中午你要挣钱养家，酒就免了，晚上就是二两，不准多喝。

他说行行，行行，就是二两，就是二两！

我说你下保证，他说我保证。

我说那就这样，我会不定时地过来看，看你是不是说话算话。今天，这庭咱就先不开了。

后来，我去了两次，问了他周边的邻居，都说改了，确实改了。可我还是不放心，前前后后又去调查了三四次，真的改了。这样，我就没有判决。

后来，他媳妇怀孕了，也不离婚了。这男的呢，酒不如以前喝得多了，但还是一天一斤半，都是散装高度酒。这个，我也管不了人家了，但我保住了他们的婚姻。

在我单位南边，有个老人，三个儿子一个女儿。二儿没了，老三有病，平时就靠女儿照顾她。

老太太起诉大儿不赡养老人。大儿子想管，可是儿媳妇坚决不养。

开庭通知送达后，儿子没有来，儿媳妇来了。她说，当初分家的时候，婆婆偏向别的儿，现在老了，却让我们养。

最后我判了，大儿每半年出四百元，可是大儿媳妇不拿钱，说可以让婆婆到她家。老人生活不能自理，叫她到大儿家里，她是死活不去，知道去了也没有好果子吃。

判决之后，迟迟得不到落实，老人就申请执行。

我说，大娘啊，你不要再动硬的了，我给你说和说和。我给她大儿打电话，对方答应着，可就是不动。我再打电话，他还是答应着，后来才告诉我，他外出的时候让车撞了。

我找到老人，说到她大儿遇到了事故，老人恨得，说这是报应，报应！我说大娘，你可不能说这样的气话，怎么说也是你的儿子。

我看，他们母子之间的矛盾，已经到了水火不容的地步，怎么办呢，我突然想到法律程序中，民事庭里，有当事人先走法庭，平时有些个现金。我请示了领导，从中预支出四百元，交给老人。

我说大娘啊，这是你儿子给你的。

老人接过钱，眼泪却流出来了。怎么说也是娘啊。

我说大娘，你儿子不容易，这又出了车祸，可还是惦记着你。

老人说，我花不了，你把钱给他送回去吧。

我说，给你了你就收下。

老人把钱收下了。可是后来我听说，老人把钱交给女儿，让女儿送给她大哥。大儿一看也感动了，赶紧让人把钱又送给母亲。从此，娘俩的关系就和好了。

我经手的最麻烦的案子，是债务赔偿官司。朱曹镇有个姓司的，开了个塑料颗粒厂，投资二十多万，经营时候，全村男女老少都跟着他干，干一天六十元。可是因为形势不好，一下子倒闭了。没付工钱给村里的人，买设备的钱都没还完，人家首先起诉他，设备立即查封。

村里人一看着急了，算了算，欠最多的过万，最少的两元。

村里九十七人联名起诉老板。

接到起诉书，我找到老板，他也承认，但是除了部分设备，就是满仓库塑料颗粒，没钱。

他也签了调解书，可老百姓即使拿了调解书也拿不到钱。看着起诉书上这些名字，我想，这么多人，天天在厂里干活，家里老小，就靠这份工资生活，没有钱他们吃什么，喝什么?

我老是惦记着这些人，几次找到姓司的，反复询问他，他才告诉我，有部分资产他没有说，但都不是钱。

我就开始打听买方的线索，查查有没有买了产品还没有付款的，或者没有按正常渠道付款。我带上录音机，找到几家厂子，终于了解到一些事实。这家塑料颗粒厂的厂房是租赁的，我看了租赁合同，发现租期三年，每年七万元租金，可是，工厂只干了两年半。

我找到出租方，让他退回四万租金，然后回到村里，六百元以上的全发，六百元以下的也就这样了。还有五十多个人没有领到钱，我也没有别的办法了。

无奈，可我要不是穷尽脑汁，这点儿钱也没有啊。

东港区涛雒镇，有个人叫陈蕾，结婚不到半年，媳妇已经怀孕了。陈蕾到附近的钢厂干临时工，在那里轧钢筋，可是，一不小心从架子上掉下来，被钢筋穿透胸部，当场死亡。来厂三天就出了事儿，太惨了。

他家里找到工头要说法，可是工头也是临时的，和死者没有合同关系。

我查了一下，他们归属于青岛劳务公司，上级企业是中野天工，在天津。中野公司对钢铁公司总承包，只是把劳务部分给了青岛。

查清楚后，我立即起诉青岛和天津有关方面。可是，送达后，青岛这家公司，在市南区登记，却查无此人。我去了青岛两次，头一次无果而返，第二次，终于在城阳区一家居民楼里找到了，楼是租住的，公司是皮包公司。

我这里的人立即前去查封，一旦查封，立即保全。可是一查公司的账，发现只有二百元，三个账户不足四百元钱。

我从青岛回来，天津方面来了两位律师，表明死者与他们公司无关，由青岛劳务公司承担责任。我当然明白，最高人民法院有个解释：上一家公司包给有施工资质的单位，由这家单位承担员工伤害。如果我当时判青岛方面承担二十万死亡赔偿金，把判决书发给青岛就算完结了。

前面的程序都走完，就缺审判了。

可是，青岛方面没来人，就是来人也没有钱。

因为这个案子，我几次到涛雒镇，在受害人家里，和陈蕾的父母了解情况。老两口子就这么一个儿，我开始去的时候，陈蕾的媳妇还挺着大肚子。我最后一次去，是和他们说明青岛的情况，没办法，就是判了也没有钱。

陈蕾家里，什么也没有。老两口听完，就是对着我呜呜哭。这时候，小孩儿已经生下来，但是，儿媳妇扔下孩子改嫁了。奶奶抱着这个无爹无娘的孩子，那孩子才一岁，在奶奶的怀里，伸出小手摸奶奶的脸，小手上就沾着奶奶的泪水。

孩子又不时地回头，看看我这个陌生人，看着我就笑。

孩子越笑我心里越难受，心就像被刀划着一样。我想，我是愧对了这个孩子，作为法官我是主持公道的，可是我没有给孩子的父亲讨回公道，没为他们讨回一分钱的补偿。我当时就想哭，我感到自己无能，没本事。

我掏出二百元钱给孩子的奶奶，可是人家就是不要。我说，这是我给孩子的，是他伯伯的一点儿心意，你给他买箱牛奶。我把钱塞到孩子奶奶的手上，扭头就走，一路上我开着车，却不住地流泪。

回来后，这事儿成了我的一块心病，真是寝食难安。

过了不久，单位开学习例会，大家个人谈自己，我就讲了这个事情。有个同事问我，青岛这家公司是劳务几级？我说是二级。他说，这种资质很难弄，要求相当严格，这资质是真的还是假的？

我的眼睛一下子亮了，对，查它的资质！

我立即赶往济南，找到山东省建设厅，厅里人告诉我，这归青岛市管，我当即跑到济南火车站，买上票就赶往青岛。

青岛方面，管理资质的是个女同志，她查阅了一下说，假的。

青岛劳务公司使用的是假资质，这意味着“中野天工”有连带责任。

从青岛回来，案子立即再审，我和天津方面的律师一同到了青岛。天津方面知道情况后，马上发来建议书。最后，受害人赔偿了二十六万现金。

拿到赔偿金，对死者和家人是个安慰。改嫁的媳妇知道了，回来要钱，要的数还不少。这当然要按法律来，我把赔偿金分成四份，最多的一份判给孩子，孩子要花销，几年后就要上学，这些钱，能帮着他长大。

……

我啊，没有别的爱好，就是爱看书，主要看法律方面的书。在家守着爱人和孩子，我当过教师，帮着孩子看看作业，辅导辅导。再没事儿，就坐在大海边上看风景。也怪，我坐在海边上，想的却是故乡，想九间棚，我们那里有道梨树沟，到了春天，十几里山沟都是盛开的梨花，漫山沟一树一树的白，小风一吹，梨花就纷纷落下来，那真像是雪啊。那里还是金银花产地，这些年，老百姓的生活有了很大的改变。虽然离这里不很远，高速路很顺，但我每年回去就那么几次，去去就赶回来，没别的，案子缠着。

侧记：

范学青告诉我，每当有离婚案子，如果夫妻双方有孩子，宣判后回到家，他心里就难过，总是想他们以后的日子怎么过，孩子会不会受委屈，心里会不会留下创伤，有时甚至暗暗流泪。他笑笑说，我的心太软了，简直不像个法官。

断案判案，旨在正义公平下维护社会的稳定，安是安全和平安。环境的安定就是人的安定，案子的了结，应该既安顿了事情，又尽可能地安慰了人心。范学青作为一位基层法官，沂蒙山的平民儿子，我想他做到了。

俺没干出什么事儿

（卢静云，临沭县大兴镇九龙湾村乡村医生，临沂市最美乡医等。）

俺这个村，多数是姓卢的，从小俺爹娘就教育我要有礼貌，见了人快打招呼。我辈分很小，也怪老实，上学路上，见个人不是老爷爷就是老奶奶，赶紧地问候。

我叫卢静云，可长辈们都喊我的小名儿，我都老大不小了，他们还叫，有的干脆叫丫头，真是怪亲。

俺这个村叫九龙湾，属于大兴镇，和江苏搭界。村子以前叫什么我不知道，听老人说，八路军来了，见这里河沟多，弯弯曲曲像龙一样，就给起了这个名儿。

说我，说什么呢，没干出什么事儿来，没的说啊。我也没考上大学，就是临沂卫校在俺县里办班，我去学的社区医生。学完了，先在县里中医院上班儿，给医生当助手。

头一次帮医生给人看病，我就受到教育。一个小孩感冒了，需要穿刺，医生看着让我做。小孩哭着叫着不愿意，男孩子七八岁了，真有劲儿，两个大人都按不住。小孩撒泼地哭嚎，手脚乱踢乱打。我弯下腰去给他穿刺，他一下子打了我一拳，踢了一脚，还破口大骂。我才十九岁，头一次碰到小孩骂人，还骂我，很生气，心想不干了，现在碰上这样的孩子，以后还不知道碰上什么人。

看我赌气，医生很温和地说，小卢，咱干这个，就是给人看病的，不管人怎样，好的孬的，来了咱就得给他治，这是咱的本分。

这话，我牢牢记住了，慢慢地也习惯了这个工作。后来，又碰到一件事儿，差点儿让我吓破胆。有个司机路上发烧，浑身流汗，他把车直接开到我们这里。他得了重感冒，我让他躺在连椅上，给他挂上了吊针。

司机五十多岁，刚把针挂上不久，他突然浑身抽搐，一摸手心都发凉。把我吓得脸煞白，哭着跑去叫医生。医生过来看了看，说没事儿，他是过敏性体质，这葡萄糖是咱县里出的，开始不适应，过一会儿就行了。果然，人慢慢地安静下来。哎呀，我擦擦眼泪，可知道当医生不容易了！

当时，医院里也觉得小闺女儿不错，听话儿，认真，对病人态度好，好多机会让我留下。可是我觉得，自己学历不高，人家医生都是从大学门里出来的，我学的是乡医，到下边更适合，就这样我回到村里来了。

刚回到俺村里，几乎什么都没有，哪有像样的卫生室啊，就在几间小屋里看病。二十多年前，村里都穷，老百姓看病也难，就是没有钱。

村里有个老人，八十多岁了，得的是慢性气管炎，我得经常到她家给她打针吃药。老人有个儿子，智力不好，娶了个老婆是江苏那边的，也是个憨子。儿子太老实，在江苏那边的窑厂干活儿，烧砖，干一天，挣十块钱。

后来，儿子得了肺结核，没钱治疗，四十多岁就去世了，他老婆扔下孩子走了。孩子叫金宝，金宝就跟着奶奶过日子。他们没有经济来源，犯病了，就让人叫我到她家，一年到头欠着账。

过了几年，老人的腿瘫痪了，我的病人也多了起来，不能及时到她家去了。不定哪天，老人就那么在地上挪，挪到我这里来，她说丫头，你给我看看。

我得叫她老奶奶，就赶紧地给她看。

老人也会说话，她说丫头，亏着你，要不我就早死了。

我说，老奶奶，是你命大，你好好活着。

她说，丫头，我欠你不少钱了。

我说你没有钱，就欠着呗。——看到她家那么困难，我怎么好意思说钱，就那么拖着。到年终，上边对她有救济，她就给我一点儿，多少我也没算过，能给她就给，因为我还要进药，还得给她看病。

老人有个女儿，嫁到江苏那边儿，开始日子也紧巴，后来手里有点儿钱，也替她娘还账。

老人是瘫在炕上去世的，之前我还给她打了三天吊针。

我这里是自负盈亏，盖卫生室的时候，上边给了六万块钱，盖房、进设备、进药，就这些。现在，每月给我四百元补助，其他的都是自己想办法。我这里属于公共卫生，公共卫生对村民从生到死都要管。我想我不能赚钱，我是为叔叔大爷、为乡亲们看病，能保住本运转就行。

对村里困难的人，我尽量减少医药费；有的没带那么多钱，我说不要紧，先看病，该怎么取药就怎么取药，下次来再还；碰上外村有些特别困难的，咱也不能不管，能给他减免的就减免。

我上门服务都是免费，到外村看病也一样。在县城里，一个小诊所，拿药打针要收五元钱，我这里打针不收费，你从外边拿的药我也给你打，同样免费。所以，打针的人，十几里路都到我这里来，本地的，还有江苏那边的。屋里坐不下了，坐到院子里，从院子里再坐到门口，排队排到街上。尤其是发生了流感，打针的太多了，最多的时候，几十辆三轮车，从我门口一直排到街，街道也不宽，车都停满了，这辆车挤着那辆车，回转都转不开。

这么多来打针的，后面的要等到天快黑才轮上。许多病人大老远地跑来，我辛苦不要紧，可是让人老等着，发烧咳嗽本来就很痛苦。我想了个办法，屋子小，我在院子里搭上棚子，在棚子里打针。有的电动三轮车，后面带篷布，就在里面挂针。

俺村有个叫杨子春的老人，她的肺早年受到伤害，慢性吐血，不能干活儿，我要每星期去给她检查；她的儿子叫杨大鹏，是个精神病人。这个杨大鹏，小时候好好的，很聪明，路上见了人就笑，没想到上初中的时候得了这个病，开始不吃药，打人，厉害的时候，自己家的房子也拆，村里只好把他家的房墙用水泥抹平。

杨大鹏经常犯病，犯了病就提着一根钢筋，看见谁家的影壁墙，上去就砸；在街上，见了人就打，往人家院子里扔石头；他长得人高马大，谁也不敢惹他。

村里说什么的都有，有的说他家祖坟风水不好。有的说，当年他父亲抓兔子、逮狐狸，在山里用夹子夹，肯定是狐狸精的魂儿附在儿子身上了。俺那时候小，听大人说得有鼻子有眼儿，头皮就发麻，晚上不敢出门儿，睡觉还做噩梦。

杨大鹏每星期要吃一次药，不吃马上就复发，我得经常往他家跑。药是上边发的，怎么吃我知道，再忙，我也得定时给他送，看着他吃上，这样村里才会平安。

我去了，杨大鹏反而很老实，他知道我给他娘和他治病，是好心好意。

几年后，杨子春老人去世，留下杨大鹏，我仍然按时送药，看着杨大鹏吃完。杨大鹏也已五十多岁，脑子更不行了。

有一天，杨大鹏看见小孩在街上喝饮料，他觉得新鲜，回家就把半瓶农药喝了。他肚子里难受了，就在大街上乱窜，嗷嗷地叫喊着，我喝了农药了！我喝了农药了！跑着跑着突然倒在地上，脸上青紫，翻白眼，嘴里吐着白沫，四肢抽搐，小便失禁了。

好几个人凑过来看，说没治了，死了死了吧，活着也是祸害人，无所谓了。

我跑过来一看，说不行，赶快送医院！

我立马打电话叫来镇上的救护车，很快，救护车把他拉走了。

想了想我还是不放心，骑上电动车随后赶到镇卫生院，看着医生给他洗胃，打针，折腾来，折腾去，终于把他救过来了。

事后，村里人说，静云，你真是个菩萨心肠，这样的人你还救他。

我说，你们想，谁愿意自己得病啊，他打人，拆屋，扔石头，他不知道自己这是干坏事儿，这样的人更可怜，他也是一条命！

我白天给人看病，倒不怎么觉得累，人家病重的就到大医院了，我这里就是拿药，打针。最累的是晚上，就说俺村里，八十岁以上的老人有十七个，经常闹病，我得随叫随到。

我在楼下看病，在楼上睡觉。外边的大门是双层的，半夜睡着了，敲门我可能听不见，他们就在后边用石头敲墙，嘎嘎一敲我就听见了，下来楼，赶紧走。俺家后边的墙上，用石头敲出来的坑，密密麻麻。（笑）

周边的村子，病人有远的也有近的，晚上我骑着电动车出诊，那时候路上也没有灯，病人急，我心里也急，摔倒是常有的事儿。但我从来没有埋怨过，咱干的就是这个职业。

我记着当初医生给我说的话，小卢，这是咱的本分。

本村我的一个二叔得了胰腺癌，到了晚期，要用吗啡镇痛，我头午给他打上，管二十四小时。后来，再头午打，但管不到第二天天亮了，为了减少他的痛苦，我就得晚上十点到他家，回来十一点睡觉是经常的。

那时，我已经觉得自己身体有病了，但我看着二叔这个样子，心里也不好受。吗啡打完，我还要到镇医院去领，这药严格控制。再后来，二叔他不会说话了，就静静地看着我，我知道他要说什么，我心里说，二叔，侄女我尽力了。

就在那段时间，我经常感到自己无力，腰疼，淌虚汗。我当医生多年，感觉我身体发生了异常。我到上边的医院一查，就是那个。有个专家过来了，他说你本身就得了这个病，可是对病人还那么好，是你心态好啊。其实他看不出来，我的情绪很低沉，我是默默地硬撑着。看病的来了，只要我没有躺下，我就得给他们看。

当年，我要学医，父亲很支持我。父亲初中毕业后，就在村里当赤脚医生，我就是受了他的影响。我觉得给人看病很了不起，看好了，人家很感激你。我父亲在这一块地面上，走到哪里，碰到谁，人家对他都很热情，多好啊。后来，父亲去当兵，复员回家后就不再从医了。

父亲对我说，静云，你要想好啊，当医生要有三心：细心、狠心和奶奶心。细心我就不说了；狠心，就是不害怕，小的给人手上挑个刺儿，大的疖子化脓了，你就得用刀子割开，不狠不行，你的手就不能哆嗦；奶奶心，就是善良，对病人体贴，把病人当成自己的亲人。

我记住了父亲的话，一直记在心里。我要对乡亲们好，对村里人好，我从小在这里长大，结婚后还是住在这里没挪窝儿，这里又是我的娘家，早晨推开门，眼里看着的，都是我的亲人。

我被确诊后，到了临沂中心医院，也巧，主治大夫对口支援的就是俺这里。听说我是乡医，就把我叫到他的办公室。我那时觉得，天就要塌了，这个世界不要我了，命运可不管我年轻不年轻。

医生很慈祥，他握着我的手说，方案我来定，你放心，如果是坏的，咱们全力治；如果是良性的，咱兄妹俩抱头哭一场。

医生四十多岁，我才三十出头，可是他对我像孩子一样关心。他老家不是本地的，在俺镇上住了一年多，对这里人很有感情。后来我一想这事儿，就觉得很温暖，我就是个农民，乡村里的小医生，可是人家是专家啊，对我这么好，我也要这样对待我的病人。

我开始做化疗，从二月开始，很快，我的头发都掉光了。

村里人知道我病了，都来看我，有的拿鸡蛋，有的就是抱着老母鸡，有的还要给我钱，三十元，五十元，我知道他们也没有钱。我说我不要，能退的全退。我对村里说，别让大家往这里跑了，可是他们拦也拦不住。

我在医院里，还惦记着家里有病人，一个疗程结束我就回来了。那半年，我就来来回回往返。刚回来那会儿，我身上还插着两根管子，手腕上挂着一个袋子，我就挂着袋子给病人打针。

我的头发脱落了，回来戴着假发，可是天气热得受不了，我就戴着一顶遮阳帽。可是，村里没有一个人歧视我，都来看我。事后，俺村里一个女孩说，我每次来，都不敢看你的眼睛，我怕伤了你的自尊。

到了秋天，头发居然长出来了，我当然高兴，俺三奶奶看见我，说丫头啊，你俊就俊在头发上。

我到医院做了复查，没事儿了。

我就去见那个主治大夫，他说妹子啊，为你高兴，也为你庆幸，我给你一句话，你一定要记住：你是医生，但你要经常看医生！

这些年，我也幸亏我爱人，他在江苏那边的镇政府工作，在监管部门。我女同学的弟媳妇，就是我爱人的堂妹，是我同学给我们介绍的。他平时也很忙，应该住在镇上，那里有他的宿舍，可是他一直住在家里，有时候开会很晚了，他也往回赶。从前这里没有水泥路，坑坑洼洼，可他就是往回赶，赶回来给我做饭。

他有两个哥哥，一个姐姐，家里没有负担，可以照顾我。我们的孩子

大点儿了，他坚决让她们在我这边上学。他对孩子说，向你妈学习。(笑)

我女儿已经高三了，我还是想让她学医。我对她说，咱生在农村，给身边的亲人服务，是挺美好的。她开始想着到南方上大学，在那里发展。看看我身边的人和事儿，她说妈，我听你的，我也要做你这样的人。

我虽然也是农民，可想起来，还是比下地的农民享福，怎么说也比他们轻快。我行医，不用流汗，风吹不着，雨淋不着，病人都是乡亲。只要有吃的，有喝的，我就很知足了。

我不愿意人家宣传，你们来了，我心里很紧张，你看我忙的，没法坐下来细说，你明天来，后天来，都是这个样儿。再说，俺真是没干出什么事儿，大病、难病，我也看不了，如果说有什么，就是村里叔叔大爷说的，我脾气好。

侧记：

卢静云没说多会儿，院子里就来了病人，她连忙过去坐诊。

陪我们的是村长，四十多岁，很憨厚。他说卢静云就是心眼好，脾气好，打针不收费，她就忙不过来了，从门口到街上，都是来打针的。村里也想给她盖几间屋子，可是没地方。她给老人看完病，还要扶着她上厕所。多少回我亲眼见的，有的病人吐到她屋里，有的坐在屋里就拉了、尿了，腥臊烂臭。可是她呢，就坐着那里，该看病的看病，等着人走了，再自己打扫。她还笑着对我说，这有什么，要不是有病，谁还能吐到你屋里？

静云不会做饭，就等着爱人晚上回来做，他对静云很好。

静云的母亲身体也不好，股骨头坏死，不能走路；父亲在部队上受过伤，耳朵震聋了，是二级残疾。静云姊妹三个，二姐嫁到江苏那边。幸亏她大姐就嫁在本村，帮她照顾着老人。今年疫情发生，俺庄里就有五个人从武汉回来，其中一家三口，来到就隔离了。当时谁心里也害怕，可是静云是医生，她得戴上口罩，挨家挨户量体温。

静云至今还是农村户口，和俺们一个样儿。

全庄没有不夸奖她的，逢年过节，都想着感谢感谢她，送点儿东西，可是，静云她，谁家送礼也不收，坚决不收。

我给他捐肾

（张金玲，临沭县临沭街道河滨社区居民，中国好人等。）

一

我爱人是同学给介绍的，那时我在县里上技校，就十七八岁。

有一天，俺同学找到我说，张金玲，我给你找个男朋友吧，那个人怪好。当时我也不情愿，俺家里姊妹三个，没有男孩，我就想找个倒插门的女婿，给俺爹俺娘养老。

我说，俺不去。

同学说，你先看看，不行就算。

我就很勉强地跟着同学见了他，一见面，我很满意，他也很满意，两个人就相处了一些日子，处得也怪好。

俺庄离县城五十多公里，我就回家告诉了爹娘。俺爹说，领来我看看。他就骑着摩托车到了俺家，俺爹看了，说人倒是行。

后来，他就常到俺家，进门儿也不把自己当客，扫地，扫院子，看见什么活儿他就干什么，俺妈做饭他就烧火，俺爹在地里干活，他就去帮着，一点儿也没有城里人的架子。

我在家里是老大，俺妈笑着对妹妹说，你看，你大姐夫来，什么都干，院子里有鸡屎他都扫，你们都不会。俺爹当面从来不夸人，但在俺舅家吃饭喝酒时说，小伙子不孬，真不孬。

他叫宏杰，家在县城，有两个姐姐，一个弟弟。

在宏杰很小的时候，他父亲就因病去世了，就靠母亲拉巴着他们。家里没有地，他们就在街上卖茶水，卖羊肉汤锅，所以他们对母亲都很孝敬。宏杰高中毕业没考上大学，就干上了建筑，他身体棒，也肯出力，办事儿也灵活，不多大就当了个小工头，领着建筑队到处找活干。

我们结婚后，婆婆也住在俺家。宏杰对我很体贴，我感冒发烧，他再忙也都把药给我弄好，这个吃几片，那个吃几片，都放在我近旁，临走还嘱咐这个嘱咐那个。弟弟当兵离开家，他在外边干完活就回来，陪着俺婆婆和我。

那些年，俺们的日子过得很好。村里规划，我们家有了沿街楼。开始，我们在楼下开饭店，叫东阳饭店。饭店开了一年半后，看见南来北往到城里来的人多，就把房子加盖，做了家庭旅馆。住宿价格也不贵，十块钱一宿，后来涨到二十元。十几年里，都是我打理家里的生意，他一直在外边跑建筑，揽到项目，再组织人施工。

那时候，建筑的活儿越来越多，俺家早早就买上了轿车，也有了积蓄。但是他这个人本分，老实，从来不张扬，见了兄弟爷们儿，老远就问候；谁家打墙盖屋，他都去帮忙。他干的就是这个，懂得多，弄这个，弄那个，怎么着进料便宜，里里外外都给邻居们张罗，人缘很好。

做生意就需要应酬，他在外边朋友多，酒场也少不了。可他做事儿很有数儿，喝酒不过量，很少见他喝得歪歪拽拽的失态，所以我对他也放心。

日子就这么过，平平常常。

那是 2007 年，突然有一天，他跟我说肚子疼。我陪他到医院检查，医生说是胆结石，就得吃药往外排。有胆结石的人不少，他也没觉得是个大事儿，该忙的还是忙。但是自己对酒限量了，能不喝的就不喝。可是搞建筑，酒场还是多。

吃了一阵子药，可他肚子还是经常疼，时常感到身体疲惫，后来，双脚都肿了。我又和他到了医院，结果一出来，我一下子愣住了，惊呆了，他得的竟然是尿毒症！我在电视上偶尔才看到这种病，竟然在我丈夫身上发生了。

俺婆婆听到后，当时就病倒在床上。这个打击太突然也太狠了，宏杰不光痛苦，还有悲观、绝望。我们的孩子才六岁，什么也不懂。他看看孩子，几次对我说，随它了，不治了，命该如此。

我说不行，咱不能放弃，砸锅卖铁也得治病，有你，咱们就是幸福的一家人。

我这个人，看起来瘦弱，其实心里很硬，很坚强。我让俺婆婆、俺大姑姐帮着照看孩子，我就带着他到处求医。我们不知跑了多少医院，用了多少药方。医生告诉我，尿毒症早期可以保守治疗，但很难治好，换肾是最好的办法，但是肾源非常缺，不知道要等多长时间。

宏杰知道了，更加心灰意冷，很烦躁地对我说，别治了，我说了多少遍不治了，你怎么还是不听？回家，咱回家！

我们回到家，保守治疗，每周三次透析。透析一个月下来，就得七八千元，家里的钱很快就花完了，我就得借。等到他的病情稳定几天，我就到处打工挣钱，最多时候，我一天做了四份工作，我想，挣一分是一分，总归是个补贴。

慢慢地我往回想，越想越清楚了。宏杰以前很壮实，得了这个病，都是因为几年前那个官司。也是一个工程，他借了朋友公司一百万，当时打了欠条。后来慢慢地还，还上了。朋友嘛，他对朋友心里没有丝毫的提防，就没想到还上钱，把欠条抽回来。

过了好多年，我们都忘了这档子事儿了，突然有一天，我们被传唤到法庭。我们问为什么，犯了什么事儿了，庭上的人说欠了人家这么多钱还装糊涂。我们更是摸不着头脑，没欠别人的钱啊。可是，他的朋友当庭出示一百万的欠条，我们这才想起来。

最后，法庭到银行里，一笔一笔地查证，这才证明了我们的清白的。那时候都做生意，都是你欠我的，我欠你的，大家都是朋友，我们当时欠了别人的钱，别人也欠我们的钱，都是没钱还，说明白，有钱了就还。

我们胜了诉，可是他心里老不痛快，他这个人实在、耿直，觉得朋友多年，不能这么坑他、讹他，给他栽赃。他觉得自己受了不小的羞辱，憋屈、愤怒，还窝囊，老长时间缓不过神来，在家寡言少语生闷气。

在这事儿上总是想不开，结果把自己毁了。

二

透析到了 2013 年，他的病情突然恶化，我和他到了济南省立医院。我们心里就觉得很自卑，至今我也不知道这是什么心理，觉得人好好的却得了这种病，总感到丢人。从他得病那天起，除了宏杰的家里人知道，我们瞒住了所有外人，俺家里的人也不知道，到医院透析都是悄悄的。

临行前我回了一趟家，告诉俺妈我要去济南，有个生意上的事儿，也顺便给他查查体，这些年他累得不轻。

到了医院一看，医生告诉我，已经晚期了，两个肾都不行了，唯一的办法就是换肾。

可是，那么昂贵的费用，俺家已经负债累累，哪里还承担得起？

医生建议亲属配型，直系亲属配型的概率很大，而且排异反应很小。

面对这个结果，我想我们已经走到绝路上了。亲属配型，也不是没想过，可是婆婆年纪大了，俺的孩子又很小。宏杰的姐姐、弟弟都成了家，俺不想让他们担这样大的风险，以宏杰的脾气，他是宁死也不会同意。

我就问医生，夫妻间可不可以？我听说也有两口子配型成功的。

医生说，有，但概率很小，如果两个人结婚三年以上，有了孩子，或许有这个可能，不过，希望不大。说完了，医生还摇摇头。

停了停医生又说，如果两个人血型一样，肾移植后，不能说完全没有成功的可能。

医生这一说，我好像看到了希望，稍微迟疑了一下，我说医生，你给我化验吧。

……

化验很仔细，很严格，要很长时间的等待。

我就在那里等着，熬着，盼着，心也总是悬着，自己往好处里想，也往坏处里想。可是，在他面前我不能表现出来，我得平静地安慰他。现在，我这个瘦小的人，就是他的主心骨。

真是做梦都想不到，结果出来，居然配型成功！（虽然过去多年，但说到这里，张金玲的眼睛红了）

……

回到家，我再也不能瞒了，但我没有告诉宏杰家里人，直接回到我家，告诉俺爹俺妈说，宏杰的病很重，要换肾，我的血型和他一样，配上了。

俺妈不相信自己的耳朵，她直勾勾地看着我问，什么，你说什么？

我把情况如实地和他们说了，这真是天要塌了。俺妈看着俺爹，俺爹不说话，可是脸色变了，很沉重，他不看我。我知道他心里很疼，眼前是自己的亲闺女，躺在病床上的是女婿，他不能见死不救，可是他也担心自己的闺女，出了事儿怎么办?

俺妈擦擦眼泪，看着我，坚决地说，不行！你想想，万一不成功，你又少了一个肾，到时候谁管你？孩子怎么抚养？

我说，没有别的办法了，走到哪步算哪步，成功了，他命大福大，俺还是个完整的家，不成功也是天意，我豁上了。

俺妈眼泪又掉出来，哭了。

俺爹沉默了好半天，最后看着我说，要不，让你妈去捐?

俺妈稍微一想说，行，我去吧。

我当时就哭了，俺妈和我血型一样，当娘的，她都这么老了，还要为女婿捐肾，这是舍上自己的命护女儿啊。

我哭着说，不行，我捐，我必须捐，这是我自己的事儿，你们谁也不要管！我是他老婆，我捐天经地义！

俺爹说，宏杰现在这个样子，成功了当然好，万一……你又少了一个肾，身体不行了，还能撑起这个家来?

我对俺爹说，你放心，我都问了医生了，健康人一个肾，没有问题，不会影响我今后的生活。即便我撑不起这个家来，还有两头的兄弟姐妹照应，熬上十几年，我把孩子拉巴起来，也就完成任务了。

俺爹的脸在黑影里，眼里好像有了泪，可他怕让闺女看到，低下头去。

我是老大，俺爹很疼我。他会木工，整个镇上他的手艺最好。当年，他在玉山镇建筑公司上班，亦工亦农。我五六岁的时候，他经常用自行车驮着我到那里去，他干活儿，让我在一边玩儿，下午再带着我回家。他从来不吵我，也不重男轻女，生了三个女儿后，别人说，你得生个儿啊。俺爹说不要了，孩子好，男女都一样。

宏杰知道了，他死活不同意。他说张金玲，这么多年你尽心尽力了，你放心，我不怕。就是不能动你的肾，还得靠你拉巴孩子，如果伤了你，孩子怎么办？

我说别担心，现在成功率这么高，买别人的咱也没有那么多钱，没有别法儿，你就安心养身体，等手术吧。

我就这么决定了，那几天，俺妹妹哭，俺娘也哭，俺爹什么也不说。

我带着宏杰，住进千佛山医院。

我很瘦，很小，没有脂肪，手术不会造成别的损伤。

医生很顺利地取出我一个肾，很快接到宏杰身上。

我躺在病床上，听别人说，如果配上型，医生托着那个肾，一旦接到别人身上，马上就活了，血液流进去，肾就一缩一鼓地开始工作。我想，我给宏杰的那个肾，也活起来了！

医生给我开玩笑，他说你瘦得跟干巴小鸡一样，手术就麻利，刀口也就半扎长。（微笑）

我们在济南期间，不知道事情怎么传到了外边。妻子给丈夫捐肾，怎么怎么感人，当地电视台来了，要录像报道，我不同意，这有什么好宣传的！

我身体本来就弱，在医院里住了半个月后，就和他回到家。

在宏杰动手术的时候，婆婆就到了他弟弟家。弟弟从部队转业后，在派出所工作。弟媳妇当老师，对我们特别好。这时孩子正在复习中考，他叔叔婶子照顾着他，缺钱就给，学费给他交上，做了好饭让他去吃。

有时学习忙了，孩子就自己在家里做。多少年了，我们这里那里看病，孩子已经学会了自立，他默默地刻苦学习，不让我们惦记。

孩子很懂事儿，看到他爸爸看病花钱，自己就出去打工。开始他卖手机，每天赚五十多元。因为怕耽误学习，他叔不让他干了，但周六还是到饭店端盘子。周六饭店的客人多，老板需要，就找这些小孩帮工，有时候孩子干到夜里两点多。

我顾不上孩子，还怕他缺家教，走歪了，对他管得很严。

有一次，我们回到家，我看到孩子手机里多了五十元的续费，我问他钱哪里来的，他说老板给他续的。我说老板给你工钱了吗？他说给了。我说不能要人家双份儿，你去把钱还给他。孩子去了，回来说妈，老板不要。我说，你去干两天活儿，不要工钱！

……

我们做手术，两边的兄弟姊妹都给钱；同学有知道的，也送钱来。俺大姑姐做生意，给了俺十万；俺小叔子给了六万；俺公爹的堂兄、堂妹也惦记着，也给我们钱。

不知道为什么，我有这种心理，（微笑）觉得别人给我们钱，自己跟要饭的一样。俺妹妹送来奶粉，给我买这买那，给小孩买衣裳，自己的亲妹妹啊，可我就觉得要别人的东西不好，真是怪了。

婆婆跟着俺小叔子，他两口子还得上班，老人从没让俺管过。俺弟媳妇的娘家有地，还经常给我们送菜。俺婆婆有时候还给俺看门，我就觉得很对不住老人，我们好多年没有尽孝，还连累老人，看见她我心里就怪不得劲儿，觉得愧疚。

回来后，宏杰就在家养病。我们的心，总是在半空里挂着，那个心理，没经历的人怎么也体会不到。

慢慢地，没有其他反应，他就要起来干活儿。

我说你歇着，我多少干点儿，咱们够吃够喝就行了。

他说，老憋在家里很无聊。

我说那你就看书解闷儿。

从他得病到现在，那么多年的磨难，我也有些迷信了。从前，咱做工程，手里有钱了，可是他的身体却不行了，照老人的话说咱不担财，往后，咱不费力挣了，平安就好。

三

从我到济南捐肾，俺爹的性格变了，在家里总是喝酒。

我们回到家，俺妈就到这里来伺候我们，俺爹自己在家里喝闷酒，有时候光喝酒不吃饭。他太疼我了，刀子割了我，就是割了他，我又这么瘦小。现在，他又担心我的身体，担心女婿的身体，就是配型成功了，说不定还会有并发症，谁知道明天会发生什么，后天呢？

俺爹在这事儿上脱不出来了，喝着酒，什么都憋在心里。事过不久，他觉得不好，好像是感冒，可是，送到医院就不行了……（哭了）

我捐了一个肾以后，身体就是和原来不一样，走路干活没劲儿。可是，我心里踏实了，他恢复得很好。

慢慢地，我们谁也没有别的感觉。几年过去，有一天，我突然觉得自己好像怀孕了。我心里很紧张，打电话问医院，医生说没事儿，这证明你们身体健康，恢复得很好啊，别怕别怕，孩子一定要生下来！

——俺觉得说这事儿怪丢人呢。（不好意思地笑笑）

我怕儿子不乐意，和他说了。儿子说好啊妈，我乐意有个弟弟或者妹妹。儿子也争气，考上了吉林大学。他上初二的时候爸爸病重，能考上重点高中，考上大学，全靠他自己。到了大学里，学校给他评上特困生，也减轻了我们的负担。

现在，儿子已经工作了。他的同学结了婚，抱着自己的女儿，我儿子就抱着他的小妹妹，妹妹和同学的孩子一般儿大。儿子笑着说，妈，她真像个小玩意儿呢！

我生了孩子以后，身体反而比以前好了很多。现在我开了一个小店铺，卖酒。我搬箱子，一箱六瓶酒，抱起来也没有感觉累。更奇的是，宏杰以前血压高，换上我的肾以后，血压反而正常了。

好多人说，你看你捐了肾，两个人还生了个孩子，真是个奇迹。有的老人跟我说，老天让你下生，就是为了来救宏杰的，只有你能救，就让你和他结婚。

我听了就是笑笑，但是我感恩天地，医生告诉我，有多少换肾的，都会出现这种那种排异反应，甚至出危险，有的就是几年。可是我们竟然还有了孩子，我真是做梦都想不到。

村里人都不知道我们家发生了什么，到了动手术的时候，村里才知道。事过后，村干部找到我们，说你们这事儿太感人了，应该让大家知道，你看现在，多少夫妻打架的，离婚的，索赔的，你们这是了不起的美德啊！

我说，俺没觉得了不起，俺不愿意张扬。

有人来采访我，我就躲了，给人说我到莒南县拿药去了。

后来给我评上中国好人，镇上、县里非叫我去开会，让我发言。

我说，我说不了自己的事儿，我张不开口。

人家说，给你写好稿子，你照着念就行。

可是，念了几句我就开始哭，我这不哭的人，怎么当着那么多人哭呢。我哭，下面好多人也哭。我心里就埋怨自己，你看你把人家弄得。

……

侧记：

张金玲，就像她自己说的，干巴瘦小，但是秀蕴。她骨子里正直、坚强，重情重义，为了丈夫的生命，为了家的完整，舍身取肾。回顾往昔，她说得很简单，甚至轻描淡写，可是从丈夫发病到痊愈，六七年的时间里，陪着他定期透析，最后四处求医，居然瞒过了娘家亲人、其他亲戚朋友和全村，这需要多么大的内在力量守口如瓶。当设身处地想象张金玲的痛苦、忧虑和最后决断，瘦小的她镇定地躺到手术台上，情景令人动容。采访后我总是感叹，了不起的令人尊敬的平凡女人，了不起的感动了苍天的沂蒙女性……

靠这一条腿

（胡连顺，临沂市临港区中学教师。“教坛保尔”，莒南县优秀教师，教学能手，“四优”教师等。）

一

我是莒南县团林镇南泉子村人。

我小时候，家里很贫穷，那时候家家都这样。我记得就是三间矮屋，叫“趴趴屋”，土墙，小窗户，插着木棍当窗棂子，里面黑乎乎的。家里没什么家具，就是几个土坯垒的床，我们叫“炕面子”。

我有两个姐姐、一个哥哥一个弟弟。家里住不开，哥哥跟着爷爷睡，大姐跟奶奶挤在小屋里，二姐跟俺娘一块儿睡，俺兄弟俩和爹挤在一起，人多就这么凑合着。冬天还好，挤在一起暖和。到了夏天就难受了，天热不说，就那蚊子，嗡嗡的，多的时候就像筛麦糠。家里只有一床破蚊帐，打了好多补丁，老人用着。我们就用烟熏蚊子，但还是被咬得浑身都是“木疙瘩”。不下雨的时候，都是带上蓑衣，到村边的土场上睡。

吃的，就是地瓜干子，麦子很少，留着，就等着过年包顿饺子。平时解馋，用地瓜面儿包顿大包子，里面包着白菜，没有油水，放上点儿粉条就很好了，蒸出的包子是黑的。再就是抓把黄豆泡泡，磨成面糊，放上萝卜丝儿一块儿煮。从年头到年尾，很少吃点儿猪肉，我们都是面黄肌瘦。那次，生产队分坏苹果，我们家分了半篮子，回来洗洗就吃，平日哪见过水果啊，吃得我们都拉肚子。

在我的记忆里，都是捡哥哥姐姐的衣裳穿，我都十六七岁了，穿的还是大姐的破棉袄。棉袄是灰色的，就是用白布染的，圆领，盘扣，上面打了补丁。在这之前，我二姐已经穿过了，袖口儿都露出了棉花，布面儿都成了绺绺，我怕人家笑话，在外面套上个破褂子，还是俺哥哥传给我的。

我上小学，买个本子四五分钱，都要用鸡蛋换。上高中，没有纸打草稿，俺爷爷去世了，留下些送葬的草纸，我就订成本子用。

我少了这条腿，是 1973 年暑假出的事儿。

当时我十岁，上三年级。那是个头晌儿，我记得很清楚。因为我肚子疼，头一天，俺爹用小车推着我，到坪上镇看医生。医生说肚子里有蛔虫，开了药回来吃上，肚子就不疼了，不疼了就到处耍。

我的叔伯哥喊我和弟弟去洗澡，我们三个人就到了村东边的水渠里，很近。洗了半天澡，我们又到了学校，学校也没有围墙，院子里有棵几百年的大槐树，一搂多粗。我们在树荫里耍了一会儿，又感到无聊，村北有片菜园，青萝卜已经长得像拇指粗了，就想着去拔个萝卜吃。

到了菜园那边一看，有人正在用抽水机浇地。抽水机已经停下来，好像是坏了，几个孩子在看他们修理，我们也紧忙过去看新鲜。修了一会儿，开机的人摇开机器，可是粗管子就是不抽水。那个人就下到水里，把管子的龙头抱出来，撕着缠在上面的水草。

这工夫，机器在上边还是轰轰地响，站在水里的人大声吆喝着上边，嗨！把皮带打下来！打下来！

下边是水泵，上边是柴油机，柴油机的轮子拉着皮带带动水泵。柴油机是八个半马力，有风冷机，有风轮，打皮带必须从风轮这里往下别。可是，那个人不懂要领，他拎着铁锨，走到水泵这里，从小轮子上往下打带。

他把铁锨杆插进呼呼转的皮带里边，猛地往下一别，柴油机带着皮带在地上乱跳乱甩，当时我就站在那里，光往下面看了，皮带一下子打到我身上，当时我就昏了过去。

我不知道，我的头摔破了，腿当时就被拧下来了。村里立即把我装进粪篓子，抬着就往镇上跑，我大伯抱着我的半条腿跟在后边。那时候交通不便，跑到镇上，医院不敢留，立即叫了救护车拉到县医院。

到了县医院紧急抢救，先止住血，可是，我的腿是因为拧下来的，损伤太厉害，接不上了，而且我腚上也骨折。

医生建议，把我上半截腿也取下来，但是又怕感染，最后经过会诊，决定保留上半截，为了以后安假肢。我不知昏过去多少次，疼得受不了，手术做完了，住了半个月的院。（不语）

我记得很清楚，花了二百元，那时候，二百元就是老大的数目了。公社给了一百元，村里给了八十元，家里交了二十元。是我们片区的书记找到公社，给了我照顾。

我出院回家，地里开始刨花生了。正好学制在改革，学生升级就延后半年，以前是暑假，现在改为寒假了，这样，我也能用这半年的时间养病，我身体太虚弱了。

那时候小啊，皮肉遭的罪受过后，不知道从此我的命运就改变了，心里也没感到太痛苦，就觉得少了一条腿，不方便了。上学，扶着同学的肩膀，一条腿跳着走。学校在村子东南的破庙里，离我家只有一里路，近。开始，老师和同学关心我，想了个办法，截了大树的两根杈，在中间盘上绳子，让我坐在上面，两个同学握着两边木杈拉着走。可是木杈是上边宽，下边尖，拉着拉着就翻了个儿，把我一下子歪到地上。后来，还是扶着同学跳着走。我上厕所，同学给我拎着书包，有的架着我，大便要蹲在两块石头上，就有一个同学扶住我。

村子里，无论大人还是小孩，没有歧视我的。

我四姑父是个木匠，后来给我做了一副拐，但做得很粗糙，就是一根棍子两个杈儿，开始，拐上边没有缠布，胳膊窝都磨破了，最后成了茧子。家里就把破布留起来，好布哪会舍得，还要用它补衣裳。

我从小就馋，那时穷孩子哪有不馋的。我爷爷喜欢我，我姑在东北，给他寄点儿钱，他就买点儿米，在家里做米饭，让我去吃。回到家，俺爹就说，好好学习，长大了当兵，当兵天天吃馒头，吃大米干饭。所以，我从小就梦想着当兵。

突然有一天我明白了，少了一条腿，我就不是健全的人了，是个残废，所有的梦想破灭了。我睡不着觉，在被窝里偷偷地哭。有时一瘸一拐，自己走进树林里，一个人哭，还怕人家听见……（双手捂着脸）

我上初中，还是在村前的大庙里，只是加盖了几间教室。上高中，要到四里路外的泉子联中，联中办了一个高中班。

四里路，学生满可以回家吃中午饭，可是我这个样子，只好自己带着煎饼，中午在教室里吃。其他季节觉不出来，到了冬天尤其是下大雪的时候，可受罪了。那些年，雪下得很大，都到膝盖以下，北风呜呜地吹。同学们背着书包，我跟着他们，倒下，再起来。我就穿着俺姐姐的破棉袄，冻得实在受不了了，路边有间看场的小屋子，我们就进去暖和一下，吹吹冻僵的手，我再拄着双拐，在雪地里往前走。

我的学习一直很好，在班里就是第一，初中我当班长，到了高中我当学习委员。因为拄拐，没办法抱全班的作业本。每学期排位，班里让我先选，我的眼又近视，就选靠墙的地方，站起来就可以扶着墙，双拐又可以靠墙放。

那时候，开始有多种竞赛了，镇里组织的竞赛我都参加。我文理都好，可是数学竞赛我没有拿到名次，因为题目是抄在黑板上的，我坐得远，看不清。我参加县里的物理竞赛，是油印的卷子，我考了第二名，证书至今我还保存着，上面盖的印章是：莒南县团林乡革命委员会。

高中我上了一年后，高考恢复了，下边开始抓初中生考中专，也把我并到初中班里。

考试前要预选，我被选上了，可没有想到的是，学校里不让我去，因为我的身体不合上面的要求。

我想到坪上镇复习，参加高考，那里离家也近。报名后我就在家里等着，可是老不见消息。俺生产队里有个人，替我找到片区书记，可能是书记跟学校说了一下，我就去了，期中考试我考了个第一。复习班，一学期要交五元学费，我交不起，多亏俺姑寄给俺爷爷十元钱，爷爷给了我五元。

到了高考报名，还是因为身体原因，我被刷了下来。我在家里，绝望到极点了，说实在的，当时自杀的心思都有，这是1981年，我18岁。

一天，我高中的校长让人来找我，让我到大庙里去。校长特意来到俺村，在办公室里等着我。

我去了，校长微笑着说，小胡，坐下、坐下，我就是路过，过来看看我的学生。

我坐下来，校长就和我闲聊，问了我家这个那个，慢慢转入正题。

他说小胡啊，你学习好，可是体检严格，政策不允许怎么办？你考学的这条路看来走不通了，可是，行行出状元，别的方面也可以发展……

校长这么说，我眼泪汪汪的。

校长说，我也替你考虑了，你和村里谈谈，能不能照顾一下当老师啊，这路子也不错，如果当不成，咱再想别的办法。

校长姓刘，他是邻村的，很喜欢我。

他这么一说，我含着泪，点着头，心里真正知道命运的残酷了。(呜咽)

校长突然又问我，你读过保尔吗?

我说没有。

他说我给你弄一本，你好好读读。

没过多久，校长就调走了，可是，他没有忘了这件事儿，托一个老师给我捎来了《钢铁是怎样炼成的》。

这位捎书的老师对我也很好，那年我参加县里物理竞赛，就是他用自行车把我带到了考场。

我读了保尔的书，当然印象最深的就是那段话，我至今还能背诵下来。但是书我没有看完，看了一半儿就放下了。

当教师也是费了些周折。我回家，把校长的意思告诉了俺爹，他叹了口气，起来去找老书记。老书记说，连顺啊，我也很同情他，可是他姐姐已经当教师了，这事儿不能都你们家干，人家会有意见。

我姐姐那时候教小学，快要出嫁了。俺爹说，让连顺替她姐姐行不行？书记想想，说这也不好，要不，先让他帮村里管管账目吧。

我就到村里管账目。

不久，老书记退了。

新书记三十多岁，以前是村里的团支部书记，开始他也说，不行，不能辈辈都是他家里人教。后来他突然找到俺爹，说老胡，可以让连顺教书，我了解了情况，他学习确实好，身体这样也应该照顾，教吧，我说了就说了!

我猜想，可能好多老师都帮我说好话，调走的校长也给上边打招呼，各级都在抓教学质量，这样我就到了大庙里。

到了大庙不久，我就忙着考民办教师转正，所以保尔的书也就顾不上看了。

二

我头一次上课，讲的是三年级语文，我既高兴，又紧张，讲的什么都忘了。只记得那是秋末初冬，老槐树上的叶子金黄金黄的，阳光照在树冠上，所有的叶子都透明闪亮。我叮嘱自己，当这个教师不容易，我要好好干，好好教！

学校条件很简陋，讲台就是土台子；课桌就是青石板，下面用砖支起来，石板上抹上水泥。学生都是本村的孩子，凳子自己带。

后来，学校搞勤工俭学，造纸浆课桌。纸浆课桌，是那个时代庄户学校的产物。发动学生，找来旧报纸，破纸盒子，把榆树皮用斧头砸烂，放在水里浸泡，再把它们砸黏糊；照尺寸做出桌面模子，里面摆上树棍儿，相当于钢筋，再把纸浆填上抹平，晒干后支起来，桌面上再铺块黄布。

上课的时候，我把单拐放下，倚着墙壁用右手板书。可是，一条腿站着，时间久了就受不了，我咬着牙坚持，下了课，我几乎走不下讲台，要学生把我搀扶下来。

我想，干脆住校吧，傍晚回家吃完饭再回来。

住在学校里，平时就我一个人，有时候校长不回家，我们就做伴儿。有我住着，也算守着学校。

当了民办教师，我心里有了着落儿。村里已经包干，我也有地，每月还有十四块钱的津贴，已经很不错了。钱我不舍得花，学校里没有音乐、美术老师，我用津贴买了个录音机，花了一百多，用磁带录下歌曲，上课放给学生听。我五音不全，一唱就跑调儿，恐怕会让学生笑塌了课堂。

绘画我也不会，就比着葫芦画瓢，画个红旗画个山。最难的是画了个茶壶，小壶嘴儿怎么画都歪着，学生就在下边大笑。

当老师，天天上课，事情都是发生在师生之间。我就说说学生的事儿，太多太多，多得都忘了。

我刚上任不久，班里有个学生，课下打拐，两人都盘起一条腿，跳着往前，两个膝盖互相撞。可是他一下子摔倒，腿断了，很厉害，只好躺在家里养伤。我每天放学后，就到他家补课，我也拄着拐，连续补了一个多月，一天也没耽误。后来这学生好些了，才拄着拐到校上课，又过了几个星期才好。

印象最深的是张贵才（化名）。因为我住在学校里，有人告诉我，张贵才偷了学校的木杠子。那杠子有一扎多粗，三米长，他趁着没人扛回家了。这可是个大事儿，我跟校长说了，校长找到张贵才，可是他就是不承认。

后来我和他谈，他问我，你有什么证据？

我一看窗玻璃，就问他，你从这里能看到那个后窗户吧？

他歪头看看，说能。他不知道我卖什么关子，后窗户有块玻璃破出一个洞。

我说我也能看到。

我又说，改了就是好学生，但是你要说实话。

他说老师，既然你看见了，我就说吧，我每天把木杠子从玻璃窟窿里往外伸半截，下午没人，我再往外推一推。早晨我早来，在墙外边垫上石头，最后再从外边把杠子抽走。

我问，你要这根杠子做什么?

没想到他说，老师，俺家太穷了，俺爹不管家，在外边赌钱，我想盖间小屋学习。

我心里一下子感到了酸楚，最后我说，我到你家去看看。

我去了张贵才家，就是三间破屋，南墙根下堆着好多白石头，一边竖着的，就是那根木杠子。我问石头是从哪里弄的。张贵才告诉我，是他和几个孩子从水塘边推来的。

看着这个朴实的孩子，我心里不是滋味儿。我说贵才，以你现在的能力盖不了房子，你就跟我住吧，安下心好好学习。

张贵才就跟我住到学校里，师父徒弟一张床，我也给他辅导。这个学生是个怪才，背课文他就是背不下来。我布置好背诵哪一段，第二天语文课点名检查。张贵才从头天下午就开始嘟囔，反复地读，反复地背，可他就是读一百遍也记不住，可是数学呢，他一看就会。

后来张贵才考上重点初中，上了一年，因为受了批评，竟然一赌气不上了，谁劝也不听，孩子脾气有点儿邪。

张贵才回到村里，看到变压器经常停电，他就跟妹妹说这不行，我要到县里找他们要电!

他就是个孩子，可还真有股子邪劲儿。他夜里三点起来，一个人步行往县城走。没有手电，荒山野岭，走到一个大坡下，突然发现前边有个红点儿，可他还是往前走，走近了，才看见一个人蹲在那里抽烟。

到了县里天也亮了，他先到变电所反映情况，人家说你得到供电局，他还真的找到了供电局。人家一看是个小屁孩儿，听了听就打发他回来了。

他把经过告诉我，我问他害怕不害怕，他说怕什么，死就死!

开始兴打工了，张贵才就到铁路上干活儿。这孩子就是有点子，他打工的一个伙伴儿，爷爷就在铁路上。伙伴儿跟他说，铁路上招工，爷爷要让他成为正式工人了。张贵才一听，半夜三更就来到“爷爷”家门口，坐在那里等着。

天一亮，门开了，他站起来，看着人家的爷爷说，爷爷，我是谁谁的好朋友，你能不能也帮帮我，招工也把我招上，俺两人也好做个伴儿。人家一看小孩儿闯实、聪明，就说好好，告诉我名字，我试试看。

就这样，他也成了工人，分到了安徽。

多少年后，张贵才回来看我，说老师啊，后悔了，后悔了！

我说你后悔什么？

他说，人家高中生能看懂图纸，我就是领着人下苦力干活。人家每月九百多元，我才八百多，晚了，晚了！

现在，张贵才做药材生意，回家就过来看我。我盖房子的时候，他碰上了，送给我两条烟一支钢笔。他笑着说，老师，我还是忘不了偷杠子的事儿，你要是简单粗暴地处理，我就是个贼，那就完蛋了，没名誉了，可是你到俺家看看，又让我跟着你睡，给我辅导，俺爹也没对我这么好。

可我不能收学生的礼物，就把东西送给他爹。

张贵才知道了，很不高兴，觉得我好像瞧不起他，完全误会了。唉，我爱人去世后，又找了现在的老伴儿，张贵才回来，也不到我家耍了。

有个张玉石，也是我班的。那时我已经成了公办教师，到泉子中学教五年级。人虽然转正了，但是还没发工资，到了 1993 年才发。当时我走进教室，看到张玉石穿得很破很旧，也不说话。

收学费的时候，他说老师我没有钱，说完脸就发红，低着头。

我问他，你跟谁生活？他说跟着奶奶。

我问他，早饭怎么做？他说奶奶做。

我了解到，他父亲去世后，母亲改了嫁，他就跟着奶奶过日子。回来我就找到校长，说能不能资助一下。校长说，学校里也没有多少钱。我就发出倡议，让大家捐点儿，积少成多。我先捐了二十元，小孩手里也没有钱，最多就是块儿八毛的，最后凑了百多元钱。

我把钱交给张玉石，他不说话。

我说玉石，拿着，回家给你奶奶。

他就点点头，把钱接过来，慢慢地揣进兜里。

学校给他免了学杂费，那时没有学生食堂，能做的就是这些了。

张玉石学习一般，初中没上完就去打工了。

前年，他突然找到我，说胡老师，当年你帮了我的忙，我感谢你。

他告诉我，自己在日照成了家，日子过得还不错。

我说，这就好，这就好！

北泉二村，有个学生叫李冬，他父亲原来也干教师，和我是曾经是同事，后来从了政。他知道我做事儿认真，教得好，就把李冬姐弟俩一块转到这里，觉得跟着我，考重点高中有把握。

李冬和他姐姐都很刻苦，第二年果然考上了。他父亲在路上遇见我，说李冬正准备考大学，问我报考医学院行不行。我说如果他喜欢，那就没问题。后来，李冬上了山东医学院，现在改成山东医科大学，他留校读到博士，然后又出国留学，现在德国工作。父母老了，都被他接到那里。

李冬还在医学院工作的时候，我到济南荣军医院做假肢，因为我腿脚不方便，想他，也没能去找他。

刘校长，就是当年鼓励我、托人捎给我保尔那本书的校长，也把孩子送来了，他说小胡，刘宁跟着你上吧，你费费心。我说我尽心尽力。后来，刘宁考上了大学，毕业后当了工程师，现在海拉尔一家大型企业当老总。

三

我到了 1996 年才结婚，村里有我的地，两口人，一亩二分。我这个样子，都是老师们帮我种，帮我收。后来我转正了，按规定必须住校，校长和老师们还是给我帮忙，我找来拖拉机，有的老师就会开，他们对我真好。

我爱人离过婚，是男的过错。她原来也算是我的学生，就是没教过她，她上到四年级就辍学了。她哥哥是我的亲学生，初中我是他的班主任。女的离婚后，回家问她嫂子，胡老师有没有成家啊？她嫂子说，好像是有了，那天我看他领着一个女的。她们又打听，那女的是我妹妹。这样，她又问嫂子，胡老师能干活吗？她嫂子说，好像能干，车子推不了，可是锄地行，秋天我还看见他刨地瓜。

她就托人来找我，我说看看吧。

她也告诉了她父亲，老人没说同意，也没反对。

我也老大不小了，本村人也都了解，没有别的就结婚吧。

她长得高大魁梧，胖。我不知道，从前她是跟别人走的，连结婚证都没打。我和她去订婚，人家说，你们如果要孩子，需要审批。我这才知道，她和前夫有个女孩儿，我们再要孩子，相当于二胎。

我想，等就等，二胎就二胎。到 2002 年，政策放开二胎了，可是我们一两年没有孩子。我住在学校，周六还要上课，平时没有特殊事情，不准回家，可能这么耽误了。到了 2005 年，才有了这个儿子。

我爱人血压高，经常头晕，她太胖了。可是她很固执，就是不爱吃药。我在学校里，孩子大些了，上学跟着我，她平时就没事儿干，在家无聊，就爱上了打牌，小事也大大咧咧不在乎。就她一个人在家，不玩干什么？可是她经常忘了时间，有时候还到深夜。

我回到家，多少次嘱咐她，你不能这样没白没黑，身体不好，自己不注意，我又不在你身边，很容易出问题。她总是说，没事儿，没事儿，熬了夜，睡一觉就补过来了。

2015 年 11 月，阴历是十月初五，那天下了小雪，我正好在家里。头晌，她说头疼，我也没怎么在意，因为她经常头疼，休息一下就好了。

我说，明天咱们到医院查查。

我儿子上六年级了，他说爸爸，明天是星期天，咱们今天就去吧。

我说好，马上叫了一辆车，车很快就过来了，停在门口。

可是，车还没上去，她就倒在地上了……

我照顾她不够，我一门心思想着教学，回到家，爱人做好了饭，吃完我就往学校赶，根本没有好好陪她说说话。如果我们两人住在一块儿，我督促着，该吃药的吃药，该打针的打针，也不会出这个事儿。孩子很小就没有妈了，我对不住她，对不住孩子。

这是我今生最大的遗憾。

想想自己，少年失去了一条腿，长大了考大学不合格，中年又丧妻，坎坎坷坷，不堪回首。有时候我就想，这辈子，我就靠这一条腿登山啊，跌倒了，再爬起来，爬起来，再走。

有时候我站在讲台下，看着自己十几年、几十年站的地方，上面的砖，都磨光滑了。我就是一块砖头，因为那次事故，就被固定在讲台上，这就是我的命。

我失去很多，但我觉得不是失败者，我教出了成百上千的学生，我可以说，我对教师职业是忠诚的。现在，教师的待遇不低，我又是副高职称，每月的工资花不了，想到我小时候受的苦，受的罪，我真是知足了，知足了。

侧记：

知道胡连顺老师的情况，我们要到他家，可是胡老师说我去，我去！我们说不行，你不方便。胡老师坚决地说，方便，怎么不方便？我开车去！

胡老师坐在那里，看着我们讲述，目光专注、深沉。完了，他告诉我们，他不光学会了开车，手机、电脑也很熟。他平静地说，我对新事物总是感兴趣，看到新鲜的知识就想着弄明白，不觉得自己年龄大。学校里好多老同事，不会在互联网上办业务，都过来找我。我想我腿不行了，脑子要行，观念要行，要对生活充满热情，这么多坎坷我都过来了，怎么着也得有彩虹啊，你说是不是？

眼不亮了心要亮

（程贵超，莒南县经济开发区南石桥村村民。莒南县十大杰出青年，山东省自强模范，山东省残联先进个人，临沂市残联先进个人等。）

我眼睛看不见，是因为我母亲。

我小的时候生麻疹，老百姓叫生“沙子”。生出沙子怕见风，我在家里躺着，母亲她不懂啊，把我捂得严严实实，引起高烧，几天都退不了，眼睛从此就失明了。

我那时才两岁，记不着，村里的老人都知道。

这也成了我母亲一辈子的心病，我大些的时候，母亲摸着我的头伤心地说，儿啊，我就拉巴你这一个孩子，就想着你长大成人，没想到……当娘的对不起你。

说完，我就听见她抽抽嗒嗒地哭。

我说，哪个当娘的不巴望自己的孩子好啊，你不可能想让我这个样儿，我不怪你。我觉得母亲不容易，不埋怨她，她就够难受的了，你要再怨她，就是再往她心上插刀子。

母亲没有文化，她十三岁家里就给定了亲，十五六岁就嫁过来了。

当时我父亲二十三岁，兄弟五个，他是老四。家里穷，我三个大伯都是光棍子。后来，我五叔抗日，参加了八路军，是伤残军人，他复员回家后结了婚，生了五个闺女两个儿。

俺爹老实巴交，可是很耿直。早年他给生产队里看坡，扛着个铁锨在田里转悠，碰上偷草、偷庄稼的人，决不留情面，有些人就恨他，背后里骂他“曹操”，戏台的曹操不就是坏蛋嘛。其实，我父亲人不坏。

我没有兄弟姐妹，后来我才知道，母亲不生育，我是抱养过来的，我的身世至今是个谜。

这事儿开始家里瞒着，我老大了邻居才透给我，可我也不打听，把我养大了，就是亲爹亲娘。

我们这个村子很大，当时就有四百多户，一千五百多口人，主要是姓程的，我在村里辈分不大不小。俺村都是平原地，后边有一条河，叫白马河，两岸都是树木，河水常年流淌，河上有一座水漫桥……这都是我眼睛好的时候，模模糊糊的印象，有些情景早就记不着了。

我眼睛坏了，小的时候就是待在家里，十几岁了爹娘才领着我出门，我五叔家的姊妹兄弟也领着我。我走到街上，好多小孩在后面喊，瞎汉！瞎汉！有的在后边拍我一下，戳我一下，马上就跑了，但很少有孩子欺负我。

我和大部分孩子很好，出门、回家，都是他们领着送我。后来，我开始摸着墙走路，熟了，就靠记忆出来回去。

我出门就坐在大街上，街上人多，大人坐在那里拉闲呱儿，家长里短，我就在一边听。有人讲故事，讲杨家将，讲程咬金打擂台，讲回龙传，我听得入了迷。这些故事，有的是镇上说书人讲的，村里人记住了，回来说给别人听，有的就是识字的人看书后再说给大家。

我慢慢地长大了，父母就开始犯愁，眼睛看不见，以后怎么办？有人说，也学着算命抽卦吧。邻居给我找了个师傅，是马蹄湖村的，离我们十二里路，姓李。我父亲专门去找了他，他也答应了。这个人我也知道，他经常到俺庄给人算命，先问再说，说着说着，就拉着一把坠琴唱起来。

父亲告诉我，给一家算命，可以挣三毛两毛，抽一卦是五分，比在地里干活强多了，还能吃香的，喝辣的。我也小，说不上乐意不乐意，有瞎汉来了，我就让别的孩子领着我，跟着听。过不了几天，别的瞎汉又来了，我又跟着听。就这样听了几个，我就不信了，坚决不干这事儿。我对父母说，社会在往前走，我不学这些，人家说这是封建迷信，我要走新路，你们放心，我以后的生活保证比你们现在好！

那时正搞“四清”运动，村里住进工作队，队长叫朱子斌，是县供销社的会计，他读了不少书，很有文化。当时我十多岁，就跟在他后边耍。有一天，他在看书，我说朱叔叔，你看的什么书啊？他说是毛主席的“老三篇”。我说你教教我行不行？他说好，我念一句你就说一句。

就这样，他念一句，我念一句，念了三遍我就全记住了。

朱子斌惊奇地说，你脑子怎么这么聪明啊！

我头一次听到有人夸奖我，还是县里的工作队，一下子把我的心劲儿给激起来了。“老三篇”背过了，朱子斌又教我背诵《反对自由主义》，很快又记住了，至今我还能背上几段。

因为我背诵得好，后来，还代表俺庄到公社背诵毛主席著作，大人们没有不夸奖的。好多人说，可惜了，孩子真是好孩子，可惜看不见。

我听见了，心里很难过，朱子斌教育我说，贵超啊，你要做个有用的人，不能白活，眼睛失明了，可是心不能失明。

我从此记住这句话了。

在家里，我尽力地帮着俺娘做家务，做饭她烧火，我给她拉风箱；帮母亲推磨、洗菜、洗地瓜，能干什么干什么。再大点儿，我就参加生产队的劳动，拔草，摘花生，剥玉米，干些适合自己的零碎活儿，帮着家里挣工分。

没有合适的活干了，我就和小伙伴们耍。可是，他们都上学识字儿了，我就让他们念课文给我听，从课文上的故事里，我知道了黄继光、董存瑞、刘胡兰这些英雄人物。

我羡慕学习，没事儿我就到小学去听课，我就站在窗户外，躲在一边听老师讲，尤其是语文，他讲完了我就记住了。等到下了课，我就到办公室，不懂的再问老师。老师很仔细地给我讲，完了叹息说，可惜了你这聪明孩子。

我坐在那里，就愿意听老师说话。我经常伸手去摸摸书本儿，摸不够，我知道那些内容都在书里面。我记得很清楚，有一次，新课本到了，我坐在一边，立即闻到新鲜的香味儿，后来才知道那是油墨香。

语文老师是俺庄的程艳香，我叫她四姑。四姑对我很好，她说话温柔，我每到学校，她就摸摸我的头。我离开的时候，四姑就让学生领着我，一直送到家。这时，四姑递给我一本新书，说贵超，你摸摸吧。我就慢慢地摸，摸着封面上那些个图画，然后再摸里边，心里觉得很甜蜜。

临走，四姑特意把她不用的课本给了我。我把课本带回家，虽然我看不见，但里边的内容我都听过了，记住了，课文的顺序一准颠倒不了。我打开课本开始念，一页一页，一篇一篇，那可真是瞎念呀，就是为了过过上学的瘾。

我又到学校去，四姑就问，贵超，念了吗？我说念了，接着就背诵出来。四姑听完，又摸摸我的头，连连说，可惜了，可惜了。

还有个老师叫程学爱，我叫她姑奶奶。姑奶奶不会唱歌，我呢，在村里听别人唱什么歌，听一遍就会了，所以她就让我教学生唱。有时候她先来找我，跟我说要教什么歌，我听到村里谁会唱，就去找他，让他唱一遍，这样我就会了；有个老师会简谱，我先听他简谱，会了，再教大家。

星期三和星期五，都有两节课唱歌。姑奶奶就把歌曲抄在黑板上，让我上台，对学生说，下面，贵超领着大家唱。我高兴啊，唱北京的金山上，唱北京有个金太阳，唱我们走在大路上，唱一条大河波浪宽……我把大家教会了，俺姑奶奶说，你们看，贵超的眼睛不好都学得这么好，你们更要好好学习。

那几年，我心里充满了阳光，我想，我成了对别人有用的人了！

再大一些，嗯，就是1970年左右，我经常就问自己，我这样的人，能干什么呢？大事儿我干不了，可以干些小事儿啊。毛主席不是说了，一个人的能力有大小，只要做出对人民有益的事儿，就是个高尚的人，纯粹的人。

我经常到大队办公室里耍，发现星期一来的信，星期五还堆在桌子上，还有九个生产队订的报纸，都是大众日报农村版，大家很忙，可也邋遢。

我和大队会计很好，我说我捎着吧，给各家送过去。

就这样送了一阵子报纸和信件，我对老书记说，三爷爷，有没有合适的事儿让我干，不能让人觉得我就是个残废人。

他说，大孙子，你还用干什么？不干村里也得照顾你。

我说我才这么大，日子还长着呢。

老书记说，我考虑考虑吧。

三天后，他跟我说，大孙子，这些报纸，以前就靠支部的人往各家捎，咱庄又这么大，你就专门负责送报吧。

我说好，信我也送。

老书记说那更好，村里给你点儿平均工分，也算帮帮你家里。

我说，这个我不在意。

到了1975年，村里订报、送报、送信、送包裹，还有电报、汇款单等，都让我来干。我还在大喇叭里宣传，号召大家订报纸，关心国家大事。

收发需要盖我的章，我就让一个学生领着，到北石桥村找人刻章，刻一个章要几毛钱。往那里走的路上，要经过石板桥。走到桥上，没想到我一脚踩空，掉到水里了，水没到了膝盖。那是冬天，棉裤全都湿透了。学生也小，拉不动我，幸亏一伙人在不远处挖塘泥，跑过几个人来一齐拉，才把我拽出来。

到了刻章的人那里，一看我这个样子，他把学生熊了一顿。给我刻完章，坚决不要钱，章是用牛角刻的，很结实。

邮电局的那个人叫王永春，看我干这事儿很认真，进村他就把报纸信件全交给我，章一盖就走人，他说老侄子，你可省了我的力了。

我挨家挨户送报纸送信，磕倒、撞墙是常有的事儿，最严重的一次是撞了眼。

我眼睛看不见，王永春每次送来信，先把信拿出来，给我念收信人名字和寄信人的地址。他念完一个人，就把信给我，我就按方位排，哪个方向，哪些人，把近的排在一起。完了，我就坐下来摸信封，找标志，邮票贴的位置不一样，信封大小厚薄不一样，这样，所有寄信人的地址全都记在心里了。我把信交给收信人，就让他念一遍寄信人地址，核实无误，我再到下一家。

俺村里有两个人叫程守宾，两家前后隔了几排房子。小程守宾和我同岁，大的我叫他三哥。开始我不熟悉位置，就到门口去问，木头门一下子撞到我的眼上边，当时就流出血来了。我一手捂着头，一手摸着墙往家走，有个人看到了，说贵超，血流得怪多啊，说完就送我回家。

这时，正好我的邻居路过，我叫他二叔。二叔推着车子送粪，回来捎了一车土，他紧忙把土倒掉，把我放到车子上，先推到村卫生室，包扎后，血还是止不住，他紧接着又跑了七八公里，把我推到县医院。

俺村我一个小姑就在医院工作，她过来看我，说贵超啊，别干了。

我说好了我还得干，还有碰不上点儿事的？

老书记也过来看我，说，大孙子，别干了。

我说，好了我继续干，不干点儿事，心里不得劲儿。

我住了三天院，没什么大事儿。回来继续打消炎针，前后花了一百多元，村里要给我报销，我说，我干这点儿事不能报，影响不好。

吃了这点亏以后，我想，以后再也不能撞到墙上了。

我开始在村里丈量，用步子数着走。大街小巷全都量，一直量到烂熟于心。开始，有人看见了，说贵超，你这是练步伐啊。我说别说话，你一说我就忘了。有一次我走歪了，一下子掉到河沟里，脚脖子崴了。等脚脖子好了，我再量。最后，全庄大街小巷、小沟小坎我全都熟悉了，走起来，不用心想，就凭着感觉，熟得很。

不久，村里搞规划，有的地方变动了，不要紧，再重新量。

我被大门碰破了脑袋，所以我对每家每户的大门，全都摸着了解。门上什么锁，锁多么高；是什么样的门鼻子，单扇门还是双扇门；谁家大门有挂落，有几节；有的门，就是独板。……我也熟悉门环，村里多数是两个门环，我挨个儿摸，有大的，有小的；有高的，有矮的；生锈的或不生锈的，有带门插的，就是中间用铁棍儿穿过；有的门板上油漆，有的不上油漆，这些我都能摸出来……

这样，我送信送报，看不见也能如履平地，放心大胆地走家串户，老大的村子，全都装在我的心里。

送信送报，我干了四十三年。

这些年，我出来了，住在敬老院里。村里人又来找我了，因为村子太大，好多人到外地打工，多年不回来，家里就是闭门锁户，有的就住到城里不回来了。小青年从小在外边上学，看着一个一个宅子，根本不知道谁家谁家。

上边要搞新农村建设，要改造旧环境，村里先要搞规划图，可是把他们难住了，就来找我。我说不用查了，也不用找别人，你说吧。他说出一排房子，在哪个位置。我说前边是条沟，或者是坑，东邻是谁家，西邻是谁家，哪里有一棵树，是什么树，旁边有一土堆……我这失明的人，倒成了活地图了。

后来俺姓程的修家谱，我也熟啊。小时候听大人拉呱儿，上几辈的人是怎么回事儿，谁和谁近，谁和谁是一支，老大老二各有几个儿子几个闺女，都叫什么名字；谁是光棍子，谁的闺女嫁到哪里，我都记着。往上推，我能说到七辈以上，所有姓程的家谱，还没修就装在我的脑子里。我们三个老祖，是明代中期，从南边的沃土村迁到这里来的。续家谱的人说到谁，我就能往上说，一直说到他们根上。后来家谱修完了，他们给我拍了照片，还把我的事迹写上去了。

你看，我这不是有用的人吗?

别看我是残疾人，我还能帮助村里的残疾人。我有个二叔，叫程守兰，离我家很远，就爷俩过日子，他也是个光棍子。后来，他得了一种病，慢慢就瘫痪了。

这个人识字儿，还当过民办教师，就因为得了病，学不能教了，把他父亲生生地愁死了。

二叔比我大十几岁，那时候我正送报纸，还入了团，就倡议给他订一份报纸。大家同意了，捐款，我还捐了五毛，给他订的是农村大众报。

我去给他送报纸，他说大侄子，我怎么感谢你?

我说理所当然，我也双目失明，我理解你。

他说你还能走路，这里那里走，我睁着眼但爬不起来了。

我经常到他家里，陪着他聊天，给他解闷儿，他很孤独。

报纸给他订了两年，后来，因为他的眼睛流泪，不能看了。

他躺在床上，我就在下边坐个小板凳，陪着他说话。

他很消沉，叹息着对我说，我要是不这样，也能继续干教师。

我说，谁都想一帆风顺，有些事儿不以自己的意志为转移，我要是眼睛好好的，也不至于这个样儿，面对现实吧，让你摊上了，谁也没办法，苦恼也没有用，你还识字儿，道理比我懂。

他说大侄子，你说得在理儿。

……

现在，我住在敬老院，谁要是心里不痛快，想不开，我就和他谈心。我说还有什么想不开的？看看我，你就知足了，我都知足！

我父亲去世时八十三岁，我母亲去世八十岁，都得的是老年综合征。没有病之前，母亲对我说，等我老了，你怎么办啊？我说，我相信不会遭什么罪，不是说我能挣什么钱，社会一定会对我照顾，你就放心吧。父亲也对我说，有俺们在，孬好算是过着安顿日子，我们要是走了，你怎么过？我说走到哪步算哪步，我相信我走的路比你们老的时候要好！

我最闹心的事儿，就是父母不和，两个人，啊呀，闹了一辈子仗。我父亲脾气又倔又硬，不懂感情，就是块石头。俺娘脾气也拗。两个人，为了点儿鸡毛蒜皮的事儿就开战，一句话不来就开腔，你骂我，我骂你，嗷嗷地吵，谁也不让谁。如果这时候来了外人，两个人就不吱声了，人家一走，马上再开始。有时候，我都气得蹦蹦儿。

后来我想，父亲一辈子不原谅母亲，就是因为母亲把我误了，他说不出口来，但我心里明白。我就生我爹的气，我都不埋怨俺娘了，你还记恨什么？

我五叔走得早，可我的兄弟姐妹对我很好，过节都是让我到他们家。过年了，吃完饺子，他们再领着我到老人家拜年。平时，他们都给我洗衣服。我的二弟媳妇，要做好饭了，先给我打手机，说哥哥你自己别做了，到俺家来吃。

我一个人住了五间屋，亲友们的好多东西都放在我这里。我说放吧，尽管放，闲着也是闲着。院子里脏了，都是他们帮我清理、打扫。没事儿，我就在庄里到处耍，想到哪里到哪里，路熟啊。可是，这些年村里人买了好多汽车，出门我也得小心了。

我最乐意和村里有文化的人聊天，最喜欢大学生，他们放假回来，我就去找他们。高中生要考大学了，我就到他家，嘱咐他们，考试别紧张，别慌场，心态放平。

邻居家闹意见，我就去调解，现在我老了，成了长辈，我说话，他们听。

上边越来越关心我们这样的人，1993 年 3 月 18 日，省残联来看我，还送给我一块盲表。到了 1998 年 8 月 17 日，我被评成了先进，要到省里开会。到了济南，一下车，我听到有个女的说，你们好！我立即说，白理事好！那女的很惊讶，说您怎么知道我的名字？我说五年前你到过我家，待了一个多小时。白理事立即跑过来和我握手。

我耳朵很灵，俺村里那么多人，一说话我就知道是谁。早晨天快亮了的时候，是公鸡打鸣告诉我，到了傍晚太阳落山的时候，我也能感觉得到，也不知道为什么。

我经常说，我是最痛苦的人，也是最快乐的人。我的眼睛从小失明，可是我心里亮堂，我最大的快乐是没有白活在世上，还干了些力所能及的事儿！

侧记：

程贵超身材高，走路昂首挺胸，说话声若洪钟，坐在我面前说他自己的经历，看着我，滔滔不绝，让我几度忘记他是双目失明。程贵超的心很大，很宽，心里没有埋怨，没有消沉，因为一生干了些力所能及的对别人有益的事情，也让他找了存在感，这存在感变成了自信和快乐，成为他灵魂里的阳光。

我的右胳膊没了

（蒋洪霞，莒南县十字路街道温泉社区居民，山东洪祥包装有限公司总经理。莒南县创业之星，莒南爱心大使，临沂好人，山东好人等。并获临沂最美家庭，临沂市文明家庭，山东省五好家庭等。）

一

我小时候又干巴又瘦，就是勤快。

我有两个哥哥，姊妹五个我是老四，他们都叫我红霞。我名字叫蒋洪霞，洪水的洪。

我上初中的时候，家里已经很困难了。就是因为供应不起，我二哥初中毕业就当了兵。大哥高中毕业，考大专只差一分，也是因为困难，不再复读了，就到一家木器厂做了木工，在本村找了媳妇成了家。

我思来想去，回家说，我也不上了。可是家里都愿意我上，俺哥哥说，穷不穷的不差你，上吧。我说，我想好了，不上了。我妈说，你小，不懂事儿，以后你会后悔的。我说我不后悔，我不吃后悔药。父亲拉着脸说，后悔别怨我，小小孩子你倔脾气！

我是小，才十五岁。

我记事儿的时候，俺家就住着两间草屋，墙很矮，小石头垒的地基，上边是黄土墙。就是草门子，做不起木头门。两间屋，还要隔出一间做饭。我记得那年夏天，家里断顿了，麦子还没有黄，囤子里就没有地瓜干子了。俺爹到外边买粮食，我们就饿着肚子在家里等。可是下大雨，河里发洪水了，俺爹过不了河，转着路才回到家，俺姊妹们就在家里饿着等……（眼圈儿红了）

我小时候就帮着家里拾草、剜菜。我们村就在县城边上，看到电影院门口，有个大电扇呼呼地转，我就想，什么时候俺家里也有这个东西？

不上学了，我这样的干巴人能干什么？俺县师范有个冰糕厂，我就去批发冰糕卖，三分钱进来，五分钱卖。我闯实，不害怕羞，大街小巷一声一声地吆喝。卖了一些日子我就看出了门道，就到机关大院里卖，大院里人集中，不跑远路卖得也快，完了再去批发，一天我卖三四趟，一个月能挣好几十元。

我把钱如数交给俺娘，俺娘高兴了，说傻妮子，看看你，晒成个小黑蛋了。

看我能干，俺娘给我买了的确良、尼龙袜，裤子是中卡呢，她说，我得好好打扮打扮俺这个闺女！

我十六岁那年，社会上已经有了个体户，我就开始卖袜子。那时候，浙江的商户，把产品送到咱这里的商店代销。那是冬天，别人告诉我，我大哥的二舅子在店里当经理，我就坐着汽车到他那里提袜子，提上几箱赶大集，五块钱两双，一双袜子我赚三毛五,一个月能挣一百多元，回来还是如数交给俺娘。

我出门赶集，都是带上煎饼、咸菜和水，不舍得上饭店。当时，我还没有办上卖百货的手续，工商局经常查，查着就罚款。我找到俺大舅，让他帮忙。大舅带着我到了工商局，人家一看我才十七岁，不够年龄，我脑子一转，用了俺大姐的名字，马上就给办了。这样，摆地摊，把手续亮在一边，工商局就不查了，只交两三元的摊位费。

我越干心越大，接着卖针织衣裳，卖布匹，到临沂、连云港、青岛提货，最远我跑到浙江义乌。近的地方我自己去，远了，我从村里找个人做伴儿。可是无论远近，俺娘都不放心，怕我不安全，我要出去，她都是把钱缝在我的毛衣里边。这样干，一月下来能挣一千多块钱，我还是分文不动，全部交给俺娘。

我能吃苦，在当地，要几天一个大集，我就扑着外地的大集赶，就是为了多赚点儿，远的我赶日照的巨峰集、碑廓集。我骑在自行车上，两边都加上纸箱子，上边再摞上几个，我怕驮少了，在集上不够卖的。我个子矮，骑车在路上蹬，从后边根本看不到人。一路上，不是坡，就是岭，上坡我就下来，弯着腰，使劲儿推着车子往上爬。赶碑廓集有个顺口溜：

九岭十八坡，

两坡夹一河，

爬上碑廓岭，

望见碑廓河。

我早起晚归，一天一二百里路，回来都是黑天。俺娘惦记我，心疼我，进门她就说，俺那闺女欸，使煞了！使煞了！——使煞，在这里就是快要累死的意思。

我也想让村里的伙伴和我一起干，走南闯北也有个照应，可是人家费不了这个力。我能干，我常说，一天挣一分，强过蹲墙根。

我到外地赶集，当地人也欺生。到了巨峰集，人家一看莒南县的也来了，这不是和他们争生意嘛。人家是坐地虎啊，看到俺的货好，卖得快，红眼了。

有两个小青年过来，凶巴巴地说，往后不准你们到这里卖，再来就打！说着，还要给我们掀摊子。胆小的人吓得往后缩，我不害怕，眼瞪着他们说，我偏要来卖，这市场也不是你家的，你大小伙子欺负外地人，算什么好汉，你不出门？你不到俺那里赶集？

那两个人不吱声了。

后来，在碑廓集上，又碰见他们了。我笑着说，你们这不是也到外面来卖呀。他们就笑了，说好好，咱们不打不成交，以后我们帮着你出摊子。

等我又赶巨峰集，他们真的在好地段给我占了摊位，还帮我卸车，成了好朋友了。

干了几年，俺娘总是不放心，她总是叨叨说，闺女啊，别干了，丁点儿小孩就费这么大的力，你一出门，我这心就挂着，路上汽车那么多，你不进家我就放不下，眼皮一跳我就害怕。

俺庄里建了个温水泉大楼，在村里招工。

俺娘说，不赶集吧，到大楼干点轻快的，也安稳。

我说我不干，一个月三十多块钱，还不够我一天挣的！

俺娘就骂我，死丫头，钻进钱眼子里拔不出来了，不干了，不干了！再干，我让你哥哥把车给你砸了！

二

禁不住老人整天为我挂牵，我只好回到村里，到温水泉大楼当了服务员，分到餐饮那边。

干了时间不长，我怎么能想到，大祸就要来了。

那天，是下午四点多，我们几个人准备蒸馒头，和面用的是机器。

面和好了，我按下开关，从铁斗子里，一坨一坨往外抓面。

我没有注意，村里一个小女孩儿进来玩儿，看见机器上的按钮有红的，有绿的，她很好奇，弯下腰就伸手按，突然按到了绿按钮，机器轰的一声转起来，一下子把我的右胳膊拧了进去，疼得我很惨地大叫起来！

人们呼啦跑过来，赶紧关上机器，我整个人就吊在斗子外边。机器拧进我的胳膊，拆都拆不开了，幸亏大动脉被人用皮带扎住。当时我浑身都被汗湿透了，但是很清醒。机器不能往回倒，不倒胳膊就出不来。人们立即拆机器，等把机器拆开，我的胳膊已经在里面两个多小时了。

村里人都赶来了，俺爹、俺娘、俺姐姐、俺哥哥都来了，俺本家的三奶奶也来了。怕俺爹娘受不了，村里不让他们进门。

县里赶来了医生，给我打了麻药。我说我口渴，医生说你出血多了，先忍住。我说医生啊，你千万保住我的手啊！医生说你放心，过会儿我给你包包就好了。其实他是哄我，我的胳膊，在机器里面已经搅烂了。

急救车拉着我到了医院，立即进了手术室，麻药也醒了。医生说，姑娘啊，你的手保不住了，我尽量给你截得小一点儿。然后，又给我打上麻药，我就什么也不知道了。

等我醒来，一看这个样子，立时放声大哭，可是，我光哭却流不出眼泪来了。

俺姐姐、姐夫，俺大哥、俺姨夫……所有的亲属都来到医院里，陪我就是劝我，给我说张海迪怎么怎么，说你要振作起来，日子该怎么过还怎么过，以后也不会孬了。

三天后，我在病房里打针，这才让俺爹娘看我。俺娘一看，当时就休克了，医生马上在门口给她挂上了吊针，她光哭，不吃饭，也不说话，就是哭。

俺爹是个老实人，就蹲在门口抽烟，平时他话就不多，对过来探望的人，他就是重复这句话：俺闺女她最听话，真没想到。俺闺女她最听话，真没想到……

我二哥当兵在威海，他和我是挨阶（方言，哥哥后边妹妹出生，就像台阶）。对我最亲，他当兵走的时候，我哭，想他了我就偷偷地哭。那时候也没有电话，他接到家里的信才知道，知道了他在军营里放声大哭，埋怨家里为什么不给他打电话，为什么要截去胳膊，文登县有专门治疗的医院。

部队上专门让他回家看我，我那时候已经出院了，一见我他就光流泪，也是什么都不说。（眼睛红了，半天不语）

住了一个多月的院，出院后，我就憋在家里，任何人都不见，就到我三奶奶家去。三奶奶和俺家隔了两个胡同，村里人都到地里干活去了，人少的时候，我就到她家，觉得快到中午了，我赶紧回来。

我心里很悲伤，夜里十二点以前我根本睡不着觉，我总在想，我没有得罪过谁啊，没做亏心的事啊，为什么灾祸轮到我头上？我躺在床上流泪，蒙着头哭。慢慢地，我变得自闭了，不愿意吃饭，瘦得只有七八十斤，风一吹就要飘起来。

俺娘总觉得对不住我，是她让我回来干的，好像我遭到这个祸，是她的责任。看着我，她就流着泪说，妮儿，全怨我，全怪我！

我说娘，你别伤心了，我命该如此不怨天！

就这样，我在家里憋了整整三年。

我也到了谈婚论嫁的年龄了。从前，好多人家看我勤快能干，长得不怎么俊，可也不算丑，提媒的经常到俺家。可我呢，不知为什么眼眶子还高，一般的我还看不上。有一回，有人给我介绍了一个人，长得黑不说，外表很邋遢，我一看，倒头就走，连话都不和他说。

自从出了这事儿，也就没有提亲的了，偶尔有，也就是凑合的那种。

我不愿意，人家就劝我，说的都是残疾人怎么怎么着，不劝我都难受，越劝我越生气。

俺娘说，好皮没有贴泥巴的，你现在是穷嫌富不要，好的咱也想找，可咱这个样儿，人家谁要啊。

俺爹说，洪霞，找个老实的，实诚的，对你好就行了，穷咱不嫌乎。

我不说话，窝在心里的疙瘩还是解不开，我的心气还有，没有降到底儿。

我到上海做假肢，假肢要挂在左边的肩膀上，要想把胳膊蜷起来，还要用手扳，很不方便。我又到了上海交大医院，换了个带电机的，可是又太沉，觉得难受，就拿下来了。

在上海的医院里，我碰见一位大哥，青岛人，人真好啊！他曾经是个军人，搞爆破出了事故，两只手全都炸没了，可是，吃饭的时候，他坚持不需要别人。他说妹妹，不要自卑，这不是你的错，没有过不去的事儿。

他们几个残疾人，有的少了腿，有的少了胳膊，也有的坐在轮椅上，可是他们在一起有说有笑，一点儿也看不出与正常人的区别。

大哥对我说，妹妹，别憋在家里，走出去，勇敢地走出去。

这些人领着我，到外滩游览，和我合影。其中有位小姑娘，是从新疆来的，也是一只胳膊没了，可是她在外滩唱歌，跳舞，就用那一只胳膊，跳得很好看，姿势很美丽。她对我说，姐姐，这算什么？不要消沉，生命里要有阳光。

临离开上海时，小姑娘还给我留下她的地址，让我到新疆去，一定找她玩儿。

从上海回来，我就走出家门，先跟着俺娘到了大舅家。俺妗子还开导我，我说妗子，不用说了，我想开了！

在家，我不能当闲人，我要让左手灵活起来，我用左手写字，写文章，写一篇再写一篇，就是把我的经历记下来，日积月累，我练的纸也得有几十斤重了，都留在那儿。同时我也练十字绣，用双腿固定着，一只手织毛衣。我先给自己织毛衣，渐渐地熟练了，再给我弟弟织。俺爹、俺娘、俺姐姐都坚决不让我织了，疼我，我就偷偷地织，都给他们织上了。我用一只手洗衣裳、做饭，我擀面条、烙油饼、炒菜，我的手越来越有劲儿，能够握住炒锅把儿颠着炒菜。

我女儿结婚，我还给她绣了一幅牡丹，叫花开富贵，挂在墙上一米半。我用一只手，前前后后绣了三年，这都是后面的事儿了。

三

俺大姐就嫁在本村，我常到她家去。她的邻居看见我，想把我介绍给她娘家兄弟。俺娘一听，说不行不行，太远了，又是种地的，洪霞这个样儿，怎么干农活啊。姐姐的邻居还是不舍，她跟俺姐姐说，不行，就让俺弟弟来城里住。

人家说得这么迫切，那就去见见吧。我和俺姐姐，随着她邻居到了男方家。我一看，真是穷啊。他父亲得的是痨病，长年躺在炕上，就靠儿子种地，没有钱，有点儿钱就打针吃药了。家里三间破屋，里头什么都没有，就是点儿地瓜干子。男的个子倒是高，一米八五，可是瘦得那个样儿，走路都轻飘飘的。

可是，让我满意的，是他家里干净。我看出来了，不是因为我去相亲才打扫整理的，里外都干净，不光院子里整洁，就是墙旮旯也没有陈灰暴土。家里人穿得虽然不新不旧，可都很干净。

我想，这家人勤快，不光勤快，还要脸面。人穷不要紧，穷有穷的体面，不是灰头土脸，窝窝囊囊，我当时就觉得印象好。

他和我说，俺家里真穷，房子也破，你看，外面就是几棵树，几块石头，我如果去你家，也就是这些东西。俺爹这个样子，我要是出去打工，地就荒了，可我不打工，手里就没有钱。

这个人还是个孝子，我说，只要两个人好好干，不怕。

回来后，俺爹问我，人怎么样啊。

我说，人老实。

他说，人好就行。

我就回话，同意了。

结婚的时候，他卖了当季的花生，可怜，就卖了二百元钱。

他把钱送到我家，俺爹跟我说，就二百块钱，咱别要了，给他吧，不容易。

我很坚决地跟俺爹说，不能退，你闺女连二百块钱都不值吗?

我就拿着这二百块钱，自己再添上，到城里给他（老宋）买衣裳。结婚之前我又到他家，是阴历的十月十六。大冬天了，可他连棉袄都没有，我给他买棉衣，买棉鞋，买裤子，花了三百多元。

我要让俺娘家人看看，我找的男人不差。

他穿上新衣服，美滋滋的，光高兴了。他对我说，我十九岁去相过对象，也是这么冷的天，我穿着破鞋露出脚丫子，人家谁还跟我?

他来县城住，婆婆给了俺六个碗，六双筷子，就是粗瓷大碗。两袋地瓜干子，十斤米，十斤面，一小桶花生油也不满，是老人省下来的。还有三个空缸，让我们一个盛水，一个盛粮食，一个盛乱七八糟的。我说好，东西盛在缸里不招老鼠。

俺家里陪送得真好，俺娘早就给我备好了。早年我赶集卖服装的时候，俺娘就说，到时候不能亏待俺这个闺女。

老宋结婚后先住在俺家。到了第三天，俺娘说，咱要随老辈的风俗，三天后就要“离火”。离火，就是俺们自己过了。我们住到旧宅子里，俺娘早就给买好了炉子。我花了五元钱，买了菜刀菜板，就这样开始过自己的日子了。

我在街上摆了个水果摊儿，到了快过年的时候，我说老宋，你卖猪肉。因为他的叔伯兄弟在下边杀猪，进货方便。水果摊儿和猪肉摊子靠着，我也帮着老宋卖，卖了半月二十天，就挣了些钱。很快，老宋也胖了，也壮了。俺娘也疼女婿，做了好饭就让我们回家吃。

第二年我怀了孕，俺公公这年去世，我就把婆婆接过来。我说，娘你过来吧，咱们一块儿过，正好帮着我照看孩子。

开始我们也困难，老宋到了俺村的大修厂学修车，可是厂里效益不好，四个月没发工资。我生了孩子后，身体也不好，得了心肌炎，就在家里躺着。

手里没钱了，我也不好意思向亲人借。家里有面，我们就天天做面疙瘩汤。来了卖豆腐的，我身体弱，就想吃块豆腐。没钱，俺婆婆就用一小瓢黄豆去换，卖豆腐的欺负老人，割了一小块儿，根本不够秤。

最后，家里只剩下两毛七分钱，我们就用这两毛七分钱过了一星期。我说老宋，咱不能等了，不能靠了，咱得想办法。快要到中秋节了，俺姐姐在印刷厂，她说有个人推销月饼盒子，几天就赚了几十块，你们也卖月饼盒子吧，就从我们厂批发。

我向我二姐借了两块钱，坐车到了壮岗镇，拿了一个样品。老宋就拿着这个样品到处跑，预定，这样，过节前我们就赚了一千多块。

老宋知道疼我，他在大修厂干活儿，手上碰出了伤，单位让他到医院拿药，能报销。老宋去了医院，医生给他开了消炎药，他想了想说，大夫，我不要了，你给我开丹参片吧。他拿着三瓶丹参片回来，让我吃，我真是感动。

婆婆来到俺村，当然在儿子这里住，可是她把一些地瓜干子、花生米，还有一些破烂儿，都放到女儿家，就是俺姐姐的邻居。我一看就明白了，老人担心我待她不好，最后住不下去了，真到那时，再住到闺女家，她是给自己留着后路。

婆婆人很老实，还是新中国成立前的老革命，在庄里当过妇女队长。她不识字儿，就是能干，年轻时因为干得好，上边还奖励过她一把铁锨。我说娘，这里就是你的家，我真心实意待你，我吃什么你吃什么，哪里不好你就说，你把我当你闺女就行了。老人很厚道，就是因为我公公的病，家里才穷成那个样儿。但是老人一身清气，早年她经常开会，什么道理都明白。

我回到家，就和俺婆婆说话拉呱儿。她说我，我也不生气；我说她，她也不生气。老宋不在家，我就坐到俺婆婆的床上，俺婆婆也常坐在我们的床上，娘俩很亲密。

我喜欢吃黄豆面子炒菜，她就经常给我做。我生意不顺心了，她就说，洪霞，把心放开，你什么没经历过？还有什么大不了的事儿啊。

我们搞了印刷，就得经常出去。我临走，就告诉俺婆婆要几天回来。到了回来的日子，她总是到门口，一次一次地望，最后就站在那里等着我。大老远看见我了，她就转身先往回走，往回走是忙着给我做饭。家里的事儿她不让我干，总是说，我闲着干什么！

在家里，我到哪里，婆婆就跟到哪里。我赶集去了，她就坐在门口。她出去了，我怕她迷了路，也跟着她。她喜欢吃清淡的，喜欢喝奶粉，我就不给她断，还经常给她喝阿胶，这是后来我们做好了生意，才买得起的。

婆婆在我这里，有时她到二儿家看看，人家对她也很好，可是她待不久就回来。闺女让她去，她就是不去。他们笑着说，老娘啊，让蒋洪霞灌了迷魂汤了。

我忘不了那天，我外边有应酬，临走时我说，娘，晚上你别做饭了，我早点儿回来，顺便给你带点儿。

她说我不吃了，你别带了。

第二天早晨，我和女儿把阿胶弄好，送到婆婆屋里，突然发现她不动了。我一只胳膊把她托起来，大声喊着老宋快打 120。

婆婆看着我，手抓着我看。我说娘，咱上医院，打个针就好了。

很快，救护车来了，老宋抱着他娘上了车。

车上坐不开，老宋去了，我就坐在门口哭，不知为什么越哭越伤心。

过了好半天，老宋打来了电话，他说你放心，咱娘没事儿。

其实，老人已经不行了。

……

我和俺婆婆过得亲，见了俺娘，反而就像待客一样了。

事过很久，俺娘说，看看，她亲妈死也不会这么哭。

四

我们干这个，干那个，后来，老宋借钱买了辆三轮车，拉脚，也拉货，他有的是力气。后来，又买了辆桑塔纳干出租，可是我老觉得不安全，那时候治安也差，电视里经常有出租车司机出事儿的新闻，老宋经常回来很晚，我都是提心吊胆在家里等。

后来我说，咱们就做点儿小生意，别到处蹿了。俺姐姐搞印刷，我们也想往那里靠，就先在她那里干了二十个月，熟悉熟悉业务。

老宋去了一趟甲子山，回来说，不能和姐姐争活儿，咱就专做包装盒吧。他把桑塔纳卖了，又到信用社贷了些款，朋友们再凑凑，自己还有点儿积蓄，就买下这个小印刷厂，附近关系好的邻居，来了几个人，就开始干起来。

头一笔生意，是给演马乡印刷茶叶盒子，因为价格低，干完了，什么钱也没赚到，就是赚了一套模板。人家对俺说卖三块八，其实卖八块，我们就认了。我对老宋说，咱们不计较，就是盈利一分钱咱也干，咱对人家实诚，日子长了就会相信咱，对咱好。现在，那个客户一直在这里印。

我办厂子，要对客户好，讲信誉。多少年了，好多客户都在这里印刷，有的客户走了，可是转了一圈儿又回来了。

有个客户，在这里印了盒子和手提袋，出厂前都点好了，拿回去用了，可他又说少了数。我说行，我再给你补上，就开动机器再给他印刷。后来，我们关系很好。

只要我答应客户的生意，亏本是我的。临沂有个客户，原先在别的地方订了一万个盒子，因为有异味，全部销毁了。他到了我这里，我先做出样品，对他说，如果有异味，我全部承担。我交上货后，他一看说行，立即加印十万套，回款也很及时。

可是，我也有让人坑的事儿。有个老厉，江苏那边的，开始我们合作得很好。他在这里印茶叶盒子和包装袋，他来付款，我们一块儿吃饭，他拿出钱来，我当面点，发现多出两千一百元，我马上给了他。

老厉很感动，他说你不给我也不知道。我说那不行，多收你一分钱我这人就得打折，我会睡不着觉。

可是，后来他这人就不地道了。2013 年，他又在这里印茶叶盒子，并让我找车给他送货，以前都是他自己找车。我找车、装车，九米六的大车装得满满的，到了付款的时候，他说他带着银行卡，让我们跟着人到银行。我忙，就让俺二姐夫跟着他去。

人去了，可是老厉突然说，你先回去吧，我刚接到电话，家里的锅炉炸了，款我随后打。

我二姐夫人实在，回来了。可是，就是不见老厉的钱到账，货也不要了。

我打电话，他也不接。等了些日子，我就到江苏去找他，还给他带上花生油，可是他就是不见，只让工人陪着我吃饭。

我又给他打电话，你猜他说什么？他说你说的话我听不懂。

我给他老婆打电话，他老婆也说，我听不懂你的话。

我很生气，回来后就想起诉他，可是又想，是不是老厉碰到了难处不好说啊。到现在，我还是等着，没有起诉。

这次他又来了，我催这笔钱，他说给，可是迟迟不给。我说，如果不把上次的欠款结清，我就不给你干了，做生意讲的是信用，你不能耍赖啊。

这不，到现在还没给钱。

……

也有的，因为厂子资不抵债，俺当地的几家公司，欠我六万多，倒闭了，不还了。

疫情期间，镇上找到我，让我立即上口罩。

设备是我自己买，花了五十八万，原材料我买最好的，人命关天，国家着急，我就不能赚钱。最贵的时候，县城里的口罩卖到一块六，我就是卖一块二，一分不涨，因为都是周边的乡亲们来买。我跟老宋说，咱不能在口罩上赚钱，保住本就行，这时候要的是善心。每个口罩我只得两毛。我还干了一批 KN95 口罩，全部出口了。

我们做生意，这么多人跟着干，心里要想着工人，都是你的兄弟姐妹。建厂第一天，蒋丽芳就跟着我，她比我大两岁，论辈分我叫她姑。她对我特别好，帮着我管理，做什么都不用我操心。

她爱人得了脑溢血，不能干活了，孩子又小，我除了发工资，经常给她三千、五千，多的万儿八千。姑和侄女两个人，俺无话不说，我哭她也哭，我笑她也笑，很亲。

谁家有困难我都帮，大困难大帮，小困难小帮。有个员工才三十多岁，丈夫在内蒙古突发心脏病，她来厂里不说。

我看她脸色不好，就问她怎么了，她说出了点小事儿。

我说不对，出小事儿你不会这样，你实话告诉我，出什么事儿了？

她说，谁谁没了，我想坐飞机赶过去，没借着钱。

我说你这个傻孩子，不是还有我吗？

我立即跑回家，家里还有四千元现金。我把钱交给她，又给我妹妹打电话，让她操办这事儿，我说，所有的钱咱给她出！

事后，过年了，我又带上鱼、肉和钱去看她。

后来她又结了婚，生了儿子，不在这里干了。这女孩子老实，就是唯唯诺诺的。

我还有个熟人，不是俺厂里的，她的事儿我是听说的，比较惨。女的离了婚，一个人，后来有个男的带着两个女儿过来，是双胞胎。组成家庭后，女的开始卖水果，又开饭店。

干了一个阶段，男的到外边打工，没想到出了事故，严重烧伤，活了十几天就去世了，他两个女儿就留给了这个女的。

没想到，女的对两个孩子很好。女孩的大伯来领她们，可是两个女孩就是不走，和后妈亲。

这个女的查出乳腺癌，治好了，但身体很弱，不能干重活，家也穷了。

听到人家说，我很同情她，她自己那么困难，还对丈夫的两个孩子那么好。我也心疼那两个小女孩儿，可怜她们没爹没妈。

我找到她们家，送给她们钱，我母亲也给她们粮食。我想到老话说的，穷了帮一口，强过富了帮一斗。我嘱咐两个孩子好好学习，我帮着她们上学，现在，两个孩子都上了高中，学费都是政府减免。

这个女的在家里，天天唱歌，光唱那些很悲伤的歌。我就劝她，你不能老这样啊，你得从悲伤里走出来啊。

她说你看我这个样子，吃不上，穿不上，我怎么能高兴起来啊。说完了，又唱。

我想我得帮帮她，我给她申请了低保，又给她找了个抄水表的工作，每月有工资。

原先，我说我成了废人一个了，力气活不行，巧活儿也不行，就得靠脑子了。我不求别的，能不让孩子受委屈就行。没想到我的生意做得不错，能帮人我就帮人。

俺娘八十六了，身体很好。我在厂里忙，顾不上看她，俺娘就想我。那次她过来了，还特意给我带了礼物——手里握着四个大樱桃。我笑着说不缺呀，你别送了，在家老老实实待着。

小时候，我不知道，俺娘让瞎汉给我算命，说我“头顶鏊子脚踩炕，两头发热没处上”，是说我一辈子操心，一辈子忙活，还真让他瞎说对了。（笑）

……

我这条胳膊，一到下雨阴天就痒痒，就疼。当年那个按开关的小女孩也长大了，见了我她就跑。她也很可怜，从小没有娘。

出事后，她父亲从没到过场，村里说，他是怕让他赔偿啊。我说，俺可不是那种人。

俺爹七岁就没有父亲，俺爷爷参加八路军，打鬼子牺牲了，就是俺奶奶领着孩子四处讨饭。政府要让俺爹他们去抗日小学，俺奶奶愚昧啊，怕再失去两个孩子，就是要饭领着，怎么着也不答应。如果当初上了学，俺爹他们就是公家人了。后来，奶奶去世，俺爹他们成了孤儿，受了多少苦啊，可是，俺爹从来不说，他沉默寡言，就跟小时候的经历有关。

俺爹去世后，上边下来烈士子女待遇，让俺大姑享受了。俺还有个小姑，很小就生病，新中国成立前就死去了，可俺爹一直忘不了她。俺爹临去世的时候，怔怔地看着我，眼里含着泪。我问他，他说，我想起你小姑。

俺家里经过了这么多事情，家风还是与人为善。

——善良好。

侧记：

蒋洪霞他们的印刷厂不大，但里外整洁。因为我们来，洪霞和丈夫老宋，都是新装。洪霞穿着旗袍，年近半百她依然俊秀，处处透着精明、精干和善良。老宋高大挺拔，穿灰色的薄西装，仪表堂堂，但仍然是沂蒙山人的憨厚，说话嗓音透着温暖。

蒋洪霞对我们，总是微笑着讲述，是很快乐地微笑，边说还闲不住，左手抓过边上的抹布，轻轻地擦着面前明亮的桌面。

老宋过来，很温暖地问妻子，用我干点儿什么？蒋红霞回头笑着说，你帮我说吧。老宋就开心地笑了，然后走开。

蒋洪霞接着往下说。

……

都知道，我心里有个结

（梁兆利，临沂市沂南县依汶镇后峪子社区总支书记。全国劳动模范，干事创业好支书，山东省优秀共产党员等。）

我老了，七十好几了，脑子也不如以前转得快。我说老了就是老了，得让年轻人上，可是大伙儿还是让我干。重的咱干不了了，就是动嘴，真成了人家笑话的“嘴把式”了。

我想到哪里说哪里，颠三倒四的。

俺这个村，叫后峪子，从前是个穷山村。说是由九个自然村组成，就是几户几户，分散在八个山峪里，你听听这名字：张家泉崖、小山子、一沟、二沟、北烂沟、南烂沟，你想，沟都是烂的，不像样啊。过去，哪有块平地，有块平地就种庄稼了，老百姓盖屋，就在这些沟崖边上，稍稍平出丁点儿地方。那屋，哪有像样的，就是些小趴趴屋，现在的猪圈也比它强。

村前村后，都是山岭，光秃秃的，黄土，又是黏土，这样的土不长庄稼，种上也没有水浇。玉米就长到人的腰那么高，指头这么粗，结个棒子没有几个粒儿。种地瓜，地瓜秧子也拖不长，细得像鞋带儿，结的地瓜，不是瞎说，比土豆大不了多少。种谷子，穗子就像狗尾巴草。

我小时候，记得很清楚，有一年，夏天不下雨，旱得地里不打粮食。到了秋天，我们家就分了三斤小米，就在簸箕里。俺娘看着那堆小米就哭起来，边哭边念叨着，怎么活啊，怎么活啊？

怎么活，就挎着篮子到处要饭，村里就靠要饭维持。孬年景不用说，好年景也得要饭，好年景这里也照样饿肚子。村里好多人，都逼着闯了关东。尤其是年轻的，不闯关东，就得在家打光棍子。

外村人给俺村编了个顺口溜：

要饭村，
乱腾村，
没有水的干巴村，
还是一个光棍子村。

村里人出去，真是低着头走，人家问你是哪个村的，宁可撒谎，也不好意思说是后峪子，说出来都丢人。

我小学毕业后回村干活，这点儿底子，在村里算是个文化人了。看我能干，村里让我当了团支部书记，也叫青年书记。大家都在各个生产队劳动，业余时间我就组织青年，给村里做些其他事情，修修路，修修桥，栽栽树；到了秋末，晚上排节目，说快板儿、三句半，练个表演唱……就是些小杂耍儿，等到春节演演，热闹热闹。

年轻时我脑子好用，灵通。1973 年，还是因为俺村里贫穷落后，上边派工作组来蹲点。看到我能写会算，人也勤快，相中了，让我到公社办企业。公社成立的是铁业厂，让我干采购员，但仍然是农民，不拿工资，村里计工分，一个月给我十元补助。

采购员，就是到处收破铜烂铁，拉到厂里回炉。我们先在周边的村里转，后来也到莒南、蒙阴，最远到了泰安。我和会计两个人，我付钱，他记账，吃饭自己花钱。那时看见卖油条的，真是馋，肚子里没有油水，闻见香味就流口水，可是吃不起，实在馋极了，买一根，从中间分开，卷在煎饼里香香口儿。

干了三年后，这年秋天，正是毛主席他老人家去世。我们在公社驻地开完追悼大会，上边突然到单位找我，把我叫到一边，还没等我问什么事儿，领导就说了，小梁，党委商量了，决定让你回村当书记，改变村里的面貌！

我一听头皮就麻了，在这里干得好好的，不定什么时候就能转成正式工，就是不转正，也比趴在庄户地里淌汗好了百倍。没想到我干得正在兴头上，却让我回村。

村里我太清楚了，穷成那个样儿，满街都是光棍子，有三十多个青年都老大不小了，找不上媳妇。邻里之间，打仗的，骂街的，有时候东边刚打完，西边又有人骂起来了，你让我怎么弄啊？

我说我不回去，我真干不了，没那个本事，俺那个村，老天爷也治不了。

领导很严肃，他说小梁，这是组织决定，没有讨价还价的余地，就像打仗，让你带头冲锋你往回缩？为什么让你回去，谁派你回去的，想想你的身份，咱顶着这个名不是花架子！

我一听，不敢再说别的了。领导还在给我讲道理，不住地往里拧螺丝。最后我说，行，我回去，没什么了不起的，不就是豁上干一场嘛！

谁也不知道，我回村干书记，除了听从安排，心里还有个结，老百姓叫疙瘩，那个疙瘩一直窝着。

人回来了，怎么干？大家商量来，商量去，决定先把村后的大崮山修成梯田，栽上果树。可是，如果栽苹果，每年都需要剪枝，咱不会管理。我们到外地取经，找明白人，找专家，最后定下栽李子树。李子要在桃树上嫁接，嫁接也容易，老树小树都可以。

定下来就干，我们全村都上了山。那时候也没有这机械，那机械，就是靠䦆头、镐头刨。村里没钱买炸药，碰上大石头，就是用死力气，用锤子砸，把石头破开，再搬过去垒堤堰。看看，这墙上都是当年开山劈岭的照片，是公社、县里来人给拍的。男女老少，抡大锤的，抬石头的，推小车的，抬大筐的，漫山遍野。你看，穿得都不好，破棉袄，草绳子扎着腰。为了省时间，多出活儿，大家带上煎饼、地瓜，吃在山上，喝在山上。大冬天，山上更冷，冷也得干，累了就蹲在沟里避避风，烤烤火，抽袋烟接着干。

从头年秋天干到来年二月，我们就修出一大片梯田。剩下的山坡，就要等下一年了。梯田里接着就要栽树苗，好多人想不通，好不容易整出像样的地，应该种庄稼呀，庄户人家，种庄稼才是本分，咱祖祖辈辈没有粮食吃，你栽上树苗子，要等到什么时候才结果？

我们做工作，可是好多人还是想不通，很不情愿。有的说俺没钱买树苗，有的说俺不会嫁接。我说好，树苗子村里出，村里请人来嫁接。我们从布口、虎崖请来几个师傅。

那时候，还没有包产到户这个做法，我想了个办法，把地分配到各家各户，看到谁不愿意干，我就去帮他们。人家一看我来了，也不好说什么了。这样，一千多亩山地，栽上四万多棵李子树。

……到现在，四十多年过去，李子树，有的和水桶那么粗了。结的李子，酸甜可口，特别是东北人，很喜欢这口味，每年都开着大车来收购。

再回来说，俺这个村，本来就没有水吃。后边有条河，叫汶河，下雨了就有水，过了雨季水就少了，到冬天河床就彻底干了。现在，梯田栽满了果树，就必须解决浇水问题。我请县里的技术员来看了看，他说，别的地方没有水源，只有在汶河滩上打井，山上建蓄水池，把水抽到山上。

没钱请打井队，就靠村里自己干。我们用了三个月，打了三口井，把井口封起来，防止被河水淹没。

我这个人，性子急，经常发火，急了眼了还骂，完了又后悔。打井的那些日子，壮劳力在河滩上没白没黑地干，累，大家都累，不累怎么把穷村弄好。我呢，最看不得懒人，看见谁偷懒，火就腾地冒出来。

打井的时候，要从里面往外淘沙，底下的人把沙子装进筐，上边的人拉上去倒掉。越挖到深处，水冒得越快，要想水旺，就得往最深里挖，不挖深，以后水就不够用的。底下的人拼命地挖沙装沙，上面的人拼命地往上拉，尽快倒掉。

这时候我们三班倒，不能停，越快越好。我到井口边，看到一个小伙子在旁边小便，小便完了，还站在那里不走，慢慢腾腾地系腰带，眼睛好像没事儿一样四下里观景。我立马上火了，站到他的位置上传沙。他一看是我，紧忙跑过来，我猛地一把，一下子把他推倒在地上，说不想干你滚蛋！

小伙子吓坏了，爬起来不敢吱声，接着干起活来。

想想，我也不能那个样儿，都累得够呛。

有了井，修了蓄水池，水就上了山。我们把管子通到村里，拧开水龙头就有水，再也不用到汶河挑了。

后峪子，多少代人没水吃，苦了多少年，现在，甘甜的水流到各家各户了。

看到村里人高兴的样子，我真是五味俱全，当年的事情又好像在眼前出来了，但我年龄大了，心里早就平淡了。

刚回村不久，我就告诉大家，要在山上搞个大水池子，铺上管子弄自来水。他们说你这是说梦话，晃着猪尿泡哄人。等到今天吃上水了，他们信了。现在，山上建了十个蓄水池，蓄水量有3.2万方，我们在井口安上了大水泵，千多亩果园，所有的农田，基本上都能灌溉。光李子树，每年收入三百多万元。我们还搞了蔬菜大棚。

我当书记，就靠几个人团结，班子成员都维护我。村主任老崔，比我还大三岁，我们是多少年的老哥们儿。老崔从前做小买卖，卖油盐酱醋，我回到村里，看他头脑灵活，就动员他和我一块儿干，后来就进了班子。

我们都很直，有什么意见当面说出来，不对的地方就改。

说起来，我还要感谢老崔。

大家修了梯田，栽上果树，打了井，通上自来水。可没过几年，土地承包，让个人发家致富，我们就遵照政策，把地、把果园分了，各人就忙活各人的日子。

村里的事儿少了，我也琢磨着自己发家致富。1980 年，我贷了款，买了一辆三五拖拉机，用它搞运输，从莱芜、山西拉煤往这边倒。赚了些钱后，又花了三千七百元从县里买了机器，在村里建了个小厂，砸蜂窝煤。一年我赚一万多元，当时，沂南县的万元户一共有五户，我算一户。在公社当采购员的经历，锻炼了我的经商头脑。后来又当书记，怎么说比别人看得远。

我把拖拉机卖了，买了辆东风车，还是运煤。再往后又买了辆大卡车，儿子儿媳妇一块儿干。

我们全家干得正红火的时候，突然有一天，老崔找到我，说老梁，你得把这事儿停停了，你不能只顾自己富，好多人在背后戳你的脊梁骨了！

我当时就感到脸上火辣辣的，半句话也说不出来，就是羞愧。

老崔早年逃荒要饭，闯过关东，回来做小买卖，日子过得也很舒服，当初是我找到他，拉他和我一起领着全村干。我还教育他心里要想着大家，我说你看，咱村的大闺女全都嫁到外村去了，可是外村的大闺女没有嫁到咱村来的，光棍子一大帮，这样下去，咱们村就断绝户了。

老崔当时很震撼，说老梁，我听你的，我跟着你干，咱穷哥们心贴心，攥成拳，让咱村脱胎换骨变个样儿！

可是现在，我迷失了，只顾自己富了，我这村里的当家人，当的只有自己的家，滑坡了，自私了，成了什么人了？

我头上冒汗，身上冒汗，恨不得扇自己一个耳光。

我的心一横，立即把大车卖了，把机器卖了，我要带领全村人共同致富！

山上的李子丰收了，可是没有像样的路，运不下来。

我们又带领全村人，修盘山公路，再把路修到村里。我们治过山，治过水，有经验了。但这时候不像集体那会儿了，人员分散了，有的还到外地打工。为了一鼓作气，我们还是集合全村劳力，把到外地的人都召回来，分成组，几班倒。

我把钟表挂在树上，说几点到，就几点到，因为搅拌机不能停，而且大家都是义务工。

路也修好了，生存环境彻底地改善，生活也好起来。盖新房的多了，这家盖了那家盖，手里有钱了。

盖起新房，就张罗着娶媳妇，碰上个好日子，家家新媳妇连续地娶。迎亲的锣鼓一敲，听到我就高兴，从心里头高兴，看在眼里，自己禁不住嘿嘿地笑，有时候笑着笑着，眼角有泪，笑着笑着，鼻子还酸……我老了，可是过去的事儿没忘，我心里说，小伙子们，祝福你们，穷苦和劳累，都让你们的父母、让我们这代人吃了，好日子轮到你们了！

……

有那么一天，村里有个老嬷嬷找到我，说儿媳妇不管她，生了病不给她买药，你当书记的得管管。

村里不孝敬老人的事儿很多，肚子吃饱了，穿得光鲜了，有的人，这个地方（心口）跟不上了。

我们合计了一下，学习外边的办法，咱也评先进，就从 1991 年当年开始。

咱们也没有经验，投票了，发现到会的各人评各人好，投了半天，也没找出个“金豆”来（笑）。怎么办呢，思来想去，好，咱就立标准，按标准投，评上先进的，村里大张旗鼓地表扬。

这下子行了，人要脸，树要皮，老百姓在一个村里住着，都看重脸面。有姐妹俩，都嫁到这个村里，姐妹俩都评上了好媳妇。我们敲锣打鼓，把两张喜报送到她们娘家。娘家当然高兴了，脸上有光，这是爹娘教育得好！

有些小媳妇没评上，坐不住了。有的还找到我问，叔，我哪里不好？

有个女的，是从外村嫁过来的，啊呀，那时就是个夜叉，不孝敬老人，还不讲理儿，和邻居动口角，开口就骂人；只要吵一回架，她要骂人家一年，见面就骂，出了名的惹不起。她个子大，出门捡柴火，看见人家果园里剪下好多树枝子，她就进去捡。这是人家的东西，不让她捡，她还骂人家。果园的主人，是从县里退休的老同志，人家还好话劝她，劝也不行，就是骂。

村里评五好家庭了，评上的，要在门上挂五星牌。就这个家庭，除了女人蛮横，男的很好，孩子在学校也很好，大家给她家评了个三星。村里规定，五颗星才能挂牌，孩子看见同学家挂上红牌儿，觉得没面子，回家朝着她妈哭，咱怎么没挂上五颗星？

这个女人生气了，当时我在地里栽树，她家就在不远的山坡上，看见我，她出来了，大老远地故意让我听见，她骂了一声说，人家挂牌，为什么不给俺挂?

我装作没听见，还是栽树。

她过来了，说大哥，俺家为什么不挂牌?

我平静地说，巧了，你家少了几分儿，挂不上。

她又骂了一句说，怎么评的!

这时候我火了，我放下镢头问，你骂谁?

她说，谁不给俺评五星我就骂谁!

我往前走了几步，我说你再敢骂一句，我就不饶你!

她立马转身往回走，我不能骂她，更不能动手，我就跟在她后边，一直跟到她家门口才停住。

她害怕了，从此，再也没有骂人。

这个女人生了好几个孩子，家里穷得什么也没有。大年三十，我家里炸了丸子，我对老伴儿说，你给她送点儿，她家小孩儿多。

后来，女的见了我，老远就打招呼。

她的小孩也大了，长得也漂亮，孩子在外打工，回家就来看我，很有礼貌。

这女的后来也评上了“进步奖”，好了，简直换了个人。

村里有个愣头青，他爹就怪“柴”。

村前学校里栽的杨树，长得和茶杯一样粗了，收完麦子，好多人在学校操场上打场。有棵杨树离这个人家门口不远，他打麦子时，不小心，石头磙子把树皮碰破了。他过去，抓着树皮一下子撕下来，老远就看见雪白的树干。

我走到那里，问谁干的?好多人当面不敢说，背后告诉了我。

我到了他家，他正在吃饭。

我问，树怎么啦？

他说，碰掉了。

我问，你为什么扒树皮？栽棵树容易吗？

他不吱声。

我提高嗓门儿说，你听着，我今天要处理你，罚款二百元，你马上拿出来，到村里交上！

他不敢抬头，说，该怎么处理就怎么处理。

我转身就走了。

下午，他到村里交钱。我说你也不小年纪了，到学校里打麦子已经怪好了，你把树皮扒了干什么？栽棵树容易吗？

他说我错了，我认罚。

我想了想说，交二十吧。

……

早年我当过民兵连长，就是不怕不讲理的。当时村南边有一片芦苇，靠着菜园。有个人，还是三等残废军人，就是手上炸去一块皮，经常让人看他的手。

这个人觉得自己有功劳，回到村里经常耍横，喝了酒就骂街，见了村干部就骂。老书记批评他，他抡起拳头就打。这人就欺负老实的，老书记脾气温和，让他欺负得没办法。

因为芦苇根扎到他的菜园里，他把芦苇刨了一大片。这在当时就是个事件，我得立即给县林业局报告，林业局很快来了人。

我说，他虽然有功，但觉悟很低，成了村里的恶人，这事儿必须办他！

第二天早晨，我到了他家，他正在家喝酒。他喝酒有个毛病，就是两只脚不停地在桌子底下来回搓，地上搓出两道沟。他不知道我来干什么。

我说，村前的芦苇是你刨的？

他说是我，根扎到我的地里了。

我说今天我要办你！

他一看我火气很大，还挽着袖子，就一声不吭了。

我说芦苇是谁的？咱们村的，是集体的。根扎到你的地里，你可以打招呼，为什么私自刨了一大片？你自己说，一棵多少钱，罚你！

后来他认了错，也不敢再那么张狂了。

我为人和气，可是碰到事儿我不怕。人无完人，可也有些人，你镇不住他，他就惹事儿，故意给你起反作用。当干部没个火性，光当和事佬，还真不行。

现在，村里民风很好。有了钱了，干什么也顺。经过社区改造，十几年间，村里陆续建了近三百套连体二层楼，分批把几个自然村搬到新居。村里空出闲置的房子，我们办了玩具厂、服装加工厂。村里村外搞绿化，所有的山岭除了果园，就是树林，到处是鲜花，我们还成立了旅游专业合作社，让外边来这里观光。

也是因为民风好，上边就把集市放在这里，二七逢集，人来人往，我们也在集市上盖了很长的一排沿街房，对外出租。

（微笑）前边说到的那个心结儿，早就不是秘密，村里大人孩子都知道。

我年轻时候，也是个好小伙儿，个子高，脸也白，在村里很活跃，当青年书记嘛。冬天刨完地瓜，公社就把各村青年书记召集起来，排练节目，然后到各村去演。我在表演唱里演一个老头儿，有个女的演老婆儿。

那女的姓王，和我年龄差不多，是马母池村的青年书记，也是小学毕业。她长得很漂亮，大眼睛，高鼻梁，扎了两只大辫子，唱歌脆生生的。之前我们两个经常到公社开会，她看上我了，说咱们以后在一块儿。

我吓得不敢吱声，家里太穷了，可是心里又放不下她。

后来传到我母亲这里，她又悄悄地告诉了我婶子。婶子就是马母池村的，她的前夫是个烈士，后来改嫁给我叔。俺婶子一听高兴了，说，那闺女我知道，长得像仙女似的，我这就去提媒！

那时候哪有什么礼呀，我婶子就提着两扎挂面，走的时候是头晌，九点多钟。我高兴得心扑通扑通乱跳，就在家里等好消息。

可是，俺婶子很快就回来了，她不说话，就是摇头叹气。我母亲急着问，俺婶子说，我到她家说了意思，可闺女她爹说，大姐啊，小伙儿是行，就是庄不行，连水都没有。她娘话说得更狠，她说大姐，我说话你别生气，俺就是把闺女扔进烂泥沟里，也不嫁那个庄！

我才二十岁，心里难受极了，难受得我好长时间睡不着觉。我想我怎么生在这么一个穷村里，穷得人家把闺女扔进沟里也不嫁给我，我还当着青年书记，不算是没有能力，可是在人家眼里，就是个要饭的啊。

那个女的依然爱着我，但她又不敢违抗父母，只是默默地等，等着她父母回心转意，可是父母就是不点头，她等了我整整五年，到二十五岁才结婚，在那时候就是老姑娘了。

我心就窝着这个疙瘩，憋着一口气。

公社领导让我回村，我想也好，我一定拼上力气，把这个穷庄改了！

嘿嘿。

……

侧记：

后峪子村坐落在很大的岭上，高高低低是错落的宅院，红瓦房旧了，但村民早就不在这里住了，空房子成了村办工厂。参天大树，街两旁月季花鲜艳盛开。站在村中的街上，可以看到周边的山峪。从前的荒山秃岭，如今全都是树林和果园。村北最高的大崮山郁郁葱葱，那是村里的李子园。

大岭下边，是崭新的宿舍楼，楼前楼后，广场花圃；市场街上，一溜出租的店铺和超市，白墙青瓦，虽然不逢集，但四村八乡，不少人还在这里售货、购物，情景和城里没有区别。

九全坟

（孔凡山，临沂市沂水县杨庄镇孔家崖村村民。沂水好人，临沂好人，“沂蒙孝星”先进个人，山东好人等。）

这里你看见了，不富裕，当年，那真是穷得没办法。我兄弟六个，连父母就住了两间房子，石头墙，草顶，住不开啊，我们都是到别人家找地方睡。

穷成这个样子，怎么找媳妇。大哥结婚后，家里再也没有能力了。我二哥就到山西那边打井，在当地找了媳妇落了户，就是上门女婿。后来，我五弟、六弟也去了山西，走的也是这条路。这样，家里缓了口气，我三哥就结了婚。

我是老四，上到初中就下来干活，学习很一般。

从这里往北走五里路，就出了临沂界，到了潍坊安丘地儿，我大嫂就是那里的人。

大嫂嫁过来的时候，按风俗，我要和村里人去迎亲，抬嫁妆。那时候不兴花轿，就用小车推媳妇。我二十六岁，长得实在说，是个漂亮小伙儿，到了俺嫂子村上，这个女的就看中我了。

那年她十八岁，此前一直在我嫂子家睡，两人睡在一块儿，无话不说。女的她家全是姊妹，没有兄弟，她是老小。俺嫂子回到娘家，这个女的就向她问我。嫂子说，俺这个小叔子不孬，长得好不说，能干，实在，人品也好。那个女的就提出来，愿意嫁给我，但问我能不能倒插门，给她爹她娘养老。

嫂子回来一说，俺爹娘立马就同意。家里有我大哥、三哥照顾着就满可以了，再说穷成这个样儿，有人愿意嫁给咱，真是烧了高香了。

就这样，还是按风俗，先在我家举行婚礼，然后，我就把户口迁到了安丘。

俺家里穷，她家里更穷。她父亲走路一瘸一拐，干不了重活儿，本来就有痨病，在生产队里当饲养员。她娘是个哑巴。父母连她姊妹仨，就住了一间半房子。

我们去了没地方住，先借了她堂哥一间屋。堂哥的房子在她家院子南边，我就从东头开了个门，连房带院子，不到十个平方。说到嫁妆，她什么也没有，我这里再怎么说有山林，弄了点儿木头，找木匠做了柜子、橱子。

我们结婚后，当年就生了个儿子，日子，就是紧巴着过。我们是1985年结的婚，四年后，岳父去世，我们又有了一个孩子，还是个男孩儿。

慢慢地，我感觉到她有变化，埋怨我比她大六七岁，怎么老气，怎么难看。我说我也没包着藏着，当初是你先愿意的。她也说不出理来，但经常没事儿找事儿，耍小脾气，闹点儿小别扭，可都不是什么大不了的，我就让着她。两口子过日子，哪有勺子不碰到锅沿的。

有一天，她要到她姐姐家去。她姐姐嫁到大尖子村，那个村是平原地，都种姜，当时批发就十五块钱一斤，家家都很富。她到姐姐家，就把孩子放在家里，让我岳母看着。可是过了几天，她还不回来。孩子在家里想娘啊，老是哭，怎么哄也哄不好。我岳母着急，比画着，让我赶紧把她叫回来。

到了她姐姐家，她就坐在那里。我说你出来好几天了，孩子都想你，他姥娘也着急了，快回去吧。可是，她也不动，也不说话。我就纳闷了，我说怎么了，为了什么，你说啊。可是她也不看我，也不开口，无论我怎么说，就是不回去。她姐姐也催，她还是不动。

当时正是麦季，地里很忙，刚下过大雨，正好接着种玉米，我只好先回家。很快，她姐姐把她送回来了。

过了几个月的日子，到了秋天种麦子的时候，她又走了。我到处找她，先到她姐姐家，她姐姐说没在这里。我又到别的亲戚家，找来找去，最后，还是在她姐姐家找到了。

我明白了，她姐姐没起好作用。

我好说歹说，总算把她叫回家。我就问她，这到底为什么。她说，我就是不愿意在家里。我说我哪里对不住你。她说没有，我就是想走。我说你不为我也得为两个孩子，他们可是你的骨肉，你的亲孩子。她也不说话。

就这样凑合到来年春天，她又走了。我到了她姐姐家，不见人，她姐姐说真没见。我就到处打听，到处找，后来才知道，她在镇上的石灰窑做饭。

我见到她，这回，任你怎么说她也不回家了。窑厂的人这个说、那个劝，邻居亲戚都去劝她，可是她铁了心不回家了，我只好回来。

没过几天，她让人告诉我，离婚。

我看没有希望了，就到镇上找到司法，起诉她。法庭通知她到庭，她也不来。两个孩子，大的六岁，小的四岁，法院全判给了我。她说，我没意见。当时我就想，天下哪有这种女人，哪个女人当了母亲不疼自己的孩子，她却扔下孩子不管了。全庄人都骂她没人味儿，良心让狗吃了。

离婚了，两口子缘分尽了，各奔东西。当时我恨啊，法庭判她给孩子多少钱。我说，她一分钱的抚养费我也不要，我自己把这两个孩子拉巴大。

我岳母，包括去世的岳父，对我和孩子很好。我们离婚了，我岳母也知道，因为女儿整天不在家，她早就感觉到了。可是岳母智力不行，心里想到但说不出来，她也难受，愤怒地指指天，跺跺脚，这是在骂她闺女，然后怔怔地看着我，再看着两个孩子，一个胳膊搂着一个，亲着他们的头，眼泪哗哗地往下流。

离了婚，我就成了外人了。她姐姐过来，把我岳母接到她家去了。老家知道我离了婚，老的少的都很难过，没想到我找了这么个女人。俺娘说，回来吧，家里有你的屋（我在老家有三间房），咱也有地，你在那边儿住一天都是外来户儿，回来我给你们爷仨儿做饭，给你照顾着孩子。

我在这个村里住了这些年，都很熟了，村里人没有把我当外人看。好多人同情我，说凡山啊，走吧，回你老家，恩断义绝了。

应该回老家了，我和这家没有关系了，岳母有自己的闺女养老，而且现在，她也不是我的岳母了。

可是，在这前后一个月的日子里，我岳母在她大闺女家，几次往回跑，最后，饭也不吃，水也不喝，起身就往外走，闺女拦都拦不住。出了门，她又不知道东南西北，又聋又哑还不知走到哪里，留在家里她就闹。最后，大闺女也没有办法了，却又把她娘送给了我。

岳母从闺女家回来，一手抓住我一个孩子的手，抓着他们的手看着我，又抓住我的袖子哭。她指着外头，又指指心口。我明白了，为什么她在闺女家住不下，当姥娘的，惦记两个外孙，她还怕我走了，扔下她不管了。

看着这个哑巴老人，我真是左右为难。

邻居过来看我，他说，你走了，你岳母也就完了。

还有的说，老嬷嬷不傻，知道你是个依靠，你对她好。

我想走，可是我一走，就像邻居说的，岳母肯定活不长了。

我想到我岳父，临死的时候，老人两眼直直地看着我，对我说，凡山啊，别的我都放心，就是放不下你这个哑巴娘啊。

我说，你放心，有我吃的，就有她吃的，我倒插门来，就是给你们养老，我说话算话。

岳父点点头，闭上眼，走了。

我对死去的人把话说下了，可谁知后边发生了这样的事儿。话又说回来，如果现在他活着，也不是我岳父了。

但是，当初我说的话，是对死人做的承诺。如果扔下岳母回老家，我就食言了，成了不仁不义，对不住死去的人。

晚上，岳母睡在炕上，我是思来想去，犹犹豫豫，那阵子，我成宿成宿睡不着。看看岳母，就想起岳父，怎么着也于心不忍。

最后，我回到家，和我母亲说，我先不回来吧，好在两个庄离得不远，家里有什么事儿，我抬腿就到了。

看我留下不走，庄里说什么的都有。有的说，孔凡山真是傻，伺候个哑巴老婆子，闺女都不跟你了，还黏糊什么？有的说，是不是等着老婆回心转意、破镜重圆啊。有的说，哼，傻呀，人家早就有男人了！还有的说，连老婆都养不住，还在这里养着她娘，是个爷们不能干这种事儿！人家戳着我的脊梁骨说我窝囊……（哭了）

我在这里有地，每人一亩半。开始，哪有心思种地，我一看两个孩子就哭，哭还不敢让别人看见，本来有的人就笑话我没本事，连老婆都看不住，我就偷偷地哭，躲在玉米地里哭，捂住嘴哭……

到了忙的时候，我都是早早起床，把一天的饭做好，安顿好岳母，再用车子推着两个孩子到地里。干起活来我也顾不上，就是大孩子看着小孩子，两个人在地里爬，弄得浑身是土，有时候玩累了，就躺在沟里睡着了，没人管。有时兄弟俩睡着，哥哥还抓着弟弟的手。小的醒了，就哭，哭着要找娘。……我的心，早就碎了，可怜的儿啊，我到哪里给你找娘，你娘不要你们了。

我放下手里的铁锨，抱着孩子哄着他。看看人家夫妻，一块儿在那边的地里，有说有笑，我的泪就模糊了眼睛。那些年，看着两个孩子，我不知道哭了多少回，我这左眼，现在几乎失明了。

她果然嫁到她姐姐的村里。后来，老人过生日，她也回来，我们也说话，可是，不是夫妻味了。她也过来亲孩子，但是孩子往后退，不亲她。

岳母一到腊月就犯病，有时就是过年那几天厉害，打针要一直打到初八、初九病才好转，连续三年都是这样。给岳母治病，我没有钱，就靠卖点儿粮食。那年，我岳母又犯病了，我们爷仨守在炕前，三瓶子药，要打到半夜。两个孩子早就懂事儿了，什么也不说，老老实实地坐在凳子上，看着他姥娘。

那次正是年除夕，村里的孩子都穿上新衣服，满街跑着撒欢儿。到了晚上，家家在包饺子，炒菜喝酒，吃年夜饭，谁家不是欢欢乐乐的，可是我们家，水火不动，冷冷清清。外边放鞭炮了，我两个孩子，还是安安静静地坐在那里，谁也不说话。自从我和他娘离了婚，孩子的话就很少，胆子也小，出门走路都是躲着走。

这时，孩子看看我，他们一看我，就像针扎着我的心，我就……想到这里我就想哭。现在，我还是不敢想那时的情景，我觉得是我对不住孩子，我这个当爹的无能，怎么连个年都不让孩子过好。(哭了)

后来，我岳母越来越不行了，屎尿全拉在炕上，我就给她擦，给她洗。冬天里，我怕冻着她，就把我大孩子的棉裤脱下来给她穿上，因为小孩也长高了。孩子再没有衣裳换了，只好坐在被子里。这些棉衣，都是我母亲给孙子做的。孩子的姨也给他们做衣裳，实在地说，她们对孩子不孬。

我岳母临去世前，她指着我，看着我，意思是说，我就是她儿子。

我大儿上学了，小儿子，我走到哪里就抱着他到哪里。邻居们做了好吃的，都把我孩子叫过去。有时候我串门儿，看见孩子，邻居就把饭给他盛上。我在村里人缘好，我会炒菜，谁家有红白喜事儿，都叫我去帮忙。我从来不收人家的钱，再穷我也不收，帮忙就是帮忙。邻居们看我艰难，秋收的时候，都来帮着我收割、种地，帮我照看孩子。

两个老人都不在了，上完岳母的忌日坟后，我母亲，我兄弟，又让我把户口迁走，回老家。

可是，这里还有一个风俗，叫九全坟。老人去世，殡葬之年上坟，叫忌日坟，三年上坟都算忌日，以后接着，每年上一次，一共九年。九全坟，在当地是很讲究很隆重的事情，所有的儿女、亲属都要到场，要做盘做碗，有肉有鱼，有水果点心。来人都要带上馒头、猪肉和酒。这样，九年以后结束。

再上坟，就只有死者自己的后人了。

我给岳母上头一次坟的时候，她的五个姐妹都应该来，可是二姐在东北，来不了，其他的姐姐、姐夫都来了，她也来了，但她男人没有来。我两个儿子也在那里，他们看着自己的母亲，已经很陌生了，看着，不说话。有人故意叫着我孩子的小名说，谁谁，这是你娘啊。可是，孩子连连退着往后躲，还是不说话。

我和她也没有话说，很冷淡。

我们在坟前把纸钱点上火，看着它烧，再把酒倒在地上，然后，跪下来磕头。

上完坟，各自就散了。

九全坟没上完，我的户口也就没往回迁。这么多年，我们都熬过来了，我忍着苦，忍着痛，刀割我的心我也没有放弃。我送走了两位老人，这倒插门女婿，做了儿子做的事情。我想我要做到底，把九全坟上完，这期间，不能让老人的坟上长满草。

就这样，过了九年。我孩子上完初中，因为家里没钱，就不能再上了，回家帮着我干活儿。小儿也快上初中了，学校就在当地，周围的人都熟，那就先在这里待几年吧。

终于，我们要回老家了。这里，就是岳父岳母的一间半房子，早就破烂了，下雨到处漏，没钱修缮，就用塑料薄膜和油毡盖在屋顶上，下面用盆子接水。屋里没有像样的东西，离婚的时候，判决给她一个鏊子，一盘磨，她都不要了。当时我问她，以后老人不在了，房子怎么办，她说你愿意怎么办就怎么办。这样，我就卖给后边的邻居，因为他对我不错，一千元卖给他，我只收了八百。其实，人家买的就是那一小块宅基地。

我们离开了那个村子，我二十六岁过来，三十六岁和她离婚，我又留下赡养她的父母，直到上完九全坟，整整十九年。十九年，我这辈子最好的年龄，就是这十九年，我想都不敢想……

回来后，我领着孩子，给我父亲上坟。他是转业军人，战争年代扛枪打仗，但没有文化，新中国成立后他自己要求回家。他对我们管得很严，总是说，咱们是孔子的后人，讲究礼道，做人要正派，要讲仁义。

我跪在他的坟前，几次想大放悲声，我想问问父亲，是不是你把我们兄弟管得太严了，我做个仁义人，可我的孩子不该跟着遭这么大的罪，做个好人，是不是就要吃苦受难？

因为两个儿子在，我把哭声憋回肚子里。

我两个儿子都打工，现在，都在县城成了家，有了孩子。

儿子结婚的时候，她都过来，还给儿子做了被子。儿子有了孩子，她也过来看。可是，两个孩子从来不去看她。我大儿去过一次，就再也不去了。

我听说，有一次她来了，儿子把她送上车，她在车里哭。

孩子都各立门户了，我过我的日子，守着我的母亲；我进了岳父家尽孝，对亲娘没有尽到儿子的责任，哥哥年纪大了，弟弟在外省，我要好好服侍母亲。我2010年回到家，母亲已经八十六岁，我孝顺她，现在老人已经九十七岁了，身体没有大毛病，就是走路晃悠了。

侧记：

出沂水城往东北走，几十里后进山。不宽的路在山岭间蜿蜒，最后到了孔凡山的村庄孔家崖。西边的山叫鸡鸣山，东边的就叫东山，南边叫鹰山，后边的山叫大岭。又窄又长的山沟，路旁就是豁开的溪流，两边岩石龇牙咧嘴，村子就散落在沟两边的坡上。沿途看到，土地都是小块的，最小的，比炕大不了多少。

即使现在，这里依然是个封闭贫穷的地方。高处低处的石头院墙，红瓦房都盖得不宽敞，不是因为地面小，是没有钱。有的人家早就搬走了，打工到外地扎根，再不留恋这里，房子就有好多倒塌的。村委门口有座碾盘，碾磙子磨了几百年了，还在用。

政府的人告诉我，这地方扶贫都不行，很快要全部搬迁到镇上。

孔家崖的人全姓孔，几百年前，祖宗躲避战乱来到此地，繁衍了这个村庄。村书记和孔凡山站在门口等我们，孔凡山五十多岁，微黑，头发早已稀疏，穿着褪色的红T恤衫，赤脚穿着灰塑料凉鞋。见面，村书记听说我爱人也姓孔并和他同辈儿，一把握住我的手喊道，姐夫！

人，就是这样朴实。

上武汉

（孙吉国，临沂市沂水县沂城街道东关社区居民，个体经营者。许德强，临沂市沂水县沂城街道南关社区居民，个体经营者。）

一

我说，怪严重，我要去。

郑姐问，真去?

我说，真去。

郑姐说，得两个人，有个照应。

武汉新冠肺炎疫情从 2019 年 11 月开始，6 例，我看了，觉得事儿不好。到了 12 月，我就买了口罩寄给武汉的人，我上微博，在微博上碰到些朋友，其实都不认识。他们向我求助口罩，我就免费给他们寄，五个一包，发。

后来疫情越来越严重，口罩就寄不进去了。我想，不行就给他们送去吧。这是正月初二，我和店里的郑姐说。

郑姐在我眼镜店里干，管着验光、配镜，她懂技术。大姐就是本地人，干这个十几年了，起先在别的店里干，因为生孩子就被辞退了。之前我们就认识，她1982年生人，比我大六岁，我说到我这里干吧。

我的门头小，连我就五六个人。

郑姐的爱人叫许德强，我叫他强哥，1980年生，人也怪好。

强哥卖水果，他到外地拉水果回家，对郑姐说，武汉出疫情了。

郑姐说，这么远，关你什么事儿？

强哥说，你不懂。

我要去武汉，郑姐说，你强哥正在家里嘟囔，他也想去，我问问他，你们做个伴儿。说着，她就打手机。我以为她随便说说，心想还不一定能办下通行证来。我说郑姐，我走了，店里你照应着。

可是，强哥打来电话了，他说孙吉国，咱什么时候走啊。

我说快准备，准备好了就走。

郑姐说，我回家给你们弄煎饼。

我说，不用了。

郑姐立即回家，给强哥整理东西，问他大约多少天。强哥哄她说，十天八日就回来。

其实我们已经商量好了，去就是帮忙，帮忙就帮到底。

我当时真的没怎么考虑，也没告诉我父母，我也不知道危险有多大。我身体很好，每天坚持跑五公里，自信不怕疫情。强哥开水果店，他受过伤，在工地干活脚踝骨折，可是他非要去，郑姐听他的。

我们买了三箱洗眼液，四十个护目镜，还有防雾镜布，这种布里边加了防雾材料，我开眼镜店，我懂。我们带了四箱方便面，一大桶纯净水，两箱矿泉水，十斤花生米。就是没带煎饼，过年了，街上没有卖的，自己烙也来不及，算了。

强哥从自己店里搬上两千四百斤橘子，是过年存下的。开我的车走，就是停在门口的那辆面包车，上海产的 V80。

正月初五，通行证顺利办下来了，是我从网上联系了武汉的志愿者，他们帮着办的。

我也没告诉岳父岳母，只告诉了我爱人。爱人是沂水县妇幼保健医院的护士，正在家休假看孩子。她说，去吧，我要不是在家看孩子，如果在单位上班，我也报名参加！

初六这天，天气怪好。中午我们买齐了东西，直接奔长深高速，一路往武汉走。我们两个人轮换开，到了河南一个服务区，就有了量体温的，感到气氛紧张了。

我们泡了碗方便面吃完，加上油，接着走，凌晨两点到了武汉，就在武钢二院附近。

我曾经来过武汉，那是 2010 年 7 月，是来救人的。我初中的一个同学，在老家被熟人骗过来搞传销，都洗了脑了。他给我打电话，让我快参加，怎么怎么赚大钱。我一看坏了，上了贼船了。我那时开出租，曾经去过河北邢台，也是救了一个搞传销的同学。

我联系好了两个同学，大家在武汉机场见面，然后报警。警察到了那个小区，让他下来，我把他塞到车里就跑回来了。我要不把他救出来，他就毁了。

我们把车停到一个小区，我总觉得有点儿熟，仔细一看，我的天，就是当年那个传销窝点，你说神不神，太神啦！

我们去之前，就联系了四个医院，是武钢二院、同济医院、汉阳医院，那个医院我记不起来了，后来又有两个社区医院。武钢二院小，我们给他们卸了几箱橘子。同济医院，因为是疫情定点医院，排队的人很长。街上，全是穿防护服的人在指挥车辆。医院里分污染区、清洁区，我们卸下东西就走。

我们一宿没睡觉了，想住在车队，也好领到任务。我联系了一个志愿者，感觉不靠谱，就从网上搜，拉到群里后，正巧有个山东人在这里上班。他问我住在哪里，我说住在车里。他说这不行，你先等着，我找你。八点多他找到我们，说住我的房子吧，我还没结婚，刚布置完，很干净。我一听，坚决不住。他又给我们找到花桥广场，就是一片楼，门卫室里有两个沙发，他又给我们送来了被子。这老乡是烟台人，1980 年出生，网名叫“趴趴熊”，在湖北省信访局工作。被子是让他的战友送来的，他当过兵，应该是军官，在这里大概是个处长。

快要天亮了，我们凑合着睡了一会儿，一大早就起来拉活儿，是志愿者守护医疗车队，有三十多辆车，到高速路口拉物资。这时候，外地的车辆已经不准进入武汉。我们把物资送进医院、社区。

当时我就觉得冷，我的面包服不厚，忘了带足够的衣裳，也是肚子饿，没热量。

我们天天拉货天天送，哪里都去，机场、仓库，戴着口罩忙个不停，早晨没有饭，也顾不上吃，也没地方吃，谁还在那里摆小摊儿啊。饿着肚子，更觉得冷。中午有人送饭，有时医院里的大夫给我们盒饭，也没个点儿。我们给汽车加油，都是自己掏钱，加满油再跑，晚上都是到十点多，有时候到凌晨三点。住在门卫那里，没有热水，干活，每天都会出汗，身上发黏了也顾不上，凉水洗又怕感冒，我们五天都没有洗脸。

过了三四天，车队开始正规了。有人给我一万元油卡，我不要，咱们是来帮忙的，怎么能要人家的东西？不要，我说我们自己带了钱。

过了五六天，区里团委知道了，让我们住进协和医院宾馆。一人一间，全都这样，隔离啊。我们先洗了个澡，啊呀，身上痒痒得不行了。

我们吃饭就在医院里，盒饭。因为这里是重症医院，支援的物资逐渐多起来，车就不够用的。我的车大，就和强哥分开，我拉货，他在医院帮着卸车，分发物资。

这时候武汉已经封城，城里全都停业了。我爱人惦记我，她知道危险，光嘱咐我注意安全。郑姐也给强哥打电话。我们都说，怪好，怪好，吃得好，住得也好，别听外边瞎传，没那么严重！

媒体天天报道，我母亲也知道了，她一打电话就哭。母亲也怪老实的，通情达理，她叫着我的小名说，你千万千万小心啊！

我说，放心吧，娘。

二

我从前在济南开出租，那时我二十一岁。

我初中毕业就不愿意上了，说起来挺没出息。在学校里，我成绩排名全班第二，不是倒数，是正数，真的，我数理化都好，就是外语太差，下功夫也白搭，考试考到 36 分。

有一天，我突然想，咱在乡镇，上面还有县，县上边有市，市上面有省，接着是全中国，咱算什么呢，像蚂蚁数不着了。想到这儿，我就悲观起来，就咱这样能考上学吗？不上了，就是不上了！

我下来开出租，到了济南，租了一辆桑塔纳，月租金 4800 元，在姚家庄租了间房，房租每月 70 元，小房子，刚刚放开一张床，无所谓。

我开着桑塔纳，大街小巷跑，精力旺盛啊，开白班，也干通宵。我不喝酒，光抽烟，抽不起好的，就抽“红将军”，抽“白云”，两块多一包。

我开出租，可能受我父亲的影响。我们县里饲料厂多，他就开着车到处收粮食，再往厂子里送，也把饲料送往各家。他出门就好带上我，我从小就喜欢车。

我开出租，也碰到不少事儿。我每天下午要到银行存款，就在那家银行外边，发现有个流浪汉在门口，四十多岁，看样子好长时间没吃饭了。我存上钱，买了灌汤包送给他，没说话我就走了。

过了一天我又去，他还在那里。我就问他是哪里人，他说是长清的。他告诉我，自己是让老婆撵出来的，让他到济南打工。他在工地上受了伤，人家就不要他了，他又不敢回家，怕老婆骂他，就在这里讨饭，有时扒垃圾找吃的。

我说我把你送回家吧，在这里流浪也不是个办法。我就让他上了车，啊呀，他身上臭的，都没法闻了。

我把他送到长清老家，就是个小山村。一见面，他老婆不让他进门，我就把他送到他弟弟家，立马回来了。他弟弟要给我钱，我说算了吧，我就看着他可怜。

开出租，什么人都能碰到。我在济南北园拉了一个人，是郓城的。讲好了价钱，他说到家给钱。几百里路我把他送到家了，他说没钱给，又说父母不在了，就一个叔，没钱。

我火了，把车停在他家门口，坐在里边不走。我不害怕，我认识当地的一个人，这个人头一次到济南，不认识路，我领着他到了火车站，就成了朋友了。

我给朋友打电话，他来了。我说坐车前讲好了是七百元，因为我回去是空车，可是到了他要赖了。

朋友当场给我八百，说你先走，我和他要。

我说你的钱我不要，我也不走，我走了，你如果要不回来，你不就亏了。

他说没事儿，我是这里人。

我说不行，我不走。

我和朋友到了那个无赖的家，果然他就一个叔。

他叔凑了五百元给了我，那两百没有了。

我想，吃点亏就吃点儿吧。朋友要留我吃饭，我说不麻烦了，我往济南赶!

就这之前，我父亲出了大事儿，卡车撞到一个石头礅子上，他当时就不行了。我是长子，十九岁，家里的担子就落在我们兄弟二人身上。我开出租，弟弟也到外地打工。所以，我到了武汉，母亲打电话就哭，生怕我有什么意外，她的心，再也承受不了打击了。

我爱人是我在济南认识的。我刚到济南，先在千佛山医院当保安，干了一个月我才开出租。我爱人在医院里实习，我们很谈得来。后来她回到沂水，我就跟着来了。

我们俩同岁，她看上我，不是因为个子高，我一米八五，是觉得我机灵，人也不坏。她有两个哥哥，就她一个女孩儿，又是老小，岳父岳母疼她，对我也很好。干了几年出租，积下点儿钱，我就想自己弄个门店，亲戚朋友又凑了凑，就开了这个眼镜店，主要从厦门、深圳进货，我这里也能配。现在，县城里的眼镜店有百多家，生意不好干，我这里靠着沂水县医院，学生配眼镜的多，还凑合。

扯远了，再说武汉。

我们前期主要是运送口罩、酒精什么的。后期，各地的医疗队陆续来了，我们就到机场接医疗队，拉大宗物资。武汉大啊，开车就是四五十里路。到了二月二十日，上边给油卡，我就收下了，因为我不知道要干到什么时候，之前，我自己已经加了三四千块钱的油了。有国外的华侨给了车队油卡，每人发一张，但只给大车，小车没有，所以小车加油也找我们，大家匀着用。

我们天天就是盒饭，坐在车里吃了就走。前期我们没有觉得累，现在觉得很累了。

我看到网上还有人求助，有的家里没吃的，有的没有口罩。我们是四小时换一个口罩，我就多要几个，省下给他们送到家，都是干完活再给他们送，每次送五六家。

我们也不知道谁是病人，我不怕，我很自信。

有个大学生，年前来这里当寒假工，就困在那里了，两天没有饭吃，社区发给他菜，没法做啊。他从微博上找到我，让我给他买锅碗瓢盆，可是商店都关门了，没处买。

我想，先得让他吃上饭。我拎着两个盒饭，找到他租住的小屋。我又和车队说了，车队就给他凑吃的。小伙子的娘知道了，给我打电话，哭着感谢我。

咱山东人，真是好样的。我到武汉车站接货，看到一辆大车，是潍坊诸城的，拉的是防护服，从广东过来的。

司机姓董，三十多岁，很朴实，大车是他自己的。

他说兄弟，武汉这个样子，我心里过意不去，我这次运费是六千块钱，我要捐出去，你给我想想捐给谁。

我说你太辛苦，还捐吗?

他眼一瞪说兄弟你不知道，我跑了五六千公里到武汉，就是为了捐款!

我说那你捐给红十字会吧。

他说捐给医疗队，他们在一线。

我联系了医疗队，可是人家不收。

他说兄弟，你再给我想想办法。

我说你先吃饭。

他说我已经吃了方便面了，你快给我联系。

我打了一个多小时的电话，就是联系不上。突然有电话打给我，让我赶紧到哪里哪里去。

这人只好买了六千多元的矿泉水，说送给山东医疗队。

我就给山东第八批医疗队打电话，他们在方舱，也分给了齐鲁医院医疗队一些。你想想，他从广东专门赶到武汉，光油费就得两三千块，都是自己掏。

武汉人对我们很好，厚道。有个人是心理咨询师，也是80后，小区宣传我们，他就联系到俺俩，做了甜点让我们过去吃。各个小区都封了，我们到了那里，他在里面等着，把甜点从栅栏里递出来。

我们接送医生，车队分下任务。医生们有好吃的，都从家里给我们带。他们家里没有鸡蛋了，过年准备的东西都吃完了，只有自己做的面包、点心，后来才有了备用肉什么的。我穿的衣服，因为运送84消毒液给泡了，有个不认识的大哥听说了，就联系我，让我开车到医院门口，他就站在那里等着我，抱着一包衣裳。他说兄弟，我都消过毒了，没穿过。说完，递给我就走了，我也不知道他的名字。

晚上我接送医生上下班，到酒店接上，医生两点要交班，因为路远，我要一点半赶到，两点往回接。每次他们都给我留盒饭，因为我顾不上，都是回到房间才吃，吃完就半夜了，洗一洗眯上一会儿。

在车上，医生和我聊天。有个大夫姓王，刚刚结婚，他的父母都是医生，媳妇是护士，全家都上了一线了。还有个大夫，是个女的，我送她回家。她实在想孩子了，我把她送到楼下，她母亲从窗子上送下一条鱼来，她就站在外面吃。小孩在窗口向她招手，她一边吃，眼泪一边哗哗地往下流。她有两个孩子，小的刚出生不久。

我在一边看着，很心酸……

郊区的农民种草莓，摘了送给山东医疗队，当时水果很缺。有个小姑娘，二十多岁，知道了我们的事情，就送给我武汉特产周黑鸭，她也给方舱医院送。等我们快回老家的时候，小姑娘又送给我一些豆皮儿。

车队有个大哥，回家说了俺俩的事情。他孩子上高一，女孩儿，会书法，给我们写了一幅字，你看，就挂在墙上这幅，“讷于言而仁于性，敏于行而慧于心，蒙山沂水萃英雄，江汉龟蛇长忆君。”小姑娘很有文采。

我们也碰到些不痛快的事儿，是小事儿。

有一次送货，我们早晨五点起来，六点统一到武汉南口接货，装车后送到社区。我一看手机没电了，这无法导航啊。我忘了带充电器，看到不远有个岗亭，我过去一看，有个人坐在那里，手机也在墙角充电，而且充电器和我的一样。我说大哥，借你的充电器用一下。他说，我没有。

我都看见了他还撒谎，我的眼泪一下子出来了。当时路上没有人，我就觉得委屈：我是来帮忙的，就充一会儿电，你居然不借。

这时候过来一个警察，给我打了个敬礼，问我有什么事儿，然后领我到了他的岗亭，给我手机插上电，又倒上热水，给我盒饭。

他告诉我，那个人是村里打卡的，怕你借走不还他了，别在意。

我很感动，眼泪又流出来。

三

总算控制住了疫情，慢慢地医院病人越来越少，物资也开始减下来了，我们该回家了。我们从 2 月 6 日进城，现在是 3 月 22 日，近两个月我们就是忙碌，顾不上想别的，这一下子归心似箭了，我想母亲，想岳父母，想爱人，想孩子。

沂水县政府开来接收函，可是，武汉却不放人，不知道什么原因，可能就是怕传染吧。

我们多方联系，后来终于同意我们返程，但按规定，必须先要体检，合格才能放行。我们就在协和医院检查，又是抽血，又是核酸检测，又是CT，这一折腾又是四天时间。我想，回家还要隔离十四天，四月份一减半，这半年就几乎没了，我的门店怎么办？

开车又是中午，我们轮换着，一路往回赶，当天就到了安徽。路上也不敢和别人接触，加油都是离得远远的，再就是上个厕所，上完接着走。

到了沂水是晚上一点，我们下了高速也不能回家，不知道当地怎么安排，只好在车里睡了一晚上。

第二天，政府把我们隔离在银座佳驿酒店，都住单间，我住在五层，五一〇。

孩子来了，我爱人抱着他，站在楼下喊爸爸。我伸头往下看，招招手，说了几句话，也没掉什么眼泪，我这人，心硬。

这两个月，我没有瘦，还是这个身材。可是，疲劳上来了，天天睡，天天睡，总是睡不醒，醒来就看电视，吃上饭，再睡。

离家走的时候，有的人以为，我们是到武汉挣钱去了，趁着这时候倒卖水果，发大财了。（笑）

强哥家里也不富裕，曾经好几年没有收入。他是二婚，与前妻性格不合，孩子判给女方，女方不要，就跟着爹，是个女孩。强哥不找，他说把孩子拉巴大了再找，当时孩子才九岁。后来，强哥才和郑姐结婚，郑姐也是离异，也有孩子，两人又生了孩子，三个孩子真是够累的，可是两个人感情很好。

强哥块头大，也没多少文化，可是脾气耿直，豪爽，热心肠，经常打抱不平，街上见了欺负人的，他就蹿上去。他卖水果，秤杆儿都是高高的。家里负担重，这几年水果生意也不好做，至今也没有买楼，就是三间平房。

五年前，他到滨州去打工，在车间安装时，脚手架电焊开裂摔下来，鉴定为七级伤残。工程是层层转包，你推我，我推你，最后法院判了，公司赔偿他十八万，可是三年了，钱至今要不回来……

阿里巴巴知道了，奖给我们两万元，叫“战疫英雄奖”。我们正在武汉，钱就转到家里。强哥和我商量说，这钱咱别要了。我们就委托家里人，用这钱，买了将近一万多斤蔬菜和大米，捐给沂水县社会福利中心和街道上的困难老人。之前过年，我们家都是买上米面，拉上一车菜，送给街道上困难的老人。

我们在武汉，感到咱国家真是强大了，我们去的路上，大车看不到头，都是拉着物资支援武汉的。咱们，就是帮了点儿小忙。

我们俩去了，好多人没去，就这么回事儿。

应该帮的就得帮，如果疫情传到咱这里，谁也不好过。

以后再有需要的，我还上！

侧记：

孙吉国的眼镜店不大，小本生意，但是装潢得明亮、现代。小孙灵透、乐观、阳光，说话简洁干脆，我基本模拟他的语言特点和节奏。郑姐，就是许德强的妻子，圆脸短发，脾气温和，在外面照看着柜台，没有顾客的时候，不时朝这边看看，笑笑。我没有见到许德强，但我想到一句话，好人也扎堆儿。

墙上还挂着一幅书法，是湖北江汉大学孙凌毅教授所写，知道孙吉国的事迹后，教授以诗转赠：

犹忆来时风雪里，
感君汗泪湿征袍，
无私高义千秋在，
何日重逢共醴醪。

当儿就这样

（包秀成，临沂市平邑县流峪镇赤梁院村人，流峪镇中心小学教师。）

说心里话，我不愿意宣传这些，都是自己家里的事儿，做儿女的，对父母尽孝心是应该的。

说这些事儿，有时候觉得不好意思。

当儿就这样啊。

我们这个镇，在平邑县南边的山里，两边的山都是石灰岩，缺水，满山都是白溜溜的石头，烧石灰行，上面的土很薄，有的地方几乎就没有土，草都不长。这些年退耕还林，栽果树，栽金银花，可是，比起平原地还是有很大的差距。

从我记事儿起，俺这里就贫穷。俺家兄妹三个，两个妹妹，就我是个男孩儿。我们都上学，可两个妹妹上到初中就不上了，回家干活儿，就是没钱供应她们，全力供应我。

我学习很好，初中考试我是全校第一，可那时，农民的提留款很重，夏秋两季，俺家要上交两千多元，哪有钱啊。我上学，就是背着地瓜面煎饼，提着一小罐儿咸菜。正好，初中生可以考中专，家里穷成这个样儿，我不能再上高中了，就考到了淄博商业学校，学会计。

能成为吃国库粮的人，这是做梦都想不到的好事儿。考上中专，有了助学金，一个月六十元钱，我每月省出十元寄回家。我舍不得买衣服，学校外边有小商品街，实在没有衣裳换了，我就买件便宜的。

1997 年毕业时，省里有文件，我们也可以考教师，我考上了。我想我不能走远了，家里父母身体不好，还有光棍子大伯和三叔，三叔神经又不好，我要走远了，没人能照顾他们。

教师分配的时候，我要求分到本县，就到了黄坡乡徐庄完小。

先说我母亲吧。

我母亲颅骨下的第一块颈椎，学名叫寰椎，先天性和下边接触不良。原先没有发现，后来母亲年纪大了，突然走路左腿歪着了。那时，母亲正给我看孩子，我领她去检查才查出来。从前干活都可以，现在不行了。

医院给她打了封闭，可是过几天又犯了。我就领着母亲到了济南齐鲁医院，有个姓朱的专家看后告诉我，前后要做两次手术，需要二十万，这对我，就是个天文数字。

我想了个办法，把片子寄给北京三〇一医院的神经外科专家。专家来信让我们去，说片子照得不准。我们又犯愁了，几个人去北京，坐车要买票，到了北京还要找地方住，还得买着吃，抬脚就花钱，负担不起，没去。

我就托我的亲戚，找到省立医院一位外科专家。我们全家陪着母亲去了，那真是节衣缩食，住小旅馆，人家一晚上要十块钱，我们说了很多好话，才讲到八元。

去的时候是 12 月 20 日，我母亲动了手术，花了 7 万多，都是借亲戚和我同学的，我正好补了 2800 元工资，也就添上了。

我们住在小旅馆里，没有钱买菜，就是啃个馒头或烧饼，花一块钱买碗粥。正好过年了，旅馆的主人看着俺们怪可怜，就送来一份水饺。我把水饺端给父亲，我说你吃了吧，我再给你买点儿酒，你也喝两口。我买的是一小瓶北京二锅头，就那种扁瓶的，花了两块钱。

我父亲是个石匠，在当地，他的手艺数得着的好。当年水泥厂建高炉，招来的石匠都是高手。往上砌墙，石头砖块不允许有半点儿缝隙，我父亲就能做得到，干一个月，能挣到一百块钱。所以，村里周边有打墙盖屋的，都请我父亲去。

有这个手艺，他也就断不了酒喝，所以后来落下了毛病。

我母亲手术后，住了58天的院，我爱人也去陪床，可是因为孩子太小就早回来了，好处还有我两个妹妹。

母亲出院后就不会走路了，要慢慢学着走。可是，动过手术的人都不愿意动，我就架着她慢慢地走。走着，走着，母亲就哭起来，说我的腿没有劲儿，好像不是长在我身上。我说，就得靠锻炼，练些日子就好了。我还是架着她走，可是母亲怎么也学不会。

我还要教学，就让我父亲架着她练。练着练着，父亲就没有耐心了，看我母亲这个样子，谁知道哪天好起来。

我母亲哭，我父亲就烦，烦得很悲观，最后就绝望了。

那一天，他把我母亲扶到床上躺下，自己就不想活了。我正好上完课后往家赶，邻居就打来电话，说秀成啊你快回家，你父亲上吊了！

我一听不好，赶紧往家跑，我骑的是一辆小摩托，匆匆赶回来一看，父亲把绳子拴到梁上，幸亏被邻居看见才救下来。

我伤心地哭起来，我哭着对父亲说，我还有工作，家里还得靠你，你要是想不开，让我这当儿的怎么办？

邻居们也劝他，大伯也数落他，父亲不吱声，泪从眼里滚出来。

我不在家，父亲扶着我母亲走路，我回到家，我扶着她。就这样过了两年，母亲终于会走路了，也能坐起来，手拿着筷子吃饭。

我到仁和堂药店给她买了双拐，她可以慢慢地在院子里走。

可是，到了2011年，是6月13日，母亲拄着双拐在院子里走，拐弯儿时一下子摔倒，手脚就没有了知觉。

住进医院，母亲的脖子安上支架，躺在床上不能自理了。我大妹妹在大连，孩子小；小妹妹又刚生了孩子，伺候母亲主要靠我。因为工作我也脱不开，靠我父亲给她喂饭，晚上我去陪床。

母亲不能再动手术了，只是在医院里维持着，住了二十多天，我们没钱了，付上一万多元就回到家里。

我向学校请了假，让别的老师代课，回家照顾母亲。

正是六七月份，学校快放假了，这样可以把时间连起来。

我给自己列了个作息时间表，生怕懈怠了。

我早晨五点起床，扫院子，做饭，洗尿布，每两小时给母亲翻一次身；中午，做饭，因为母亲总是蜷起身子睡，要专人看护；下午，洗尿布，洗衣裳，喂饭；晚上，十点睡觉。我把小床放在母亲床前，对着她的脸，她说话还行，夜里一喊我就能起来。

母亲想念两个女儿，我说那就让她们来吧。我小妹妹嫁到外村，离这里就两里地。再说，我是儿子，照顾起来还是有些不方便。我妹妹来了，我给母亲洗头，洗脚，定时给她按摩，妹妹给她擦身子。

母亲要定期检查大小便，乡镇医生也来，我也捎到医院，我的一个同学在那里。

根据医生的建议，我给母亲列出膳食表：

早晨，粥，小米加南瓜，馒头（防止大便干）；

中午，排骨，鸡肉，蹄子，青菜（主要是油菜和菠菜）；

晚上，稀饭，煎饼（泡着吃），青菜。

我买了水果切成片，母亲能自己吃。

我大妹妹从大连回来，这时候冬天快到了，她就给母亲支火炕。她用土坯、空心砖砌墙，上面盖上预制板，外边涂上黄泥，我去买来地板革，当天就支好了。开始母亲不愿意到炕上去，嫌太热，可是到了冬天，屋里就很暖和了。

躺在炕上日子长了，母亲心里经常焦躁，她不想这样连累儿女了，可是自己又不会动，急得在炕上哭，一边哭一边说，要活就活，要死快死，花了多少钱啊，都照顾我这个不中用的，我还不如喝药死了，可是谁给我拿药啊，死也死不成……

有人劝劝她，她不哭了，可是过一会儿又哭起来了。我妹妹在一边儿，母亲就催她去买农药，我妹妹不动，母亲就骂她，骂上几句又哭。娘在床上哭，妹妹在床前哭……

我不能哭，我在家里是顶梁柱，在学校里还当着教导主任，六十多个老师，我不能让他们看出来。我上课，开会，工作该怎么干就怎么干，和老师们该说的说，该笑的笑，不能受情绪影响。

可是，当我一个人独处的时候，很忧愁，很悲伤，尤其是那首歌，《烛光里的妈妈》，特别是从老远传过来，只要一听到，泪就一下子涌出来，就禁不住哽咽，我哭，我不敢听这首歌，现在听到我就哭。

母亲不容易，我小时候，村里种金银花，母亲到外边去采摘，从早到晚忙碌。我上初中的时候，非常爱学习，不到十二点不出教室，做完作业再背英语单词。

有一天，我还在教室里，大家都吃完午饭了。同学说，包秀成，你娘来了。

我跑出去，看见母亲站在大门外的柳树下，手里拎着个小包儿。我知道，母亲来给我送油炸豆腐。

我走过去，母亲微笑着，叫着我的小名说，怎么才出来？豆腐都凉了。

说着，她从包里拿出小饭盒儿，亲切地递给我。

从我们村到学校六里路，母亲是走着来的。她微笑着，看着我接过饭盒，边往回走边往嘴里填。豆腐不多，多了她也买不起，就是十几片儿。

我走着，吃着，快到教室门口了，回头一望，母亲还站在那里，远远地看着我：她就是等着，看着我吃完再离开。

母亲每两周给我送一回，都是她自己煎。

我愿意吃发面饼，这里有个流峪集，五天一集。母亲买来饼，在锅里煎热，她估摸好时间，不早不晚送到学校，我吃的时候，饼还热乎乎的。

那时，所有的学生都穷，吃不起食堂里的饭，只有一个教师的孩子能买馒头。到校六里地，来回十二里路，母亲就是这样来来回回两腿走，给我送点儿好吃的，改善生活。

我学习很努力，心里就是觉得我是给母亲学的，身上有劲儿。我小学当班长，初中是学习委员，数理化都是满分，语文政治也很好。到了淄博商校，还是班里的课代表。

现在母亲这个样子了，我回到家里，总是安慰她，我给她擦眼泪，擦脸，陪着她拉呱儿，给她讲故事。哪有那么多故事讲啊，我就讲学校里学生的事儿，讲乖巧的孩子，也讲调皮捣蛋的，还有道听途说的，就是给母亲解闷儿，让她开心。

天气暖和了，我把她抱到轮椅上，到外边晒太阳，你看，我家门口就是山，春天花开了，我推着母亲看花。只要邻村有广场舞，有唱戏的，我就背着她去看。

我说娘，你别害怕，儿子伺候你，有娘，我就是个孩子，我就幸福。你要是胡思乱想，我心里就难过。

我要把母亲接到学校去住，她说我不去，你们都要工作，真要是都出门了不在家，我有事儿怎么办？家里人手多，你爹就是不在我身边，还有邻居照看着。

母亲病情稳定了，可我父亲又出事儿了。

春天，父亲在地里种花生，我妹妹回来帮着他。这之前，父亲就给我电话，说头晕，腿难受，蹲下就想呕吐。

我说我这就回去看看。我还在路上的时候，父亲正在地里搂土，突然他脸发黄，蹲下呕吐起来，接着就躺在地上。我正好赶到了，立即叫了救护车，拉到县医院。

等到检查完就是晚上了，是脑血栓。我陪在那里，一夜没有睡，天明还要回学校上课。我让妹妹在家照看着母亲，一人陪护一个。我爱人刚生了二胎，孩子才一岁，就靠我来回跑。

父亲住了半个月就出院了，可是，又过了几个月，是 9 月 29 日的晚上，夜里两点，父亲又发病了。

我赶紧到了家，可是大门里面锁着，我把门推得咣当咣当地响，就是没人开。我着急了，从墙上翻进去，一看父亲已经下不来床了。

救护车已经赶到，可村子的巷子很窄，根本开不进来，我就背起父亲跑出村。

到了医院，天就快亮了，我付上款，才打电话告诉我小妹妹。这次，父亲又住了半个月。

第三次，是刨花生的时候，我刚从家里走，父亲又发病了，我赶紧叫来救护车。他住了一星期的院，又好了。

第四次是冬天，父亲在家里又犯了，这次算轻，是他自己上的救护车，在医院住了一个星期。

第五次，是出院两天后又觉得不好，重新回到医院。医院里都认识他了，又住了十天。

前边说了，我父亲好喝酒，也有酒喝，在家一天喝两次，一顿三四两。好酒他也喝不起，就是五六块钱一瓶的平邑特曲，30 元一箱，六瓶。

他就是喝酒把身体喝坏了，至今，他每年要犯一次病，怕凉，所以每到冬天我都提心吊胆。那一次，是半夜打来电话，我着急了，没顾上开灯，摸了一件衣裳穿上就走，到了门口一看是我爱人的外套，平绒布，绿的，我也顾不得回去换了。

还有一次，也是冬天，我穿着袄跑出来，里外都穿反了，跑到医院，发现什么也不在口袋里，只好回家去拿。后来，我就把衣裳、钱和卡放在特定的地方，不定什么时候摸着就走。就是让我父亲的病闹得，到现在我晚上都不敢睡踏实。

我父亲说，要不是儿子，我早就埋了。

我父亲兄弟三个，大伯、三叔从前和我们一块儿过。我大伯身体后来残疾了，从前在生产队，他当保管员，村里拉来氨水，他去拧盖子，盖子一拧开，不知怎么眼睛被熏坏了，得了严重的白内障，一只眼失明，当时他才四十多岁，我也在家。

大伯对我们很好，我小时候，他左边抱着我，右边抱着我妹妹。

他和我们住在一个院子里，我们兄妹多了，就各做各的饭。我们做了好饭，就把他和三叔叫过来吃。

大伯也很穷，总穿得破破烂烂的。我三叔，生下来就是个瘸了，神经不太好，生活能自理，可是犯了病就骂人，是间歇性的。前几年，我领着他到淄博找医生，也没看好。但是，我得照顾他们，他们弟兄三个就看着我这一个儿，我有责任。

我大伯觉得小便憋得慌，自己弄了中药在家里熬，吃了一阵子没效果。我说，咱到正规医院看看吧。到那里一查，很严重了，必须做手术。

站在那里我犯了难，身上只有四千块钱，再没有别的积蓄了。我给爱人电话，她说那就借借吧。这样，我找朋友，她也找家里，这才凑足了住院费。

大年初三大伯住院，没有人伺候，我说我吧，正好是假期。我买了四块泡沫垫子，在他床底下打铺。住了半个月的院，我给他交了一万八。

我对大伯说，你不舒服，以前不说，到现在才说。

他说，我怕花钱。

出院时，他问我花了多少钱，我说不多，就几千块。

那时候，乡村里还没有医保。

他说，我听别人说花钱怪多，我以后还得来，怎么办?

我说以后再说以后的，我给你想办法。

我找了县民政局的人，他说符合条件，就给大伯办了五保，每月给他五百二十元，够他生活的了。

总是让侄子花钱，大伯和三叔过意不去。有时候说起我，说着说着，他们竟然哭起来，哭得红眼大鼻子的。我爱人就对他们说，以后别哭了，又不是小孩儿，家有一老，胜似一宝，俺当儿女的，从来没觉得您是累赘。

这一说，他们又笑了。

今年，我给大伯盖了房子，让他和三叔一块儿住。因为正好有危房改造的政策，上边给了八千，我出了一万四，盖了三间屋。五十多个平方，用了四吨水泥，又建了院墙，通上水电，门窗用的铝合金。我还给他们安上防盗网、防盗门，大伯笑着说，我还有什么东西怕人偷啊。我说，安上好看嘛。

我现在工资还行，副高职称，我不抽烟，不喝酒，平时也省吃俭用。

实在说，我没多大的能耐，就是找了个好媳妇。我当老师，爱人在幼儿园代课，她工资不高。可是爱人处处体贴我，我家里出了这么多事儿，她从来不埋怨，默默地支持我。她从来和我不说钱，不问我的工资，也不向我要。我经常加班到晚上八九点，两个孩子就靠她照料，没有对我说过半句怨言。老人连连发病，当我说没有钱了，她总是说，没有咱就借，不能亏待老人。

她到娘家去拿钱，我岳父岳母就给她。等我们有了钱也还，但有些钱恐怕记不得，也没法还了。岳父是小学教师，我们结婚时他还没有退休，岳母就是普通百姓。三番五次花他的钱，岳父从来不说什么，反而嘱咐我们，好好干工作，条件差是暂时的。他也经常嘱咐女儿，到我家，一定给老人买东西，吃的，用的，要想得细。

我们孩子的学费，岳父他都给包了。老人中师毕业，月工资不少，住在城里，老家也有房子，他烟酒不沾，生活简朴。我们的孩子考得好了，他就奖励。

内弟对姐姐对我也很好，他泰安医学院毕业后，在县医院当大夫，老人看病，他能帮助我了。他花了三千多，给他姐姐买上新手机，过年都给姐姐零花钱，我两个孩子每人一千，这里叫“磕头钱”。

侧记：

包秀成的村子叫赤梁院，在东边山脚下，房屋错落，街巷很窄。包秀成的家在村前，门口离山只有几步远。这是个贫寒的家庭，两间堂屋，和别人家的房子相比，不高也不宽，像缩水似的。巴掌大的小院子，西边一间耳屋，一切还是二十世纪七十年代的模样。

屋里，一个旧的长沙发，一张破茶几，靠北墙是吃饭的小桌。南边窗台下，就是东北大炕。炕边横着的小床上，躺着包秀成的母亲，老人依旧瘫卧着，只是睁着眼睛，默默地对着屋顶。

包秀成质朴、安静，举止间很有教师修为，坐在小板凳上对我叙述的时候，还不时地扬起脸来，看看母亲。

俺就是她们的妈

（曹广玲，临沂市费县经济开发区西洪沟村人，个体。山东省道德模范，临沂好人，山东好人等。）

一

我年轻的时候，老想着当个作家，女作家。我考上了临沂师专，才十几岁，可是身体不好，在学校得了黄疸型肝炎，怪严重，只好休学，养了几年病，那就是延期毕业。

我和俺爱人是娃娃亲，可不是旧社会的那种，就是我们两家怪好，还有亲戚关系。我爱人的姐姐，和我姨家表哥是夫妻。我父亲原来在费县物资局工作，在家具厂当师傅，他的木工手艺很好。我公公家里开了食品站，是屠宰场。他们老兄弟们关系好，看着我们两个小孩在一块儿玩儿，就是半开玩笑半认真地说，咱们以后做亲家吧。

我十四岁的时候，大人说起这事儿，我觉得是闹着玩儿。反正俺两个人从小在一块儿，青梅竹马啊，两小无猜啊，谁爱说什么说什么。我们上初中时，同学们都传开了，还开我们的玩笑，说就说，我没觉得怎样，无所谓，可是他害羞。他叫张子强，到俺家来，我说他，我都不害羞，你差什么？你男人家，脸皮是窗户纸啊！

临沂师专毕业后，我到临沂丝绸公司上班，在服装厂做后勤，主要负责办公室的文案或者接待来人什么的。后来，企业不景气了，连年亏损，发不出工资，我想，不能在这里瞎等了，就回到老家自己干，弄了个门头卖服装。

张子强在安徽当兵，是武警，三年后退役，分配到县篷布厂，我们就结了婚，当时我二十二岁。

我做所谓“代理妈妈”很偶然，县妇联组织爱心活动，给山区的孩子捐书包、本子、钱，等等。朋友过来告诉我，说曹广玲，看你平时对人怪好，这活动你参加不参加？我一想，跟着去看看吧，凑凑热闹。

我们到了梁邱镇，这里是费县南边的山区。我们进了一个小村庄，就在山底下。房子有新的，有旧的，还有的稀破稀破。看房子，富的有，穷的也不少。我从小在城里长大，从来没有到下边的人家里看看，这一看我的心就揪紧了，有的家庭真是贫困。

我到了那一家，可怜，就在桥边搭了几间屋，还是姥姥的家。屋里，几乎什么都没有，床，就是用砖摞起来，上面放上些木板；锅台是用泥巴糊起来的，连张吃饭的桌子都没有。屋里三个女孩儿，穿得又破又脏，靠在床前一个，那两个站在旁边，看看我们，都低下头，什么也不说，头发、小脸儿那个脏啊。她们的母亲坐在板凳上，呼呼地哮喘。

姥姥告诉我们，孩子的父亲酗酒，喝上酒就打她们的妈，嫌她没生个儿子。大的女孩已经上三年级，可是，她爹不想让她上了，没钱。

当时我就哭了，我在门口轻轻地哭。我想我妈也是生了三个闺女，我是老三，俺奶奶就嫌弃我，见了我就呵斥。

回来以后，只要遇到妇联给孩子们捐款，我都拿钱，没有多也有少。妇联组织其他活动，如果有空我也参加。参加得多了，我的心思发生了变化，做完生意，不知为什么，心里老是挂着山里那几个女孩儿，越想越放不下。后来捐款，我能多捐就多捐，心想如果那个上三年级的女孩儿有了这点儿钱，就可能不会失学。

有件事儿对我触动很大，也是在梁邱镇，我遇到一个女孩儿，上四年级了，个子也不矮。孩子的母亲是南方人，生下她以后就跑了，孩子就和父亲、奶奶过日子。我们暑假去看她，天气很热，走进她家，屋里脏乱且不说，地上铺了一块破席子，女孩就坐在上面。一看那情景我很难为情，脸都红了，孩子都那么大了，快要成为姑娘了，可是上身光着，她没有衣裳穿。

我也不知道怎样和她说话。我说，城里的孩子，放假都勤工俭学，你也要出去，找点儿合适的事情做，积攒点儿学费。可是，女孩抬起头看着我说，你们经常给钱，我还用着勤工俭学吗？当时我就无语，心里说不出是什么滋味儿：贫穷让这孩子懒了，没志气了，想到的是不劳而获。

我想，这不行，我要把她带到身边，告诉她，只有自己种的地，才有吃不完的粮。我要先扶她的志，怎么说我也是学师范的，虽然放下多年，但自信教育孩子还行。

回到家里我就想，自己还要做生意，能力有限，没办法把这些孩子都管起来，我是不是每个周六接她们过来，住在我家，让她们感到温暖，也能教育她们，周日下午再把她们送回去啊。

这个办法，我越想越觉得好，越想自己越高兴，天一亮我就对自己说，就这么办了，接这些孩子！

有个女孩叫张丽，真是个苦孩子。她母亲是精神病，不知从哪里流浪到这里来，已经怀孕了。女人在车站上游荡，被人遇见，就把她领到父亲这里来，来了不久就生下这个女儿。可是，女人把孩子扔下，又跑了。

张丽的父亲智障，可是对孩子好，是奶奶把张丽喂大，上了一年级。

父亲不会劳动，家里还有个重病卧床的大伯。

我是2012年去看她的，她家里养着一只小狗，生人来了，狗一叫，女孩就跑出来。

她家太穷了，两间小土屋，破门，我是弯着腰钻进去的。屋里头，三块砖支着锅，一个小饭桌，没有凳子，吃饭就是站着、蹲着；哪有床呀，就是在地上铺开苫子睡；被子烂得就是一堆灰呼呼烂棉花。

我和她父亲说，我要把你女儿带到我家，父亲乐意。我问张丽，你愿意吗？张丽看着我，点点头。可是她姑姑不乐意，说她爹智力不好，就这么一个苗儿，走了不回来怎么办？我说你放心，我就是周六周日带她玩儿，周日下午再把她送回来。

我把张丽领到家里，给她洗澡、梳头，换上新衣服。孩子很乖，不多说话。我问她喜欢吃什么，她说想吃面包。我说好，明天我给你买。

第二天，我买了好多长面包，看着她吃。孩子看看我，开始不好意思，胆小。我微笑着点点头，孩子就大口大口吃起来。我说还有，慢点儿吃，别撑着。

到了回家的时候，张丽胆怯地问我，姨，我能拿一个面包吗？

我说可以啊。

她说，我拿一个给我爹吃。我当时就流泪了，多么懂事的孩子。

我把张丽送回家，她父亲看着女儿全身新衣裳，光呲着牙笑。

从那以后，每到周六我都去接她。

叫方慧的女孩儿，家是南山冯家沟的，妈妈生下她就跑了，父亲出门找，不知为什么也失踪了。她还有个叔，倒插门到了外地。方慧就跟着爷爷，住在三间小屋里。

我到她家，屋里就是个木板床，一个马扎和锅台。爷爷人品很好，就是哮喘病特别厉害，四季都犯。

方慧上二年级，我跟她说，到我家住一宿可以吧？她点点头。爷爷通情达理，对方慧说去吧，好好跟你姑学人理道德，你要好好感谢这个好心的姑啊！

我也是星期五下午开车接的她，到家也是先给她洗头。开始我没注意，这时一看，孩子的头发里面怎么发白呢？给她一洗，我身上的鸡皮疙瘩一下子起来了，觉得自己的皮肤发麻：脸盆里的水上，漂着的都是虱子；那些虮子，就是虱子的卵，就像白白的小米粒儿，在她头发上一串一串的，都粘在上面。以前我光听老人说，从来没见过。

我咬着牙，闭着眼，一遍一遍地给她洗，肥皂一遍一遍地打。我是又恶心，又可怜这孩子。

洗完头，再洗澡。

完了，我问方慧最想吃什么。她说鲅鱼。我说好，我这就给你做。晚上，我就给她做鲅鱼，做米饭。方慧说，阿姨，你做的比俺爷爷做的好吃多了。

第二天，我领着方慧去买衣服。正是秋天，方慧就穿着一条衬裤，外面都没有裤子套。方领上衣，还是邻居给她的。我给她买了一条小长裤，牛仔色；买的衬裤带着小花儿，小褂子也带花；买上帆布小鞋，鞋带儿是蓝色的。

回到家，我让她换上新衣裳。孩子没有内裤，我把买来的内裤让她先穿上。她问，阿姨，为什么先穿这个？我说，小女生都要穿这个，以后你要每个星期洗一次，我会经常给你买。她点点头。我又说，你的衣服我给你洗洗带回家行不行？她说行。

晚上睡觉，我搂着她。孩子很懂事儿，她说阿姨，我头上的虱子会爬到你的头上吗？我说，不会的，我都给你洗干净了。

可是，有个虱子还真的爬到我的头上。

我问方慧，你长大了干什么？

她想了想说，我不知道。

我不问她家里的事，我怕她伤心。

有个孩子叫李慧，也是南边山村的，她父亲遭遇车祸去世，但是车逃走了。随后，母亲离家出走，没有了消息。爷爷奶奶都有病，爷爷养猪，就住在荒郊野外。

李慧有些智障，十以内的加减法都不会，十一岁了，到现在还尿床。我把李慧接到家里来，她可高兴了。这时，我家已经有两个女孩了，晚上，我只好一床搂着三个。

李慧一尿了床，我就感觉到了，不敢吵醒她，悄悄地给她换上裤子。天亮了，她就知道了，不敢说话。我说不要紧，先上卫生间，这不是你的错，这个能治好。

可是，到现在也没治好，唉，愁人。

二

带着这三个孩子，周五下午接来，周日下午送回去，我有经验了，那就再接几个吧。

刘薇薇的家在南山里的石井村，当时是市妇联带着我去的。薇薇的父亲有精神病，走失了，母亲把她生下来也走了，爷爷奶奶养着这个孙女。

孩子上了村里的幼儿园，可是自闭，不说话。我问她，到我这里来行不行？她不说话，就是摇头，不来。我说，就住两天，我再把你送回来。她还是摇头，不说话。

奶奶愿意，可是薇薇的大爷不愿意，离开家，如果被坏人领走了怎么办？我说你放心，要不你先到我家看看。

她大爷就领着她来到我家，我见到刘薇薇，就把她搂在怀里，给她讲故事，讲老山羊给小白兔送白菜，可是她的脸上没有表情，只是点点头，她害怕陌生。

我再讲别的故事，她听了，还是点点头。

她大爷放心了，回去了。薇薇就住在我这里，但是她和小伙伴们不说话，总是站在一边看，脸上没有表情。

晚上，她睡下倒是很安静，可是早晨起来，还是不说话，问她，就是哼一下。

我接送了好几回，薇薇都是默默地来，默默地走。那一次，她感冒了，摸摸她的头，发烧，我抱起她亲亲，带上她去打针吃药。

晚上我不敢睡，把药备好。半夜起来，摸摸她的头还是发热，我就用毛巾给她冷敷。这时候，她睁开眼睛，静静地看着我，就那么看着，然后，嘴唇嗫嚅了半天，轻轻地叫我：妈妈。

我高兴啊，她接受我了。

从那以后，薇薇开始说话了，到了现在，她太能说了，有时候和我调皮，还和我狡辩。刚来的时候她自私，我给她的东西，她不分给别人。我说这不好，人家给你吃，你有好东西也要给别人，长大了才会有朋友，大家才会互相帮助。现在她完全好了。

……

我看不得受苦的女孩儿，看到了，我就想往家里领。孩子在床上并排睡，睡不开了，我就把桌子、椅子靠墙，上面再铺上被子。

我爱人只好在外面打地铺。

我干这个事儿，开始，他心里不同意，嘴上也不反对，可能就觉得我脑子发热，热过去就算了。

可是，我却越干越热乎。我周五开车接孩子，五个乡镇串起来，去早了，孩子没放学，我就在门口等，等着孩子都齐了，接回到家就八九点。夏天天长还好，到了冬天回来，邻居们有的都睡觉了。孩子来了，兴奋啊，洗漱，吃饭，乱腾，邻居们就不高兴，说曹广玲这是要干啥呢，弄得四邻不安。

我爱人也嘟囔，他说这家全让你给搅和乱了，四邻也让你弄得不安生。

我想，不行咱不在城里住了，把房子卖了回老家，到俺娘家买房子。

张子强可就不同意了，他说你扶贫就扶贫吧，还要卖房子，好日子不过，你整天到处收留孩子。我们就吵架啊，我这人脸皮厚，和张子强吵了，我再笑着跟他说；说不通，再吵，吵得几天他都不搭理我，我再嬉皮笑脸，反正他也知道我这个烂脾气。最后他也真是够了，说你爱咋的就咋的，日子不过都行！

我们就把城里的房子卖了，卖了六七十万，回来在俺家宅基地上盖了两层楼，我又买了两层，就是墙东那个院儿。

房子有了，我又领了几个孩子。

赵晶晶，是个弃婴，被敬老院的人捡来，从小就在敬老院长大。我走访敬老院，听他们说起这个事儿，我就到学校找晶晶。当时晶晶已经在梁邱镇上初三了，见到我，不敢抬头。老师也告诉我，晶晶从来不敢抬头看人。

我想我要给她母爱。我说晶晶，到我家里来，你有好多妹妹在那里，你最大，也能帮着我照顾她们。

可是她不说话，总是低着头。

我说你考虑考虑，如果行的话就给我打电话，我把电话告诉你。

我回来了，几天后，赵晶晶突然给我电话，说阿姨，我这星期可以到你家吗？

我说太好了，你来，你来，我去接你！

她说我自己来。

到了星期六，晶晶坐车来了，我到车站接的她。

我领着她去买衣服。我看中了一件衣服，问她喜欢不喜欢，晶晶说行。我说这一件呢，她又说行。我又拿另一件问她，她还是说行。

我这人很敏感，立即想到，晶晶没有父母，捡到她的老人就是监护人。这个老人，从小不让她接触外面，担心别人欺负她，也担心被人认走失去这个孩子。晶晶从上学起，从来没有进过城。所以，她从小没有选择，也不会选择，不会也不敢拒绝什么，老注意讨好别人。

想到这里，我心里一阵酸楚。我说晶晶啊，不许这样，喜欢不喜欢大胆说。

我给她买了好多衣裳，回来的路上，我说晶晶，你大了，要学会选择，喜欢，或者不喜欢，不喜欢的要拒绝，不要逆来顺受，你要大胆说。

我又说，你将来要上大学，你喜欢一个男生又不敢说，别人会抢走了他；如果一个你不喜欢的男生找你，你怎么办？

晶晶想想，点点头。

周日回去的时候，我送她，我说晶晶，你年级高，大了，你自己来就可以，以后你要常来。

过了一些日子，我开车送晶晶回老家。我知道她没有妈妈的概念，路上，我边开车边说，晶晶，你以后要叫我妈妈，我知道你讨好别人的原因，其实你做的事情，好多是你不愿意的。你要学会爱护自己，不要违背自己的内心，要不，做了也不快乐。

我说到这里，晶晶哭了。

我把她送到学校门口，我走出车，站在那里，看着晶晶进校。可是她站在那里不动了，也看着我。最后，她终于跟我说，妈妈再见！

从此，她就叫我妈妈。

晶晶上到高二的时候，学校要开家长会。

晶晶给我电话，说妈妈，你能来开会吗？

我说，我去！

那是晚上，教室里坐满了学生家长。

老师也知道我做的事儿，就让我代表家长发言。

我站起来说，说完我就坐下了。

可我怎么也没想到，晶晶这时走到前边来，对着所有的人。她说，我的学习成绩不是很好，可是我很快乐，其实大家都不知道，我是一个弃婴。

说到这里，所有的人全都愣住了，别说是家长们，就是班上的老师和同学们都不知道。我经常到学校给晶晶送牛奶，大家以为我就是她妈妈。

晶晶接着说，我没有妈妈，但现在我有了妈妈，她教我学会了喜欢和拒绝，教我人生的道理，我虽然不知道我的妈妈是谁，但我面前的妈妈比我亲妈还亲，她爱我，可她也不容易……

这时，教室里一片抽泣声，我也哭了，可我心里高兴：晶晶敢对着所有的人讲出自己的身世，把她心里黑暗的一面讲出来了，她心中已经有了阳光，她敞开了。

晶晶的成绩不太好，我让她上辅导班，她说，妈妈，我不去。

我问她为什么，她不说。我说，世上最公平的就是考大学，你要不努力，以后不可能再有这样的机会了。

她听着，哭了。

我追问她，到底为什么，她说妈妈，辅导班钱太多了。我问多少钱，她说四千多。

我说晶晶呀，你的人生不止四千元啊，你不要多想，只管好好学习。

我给她交上钱不久，她在学校里犯了头疼，躺在宿舍里不能上课。老师给我打电话，我连忙赶过去，要领她到医院。

可是晶晶说，妈妈，我没有病，就是压力大。

我说你的压力在哪里？

她说，我要是考不上大学，就对不住你对我的恩情。

我一听急得哭起来，我说傻孩子，你不要这么想。你弟弟是我亲生的，亲生的也未必能回报我的养育恩。我帮你，也没有想到让你回报，要想到回报我就不这样做了！

我带着晶晶，到临沂找了心理辅导医生，医生说没什么问题。我说晶晶啊，别紧张，咱考不上本科还有专科，学好了都一样。

后来，晶晶真的考上了大学，她因为化学很好，就学医学专业，以后干医生，多好啊！

我最心疼的就是英子，因为她最小，是我领的第十一个孩子，我都叫她小十一。

开始，我有个朋友，让我帮她找个孩子，她也这样带。我就到幼儿园里替她选到英子，当时英子正上中班。

英子的爸爸骑着三轮车赶集，被一辆电动三轮撞到后，成了植物人。肇事方也是农村人，根本无力赔偿。看着日子没盼头，英子的妈就走了，再也没回来。爷爷奶奶都八十多岁了，带大了孙女儿，又送她到村里的幼儿园。

这孩子很懂事儿，我到她家去，看见她坐在小凳上，给躺在炕上的爸爸喂水，才六岁啊，小手捏着小勺儿，一勺、一勺，喂得很认真、很仔细，就是个小大人。水从爸爸的嘴里流出来，她就用小毛巾一下一下地给他擦。

因为我已经带了十个孩子，顾不过来了，经济条件也不允许，我就把英子领出来，领给了朋友。没过几天，朋友却领着孩子来找我，说孩子太小，不好照顾，不要了。

可是，孩子是我接出来的，这弄得我很被动，心里也有些那个，我怎么再把孩子送回去呀。

可是，这个六岁的孩子，见别的孩子叫我妈妈，她就拉着我的手，仰着小脸问，妈妈，我也能叫你妈妈吗？

我一看这孩子真是可爱，唉，多少不差这一个了，我就留下吧。

小十一真是讨人喜欢，小圆脸儿，牙齿整齐，眼睛晶晶亮，她总是拉着我的手，仰着脸看着我，看看，就嘿嘿笑。只要我坐下，她上来，抱着我的脸就亲，说起话来像个小大人。

我给她们辅导作业，我数学不好，讲着讲着，自己就说不清了。说不清楚我就生气、发火，我说越是我数学不好，你们都不好，这怎么弄啊？

小十一就说，妈妈别生气，我们都不好，是遗传，我们都遗传了你。

我扑哧一声就笑了，我说，抽血化验，一根血毛儿都没有！

小十一说，有，有，妈妈，都是遗传。

2017 年，快过年了，我领着孩子们去旅游。我们专门去北京，看天安门，再到长城。因为小十一太小，又是寒假，临走的时候，大家先去看看她，我还给她买了小衬衣、小棉袄。

当我们回来，见到我，小十一把手伸到衣裳里，从里面衬衣口袋里，掏出一颗巧克力给我，说妈妈，太好吃了。

我说你从哪里弄的？

她说，是我姑奶奶的孙子给我的。

我说你怎么不吃？

她说妈妈，我给你留着，妈妈你吃，太好吃了。

我剥开一看，贴在衬衣里面，巧克力都融化了。可就这一颗巧克力，小十一从年前留到年后，一直等着我。

小十一还说，妈妈，我找对象就在你村里找，天天和你在一起。

你说，真是喜煞人。

这些孩子都很懂事儿，前年吧，方慧过年回家去了，初二我去接她，她手里拿着一个小发卡，黑色底儿，塑料的，上面带着两个小黑钻，挺好看的。

她说，妈妈，我给你买的。

我问哪儿来的钱，她说，爷爷给我十元压岁钱，这个发卡正好十元。

说完，她就给我戴上，歪着头，左右看看说，妈妈，你真漂亮。

我说慧慧，我现在是世界上最漂亮的妈妈。

去年，是我和张子强结婚二十周年，那天，方慧把二十根棒棒糖献给我，她说，妈妈，糖是甜的。

三

在我们离开县城，在村里盖房的时候，我就觉得腰疼，当时以为忙房子累的，休息几天就好了。可是越疼越厉害，后来，实在受不了了，俺姐姐说你这样拖着不行，死逼着我到医院检查。

姐姐领着我去的医院，拍出片子一看，是腰五椎体滑脱，五椎弓崩裂。大夫说，就是劳累过度，严重了会造成下肢瘫痪。

我一听就愣住了，转身对俺姐姐说，如果我瘫痪了，我那群孩子怎么办？俺姐姐当时就掉泪了，说你都这样了，心里还惦记着那些孩子。

医生说要动手术，我说不行，万一不成功我瘫了，孩子就没着落了，保守治疗！

我带着矫正器回家，就是在腰上绑上钢板，让它顶着颈椎。

我跟俺姐姐说，你要瞒着咱爹娘。

姐姐疼我，她叹口气说，瞒着，瞒能瞒多久啊。

果然，俺妈细心，我走路她就看着不对劲儿，她就打电话问我姐姐，这么大的事儿，姐姐不敢瞒着，就实话实说了。

母亲立即打电话问我，我说没事儿，矫正矫正就好了。母亲不相信我说的话，她和父亲当晚就到我这儿来。母亲掀开我的衣裳一看，当时就哭起来，说不弄了，不弄了，再怎么咱也不弄了，傻闺女弄这个，命都不要了啊！父亲气哼哼地瞪着我，说我们都这么大年纪了，能等着你照顾我们？哼，我们都没指望你！

我的腰这么疼，那么疼，很痛苦，我也几次动过念头，不想弄这事儿了。可是，晚上睡不着，还是牵挂这几个孩子，最惦记的就是小十一，她才那么点儿就没有了妈，和我这么亲。我要是放弃了，她们又成了孤儿了。

父母当然心疼我，想来想去，我就带上老人到孩子老家看看。

星期五我去接孩子，正好带着俺妈。正是冬天，很冷，还刮着寒风。我们先到了张丽家，这时候，孩子就站在家门口，站在冷风里等着，见我来了，迎上来，亲热地叫我妈妈，叫俺妈姥姥。

我领着俺妈进了院子，进屋去，看见张丽的大伯躺在炕上，下面的小桌上，放着一个小铝盆儿，盆里下了一点儿面条，就是清水煮的，没有吃完，已经结了冰。靠墙的破沙发少了一条腿，用砖头垫着，是邻居搬家扔了的。晚上，张丽在这个沙发上睡，被子、书本全在上面放着。

俺妈看着，难受了，嘴角在颤抖，她问孩子，你就在这里睡觉？

张丽点点头。

俺妈四下里看看，泪水在眼里打转，她拉着孩子的手，领着上车。

路上，俺妈没说一句话。

我父亲听我妈的，从那以后，他什么也不说了。

那边的房子，是孩子们的小食堂，桌子椅子都有，一会儿咱去看看。有时候，我姐姐经常帮我给孩子们做饭，俺妈也时常过来帮忙。

我爱人了解了这些孩子的身世，同情了，理解了，也支持我了。现在车越来越多，我不敢开了，费县南部都是山路，曲里拐弯。他说你别单干了，咱们分工，到星期五，我接送南部山区的几个，你接北边的，北边是平原。

我高兴地说，张子强，觉悟越来越高了。

他说，找了你这样的愣头青，我没法儿了！

孩子看见张子强，就喊他老爹。他平时不多说话，可是孩子一叫他就高兴。

我说，当年你还和我闹别扭，现在女儿们对咱怎样？

他就笑着说，沾你的光了，沾你的光了！

我经常批评孩子们，可是他从来都是很温和。我对他说，孩子都让我得罪了，你就天天当好人吧。

开始，我儿子也不愿意，尤其是小儿子，他三四岁时候，看见家里来了些女孩儿，就和她们打架，随我，也是个急脾气。

有一回，我买菜回来，儿子和张丽都在哭，儿子在屋里哭，张丽站在院子里哭。

我儿子哭着说，为什么把她接来？她又不是咱家的孩子。

张丽哭着说，妈妈，我想走。

我很难过，我问她为什么，唉，孩子间，就是些小小事儿。

然后我说，两个孩子打架，都不是好孩子。

我就蹲下来哄儿子，我计划生育，先生了你哥哥，又生了张丽姐姐，我特别想生才生了你。我先把姐姐送给了人家，想她了我才把她接回来，你要这样，我再生一个，把你也送走。

儿子不说话了，后来，他稍稍大一点儿，觉得迷惑，他问我，妈妈，你怎么生了一个又生一个？

我不能再撒谎了，我说，这些不是我生的了。

他一听又哭起来，说她们不是你生的，都是来跟我争妈妈的！

我因为忙，他也上学了，我每天去接他，有时候路上堵车，他在校门口等不见，就哭，我到了，他就嗷嗷地耍脾气。他从小学就爱打篮球，有时候，放学后再打一会儿，累了，也迟迟等不着我，就在老师的床上睡着了。

后来他也大了，跟这些孩子一块玩儿，也有了感情，知道每个孩子爱吃什么，谁谁爱吃巧克力，谁谁爱吃泡泡糖，他出去买来就分。

我大儿子老实，但小时候也是不高兴。我领来的孩子多了，他说，她们来，拉低了我们的生活水平，以前你领我们吃牛排，现在不领我们吃了。

我没有别的理由说服他，就带上他去接孩子，就像带我母亲一样，回来他就不说了，也是个善良孩子。

我大儿他个子高，脚大，现在要穿 47 号鞋。以前，他要买耐克，买阿迪达斯，一双鞋要一千多，大号码的鞋商店里没有，我都给他订购。后来，他懂事儿了，穿衣不再讲什么牌子，给他买什么他就穿什么。

他上到高二，一米八六的大个子。我说儿子，长大了，买双好鞋吧。他说，我在淘宝网买了，便宜，三百元一双，省下钱，你给小妮们买羽绒服吧。

当妈的当然高兴，儿子不再讲究奢侈，更重要的是他有了同情心。去年冬天，他回来跟我说，他班里有个同学，穿得很单薄，你卖服装，能不能给他一件啊。

我说怎么不行，送他一件，我到店里提回来，你送给他。

儿子想了想说，硬给不好，伤人家的自尊。

我说也是。

儿子想了半天，说这样吧妈，这个同学个子不高，我拿上衣裳和他这样说，这是我妈卖不了的，压了好多年，里边的羽绒都不暖和了，正好一件大的一件小的，大的我穿，小的给你，也算给我妈帮忙，同学就会高兴地接受了。

儿子带上羽绒服回到学校，送给了同学。回来后他跟我一说，我真是从心里边高兴，儿子帮了别人又不伤害别人，心眼儿好还有智慧。

吃饭的时候，我自豪地说，看看，看看，儿子随他妈。

张子强坐在一边光笑，他说随你随你，都是好人！

儿子受我的影响，爱上服装设计，他考上了大连艺术学院。

我对他说，学历就是一个门槛，做人可是一辈子。

儿子就点点头。

四

我家里，坚决不挂孩子们的照片，我也不让别人来拍照，无论在什么地方，我也不和孩子合影。我不宣传，主要是保护孩子们的隐私和她们的自尊。做这事儿，我不能在人前有半点儿作秀。

人到中年，我有些认识和孩子们还真的不一样。

那年，有几个孩子先后上了学，老师给我电话，说要给她们评上贫困生。我不同意，我说这不是伤孩子们的心吗？可是，有两个孩子在学校就把表填了，需要家长签字啊，她们就拿回来了。

我不高兴，我说你们怕我养不起你们啊？可孩子说，妈妈，帮助贫困生的钱是国家给我们的，我们为什么不申请？这样，也能省下你的钱，你太不容易了。

我不吱声了，孩子真是重情重义。

这些年，我也真是不容易，陆续收留了十一个孩子。接过来，给她们做好吃的，给她们买穿的，上学了，还要给她们交学费。我还得好好打理服装店，生意如果黄了，我用什么养活这些孩子啊。

随着十一个孩子慢慢长大，我感到经济压力越来越大。

我这几个女孩儿，数着刘薇薇学习好，比我自己的孩子学习都好。她心灵手巧，写一手好字儿。我心里有个出发点，学习好的，我让她成才；学习不好的，培养她成人，让她对父母好，对别人好，所以，我让她们学习传统文化，学习礼仪，培养她们的品德。

在那边楼上，有我们的小教室，墙上贴着的，都是古人的经典名言，我就给孩子们讲，让她们背诵，也教她们背唐诗宋词。

刘薇薇想学古筝，我去问了一下，一个月要 2980 元，学出来要花好几万，可我拿不出这笔钱了。我对薇薇说，你妈妈现在生意一般，我拿不出钱来了。

薇薇点点头，没说什么。

也是凑巧，过了些日子，有个人看中薇薇了，私下里找到她，要把她领走当女儿。

那个人我知道，是俺县里的一个干部，在我们这里挂职，他家里什么都有。

薇薇记下他的电话，回来跟我说，妈妈，那个人非要要我。

我又打听一下，都说那个人不错。我就回来对薇薇说，那个人，他家里很好，两口子都很善良，你过去了，可以学到更多的东西。

我话还没说完，薇薇突然哭起来，呜呜地哭，她哭着说，妈妈，我不去，我什么都不学了。

我一下子觉得话不妥，无意中和前边学古筝的事儿连起来了。薇薇越哭越伤心，她说妈妈，你为什么不要我？我什么都不要了，我就好好学习！

我说薇薇，妈妈没有别的意思，妈妈怎么会不要你啊！好，咱不去，咱不去，你就跟着妈妈。

我给薇薇擦干脸上的泪，孩子还恼得嗝嗝儿的。

这疫情一来，我的店，基本上是停业状态。我跟我爱人笑着说，张子强啊，我年前，没挣一分；年后，一分没挣。

他就说，饿着啦？够吃的就行。

也有的企业想赞助我钱，我说我不接受，你们真想帮孩子，我给你找好，你们对接。我养的这些孩子没问题，你们如果送些学习用品来，我要。

老人们至今对我还有意见，说挣点儿钱都让我嘚瑟了，可俺娘支持我，（笑）我心里明白，我说娘，你支持的不是这个事儿，你是心疼你闺女！俺娘眼一瞪我，说看看，白疼了，好心当成驴肝肺！

有人问我店里挣了多少钱，我说俺不想，俺不算，俺要是一算，还舍得花吗？

有人问，这么多小孩儿你愁不愁？我说俺不愁，俺要是愁还能干吗？愁了就干不成了。

我这个人就这样，嘴连着心，有什么，说什么，我很信咱沂蒙山的一句俗话：笑里不藏刀，刀里不藏笑。

别看我外表柔弱，骨子里硬得很，拗，还轴，什么事儿，只要认准了，非干到底不可，惹急了我性子也烈。小时候俺娘打我，我火了，俺姐姐背着我跑，我大声地哭，两条腿乱蹬，我喊着，放下来！放下来！我就让她打！俺姐姐不放我，我就抡起两个拳头捶她，撕她头发，可她还是不放我，我就啃她的肩膀，啃得都是血印子。（笑）

俺奶奶重男轻女，不喜欢我，我就到俺姥姥家。姥姥是大家闺秀，她上过私塾，还会作古诗。她教育我，女孩家，要笑不露齿，不能哈哈大笑，这个我记住了，我从小这样，现在还是这样。有人说我装，装就装呗，爱怎么说就怎么说！

从我开始把第一个女孩儿领进家，已经十一年了，现在，俺县里也重视这个事儿，好多人做了“代理妈妈”，把孤贫儿童接到家里，给他们温暖，帮他们上学，有三百多人在干这个事儿。

有人知道了我的事迹，说是应该拍成电视剧，保证催泪。我说俺不拍，俺不想这个，有钱还不如花在孩子身上呢，俺不想出名。

我什么都不是，俺感到这样轻松。

我就觉得俺漂亮，俺心里的光环最美。

侧记：

今天不是周六，孩子们各自在家，只有小十一留在这里。小十一个子还矮，圆圆的脸蛋儿，黑黑的眼睛长睫毛，小鼻头调皮的微微翘着，一笑就露出很整齐的牙齿。我还没坐下，孩子就高兴地凑过来，撒娇地扬起小脸儿，眯眼嘿嘿一笑，然后搂住我的腰，把腮贴上，可爱极了。

曹广玲四十多岁，婀娜而立，像个舞蹈演员，白皙的瘦长脸，匀净的额头，细眉大眼，几乎到腰的披肩发柔顺黑亮。她也会打扮，因为自己就是卖服装的，卡腰的红色短褂，黑色细滚边儿，圆领、盘扣。到脚面的黑裙子，平底红绣鞋，鞋帮上绣着牡丹。

我说曹广玲漂亮。她娇媚一笑说，是吗？俺觉得也是。

你看，她这人也不谦虚。

弄这事儿上瘾

（陈如安，临沂经济开发区梅家埠街道后于墩村村民，临沂蒙洁尔活性炭有限公司党支部书记，沂蒙义工协会副会长等。）

别人一见就说我当过兵，大汉。

我从小就想当兵，俺村里姓陈的很多，从前参加八路军的就有一大帮。我大爷爷，1943 年参加八路，当了师长，我对他崇拜得了不得。大家一说打鬼子，我就把俺大爷爷挂在嘴上。

俺村的烈士就有六七个。抗战的时候，有八路军夜里从村边过，冬天冷，他们不打搅老百姓，就在村外的棚子里烤火。因为太疲劳了，睡着了，风把火给吹起来，三个战士被烧死，就埋在俺村后边，至今也不知道他们都是哪里人。

我上小学，清明节扫墓的时候，老师陈如亮就给我们讲，陈如亮的父亲也参加过八路军。

因为烈士墓离村子很近，我拾草剜菜，走到那里就站站，围着坟墓转悠着看。我小，但不害怕，我想他们是革命烈士，成了鬼魂也不会伤害老百姓。我还瞎想，烈士们应该出来，摸摸我的头，就像电影里那样。

我的名字，是俺舅给起的，他是老师。和我父亲喝酒时，俺舅说，咱不求大富大贵，平安就好，就叫陈如安吧。我们就是姐姐妹妹三个人，不多。名字叫陈如安，可我从小心里就不安分，就想长大了当兵，实在当不上兵，干警察也行。

我上到初中就不上了，没别的，就是因为个子高，十五六岁我就长得很高了，伸手就要够着房梁。班里排队，我先站好，别人才到我的肩膀，走起路来，竖晃竖晃的。我突然觉得，这么高了还上学，真是怪丢人。这个想法越来越强烈，我居然出门就耷拉着头，怕人家笑话我傻大个儿，最后心一横，不上了！

我父亲火了，没这没那，你怎么不上了？怎么着也得上完高中，我还供应不起你啊，不学好！不着调儿！可是，无论俺爹怎么说，怎么骂，我这倔脾气也上来了，就是油盐不进。俺娘温和，她说，爹娘不会给你亏吃，你不听话，以后会后悔的。我心里话，不后悔，有什么后悔的！那时高中不普及，学校也不抓教学质量，好多同学，都是上完初中就扔了书包。

回家我就干了小工。当时平邑县盖楼，我大叔在那里干，我不能在家闲着，就要到平邑去。因为年龄小，家里不让，我大叔也不领我。后来，我对俺大叔撒谎说，俺爹同意了，这就离开家。

到了工地，让我开塔吊，我开不了。让我看图纸，我更看不了，后来听说，高中课本里就学看图纸。师傅也是俺这里的人，他就教我怎么看，教也弄不清楚。

我就只好出大力，扛钢筋。钢筋都是螺纹钢，盖楼用它做圈梁和柱子。那时候，楼一般盖五层，钢筋必须扛到顶层。我每次要扛一百五十斤，一层一层往上爬。从七点开始干活，天不黑不收工，每天我都是汗水洗澡。

师傅心疼地说，看看，不好好学习，出大力了吧？

我无话可说了。

大家住在工棚里，大通铺，用砖支着木板，上面铺上草席子，一屋睡二十多个人。

我将近一米八了，饭量大，馒头，那地方叫卷子，我一顿吃六个，中午六个晚上六个，吃饭也就三五块钱，从我工资里扣，一天还净挣十几块，每月能积攒二百多元。我不抽烟，不喝酒，逐月把钱寄到家。

夏天我回来，带回四百元，那时候就不是个小数了，可是家里没有半点儿高兴。母亲一看我那模样就疼坏了，我又黑又瘦，手上不是碰去皮，就是血泡和老茧。母亲抓着我的手，翻来覆去地看，嘴里不停地说，你看你，不听话，受这么大的罪。

父亲冷冰冰地瞪着我说，我不想看你这个样！

过了夏天，父母怎么着也不让我再去了。可是，那边还压着我一个月的工资，我也熟悉了轧钢，工资也涨了。

俺叔不带我，我说就几个月，干到秋天就回来。

到了工地，我就当上钢筋班长，这算是什么官啊，可是每个月多拿一百多元。

到了十月开始征兵，我回来了。我父亲在外边高兴地说，这个不听话的东西，就得部队上管他，不听话就用皮带抽！

报名参军的，都在河东梅家埠体检，我果然验上了，俺庄去了几个就我合格，全乡只有十个人。从前验上兵，到了部队才换军装，但现在，验上兵了，就先把作训服穿上，那时还没有迷彩服。穿上作训服，心里别提多得意了，我在街上走，嘴就咧着笑。

在家里只能待三天，父亲说，你好好干，学个技术，听领导的话，别再给家里丢脸。我说，出去我一定干好，拿出当小工的精神当兵，干小工我什么苦活累活都干过了，我不会让你失望。村里民兵连长也到俺家，他四十多岁，也当过兵，我叫他三爷爷。三爷爷也说，你好好干，要立功受奖，别给咱村、咱老陈家丢脸。

我想，我这身体这么壮，又是初中生，我能干孬啦?

我到了大连船运大队，虽然是船运，但属于陆军，主要给守岛部队送给养，运粮运菜运水，就是长山列岛的最北端。我呢，被分到修理所。首长选人，就是要吃苦耐劳的，可是，一些城市兵不太积极，在修理所里整天抹油，太脏。我说，我干。

选上的人，首先要学习车床，部队就把我们派到武汉锅炉厂，跟工人师傅学。我干过小工，学得快，很快就能熟练操作。部队上说，这家伙行，得嘉奖。我们一共一百二十多人，得奖的就十几个。我从上学以来，三好学生从来没被评上过，可到了部队时间不长，咱就得了这个，恣儿得我，一宿没睡着，手摸着肚子，闭着眼笑。

那正是秋天，喜报寄到家里，家里都不相信。我想，我也不笨啊，从今往后咱要好好学习。一想到学习我就后悔了，这才知道，老人说得对啊，不上高中，肚子里的墨水太少了。

从武汉回到大连，我们的主要任务是修船，零件都是自己用车床车，需要焊，就自己动手。我很认真，不懂就问，师傅就夸我，说你看你身大力魁，真是山东大汉，是临沂大汉。师傅是河南人，在部队干了三十多年，家属都去了，是个兵王。

师傅就想培养我，用车床车圆柱体，就要换车刀，他不说，先让我动脑筋，然后再教。我认真学，刻苦学，学得也快，连续两年被评为优秀士兵。部队发了喜报，村里就敲锣打鼓往家里送。父亲给我写信，说不要骄傲，多学知识。后来，我也入了党组织，就想着以后留在部队，所长、指导员也鼓励我。可是，我文化差，面对图纸我就傻眼了。当兵四年后，正碰上 1995 年裁军，军工厂搬过来，人家老工人都是行家，咱这水平就差事儿了。部队已经准备给我转志愿兵，可是因为裁军，我就复员回到老家。

回来我就自己干，买了一辆三轮车拉货。开始我开的是时风，从梅家埠运货，一天能挣百多元。那时我也可以进工厂，可这样也不少挣钱。后来我又买了一辆跃进大卡车，六个轮的，长途贩运，全国各地跑。这期间我结了婚，成了俺村的能人，养家顾口是没问题了，盖了五间大瓦房，我们和父母住在一起。

朋友来到我家，说他要搞活性炭，办个厂子，觉得我为人实在，非要我和他一块干。我家里人都愿意，十几年里开着车，东南西北地跑，下雨下雪，黑天半夜，他们的心总是挂着，生怕出事儿。这样，我就不再开车了。

我干公益活动，是从送孩子上学开始的。学校在开发区，是城乡接合部，老年人也不懂交通规则，送孩子，接孩子，学生一出门，都是一拥而上。小孩跑出来，经常有被三轮车撞倒的，撞伤的，更别说堵车了。

我一看这情况，就给他们疏导。我和保安商量，招呼家长，别让小孩找我们，我们找小孩。从那，我就早去，反正咱是个体，不在机关上班，早去我就能管理这事儿。我个子高，嗓门儿也大，站在街上一说大家都听，慢慢地我就成了专职的了。

我也不知道什么叫志愿者，咱也不是刻意的，就是碰上了，碰上就干了。你说，看见一个老人上坡上不去，你还不能推他一把嘛，这也不算做什么好事，就是个热心。

此前还有一件事儿，我家属晚上接孩子，小孩有点儿感冒，家属就用自行车，带着他到村前卫生所打针。路是沙子路，也没有路灯，我家属看见前面有个老嬷嬷，早早地按铃铛。老嬷嬷回头一看，一下子踩到个什么东西，把脚脖子崴了。

这个老嬷嬷，三个儿子从前在连云港收废品，还搞了个废品站。有一次，他们喝了酒，为了点儿小事儿和人家打起来，兄弟三人打一个，把人打残了。那时，谁家人多谁老大，法盲啊。三个人，都被判了五六年，就是老嬷嬷领着孙子在家过日子。

家属回来一说，我着急了，马上给我开出租的同学打电话，让他快过来。我把老人送到芝麻墩卫生院，用了接骨药，打上板子，给她付了两千多块钱。当晚我们就回来了，老人说，是我自己崴的，不该你们的事儿，你心眼好。

回到家，我家属说，不是咱碰的，自行车还离得老远。

我说，不是咱碰的也得管，就一个老人不容易，怎么说咱家里宽裕些。

老嬷嬷在家里养伤，我买上排骨、羊肉、鸡，买了一大堆，送到她家。两次换药都是我带她去，我出钱，前后我花了五千多。

后来，儿子刑满回来，老人和他们说了，几个儿子对我都很感激。

通过这事儿我就想，人家说，老人磕倒不能扶，这是不对的，磕倒就得扶，因为帮人就是帮自己。

我的一个战友，是柳墩村的，妻子得了子宫癌。我已经有了轿车，知道后，就带上他们到临沂医院检查，我表妹就在医院工作。战友他开公交车，忙，我说你放心，我带着你爱人去。他家里不富裕，我经常给他钱。我们临沂的战友专门为他爱人捐款，几天就为他捐了五万多，战友就是兄弟。

去年我去看马会芳，她是咱临沂河东区的好人。唉，真是不容易，儿子十多岁时，和几个孩子在外边烧化肥袋子，就是玩儿，不小心把脚烧伤了，接着又得了一种怪病，叫进行性肌营养不良，世界上都没有攻克。

马会芳作为母亲，砸锅卖铁也给儿子看病，济南、北京、青岛都跑了个遍，家里能卖的都卖了，明知道无望，还是不离不弃，十几年就这么煎熬。医生都说，这孩子只能活几年，可是马会芳照顾着他，今年都三十岁了。

我们几个人去慰问，我一看，马会芳家里什么都没有，瘦得又黄又干巴的儿子躺在轮椅上。可是，家中却拾掇得很卫生，三室一厅，玻璃擦得明亮，窗台没有尘土，儿子也穿得干干净净。

马会芳跟我们说，他是我的儿子，我不能不管他。我很感动，这就是坚强，是自尊，无论是对自己还是对别人，好人身上都有这个。

我做公益活动，不是谁让我干的，要说谁让我干的，那就是部队。我脱了军装，但心里还是军人。在部队上义务献血，我都积极参加，到现在我依然坚持每年都献，2019 年 7 月 1 日，2020 年 6 月 13 日，我都到血站献血。到现在，我已经献了三千多毫升了，咱身体壮，就得多献。

2020 年疫情一发生，我就想，武汉肯定需要血液，我就在志愿者群里发广告：为了防疫，支援武汉，咱们都要做贡献。

大家先后都到血站去了。

到了 2 月 10 日，人们捐献了好多物资，都是爱心企业买的酒精、消毒液、蔬菜等，要专车送到武汉。志愿者负责人紧急招募司机，要求司机有驾龄，并且去过武汉。我说我最合适，驾龄不用说了，我当兵不就在武汉培训的嘛。

事情很急，四点我报名，上边立即同意，五点就要出发。

我不想告诉家属，怕她担心。晚上五点多我要出门，家属问我去哪里，我说随便出去走走，两天就回来。

我不知道，我想得太简单了，送下货物不就接着回来嘛。

我们带上煎饼、鸡蛋、咸菜，一共三辆大卡车，每车两人，从京福高速上去，一个劲地往武汉开，第二天十一点多就到了武汉黄陂区。我们把货卸到街道上，可是，人家不让我们住，是为我们的安全考虑。临走时，我们的领导也嘱咐，饭也不要在那里吃，卸下货物立马返回。

回来路上，还是轮换着开，到了安徽六合县，起了大雾，什么也看不见了。我们只好停在那里等着，这一等就四个小时，我们只能睡在车上。

第三天中午我们下了高速，立即被隔离，在临沂大学城的酒店待了十四天，我这才告诉了我家属。

十四天完成，我自己又隔离了一天，能多了，别少了。

从临沂到武汉这三天，没睡一宿安稳觉，一回来，我的上眼皮完全肿了，左眼上边肿成个红包，眼角还有个黄豆大的红疙瘩，眼成了一道缝儿。我手机里还有照片……你看，你看看，就这个样儿，就是个鸡蛋大的红瘤子，看着都瘆人。当时我也害怕了，咱不知道，是不是感染新冠病毒了？这才要了血命呢！

待了几天，眼睛没有别的症状，才知道上火了，上了大火了，等到隔离结束，眼也没有完全好。我打电话，让家属领着孩子赶紧回娘家，我说你回家，你把菜什么的都给我买好，我做饭。

家属给我准备好东西，我在自家又隔离了十四天。

我人高马大，可我心细。

在厂子里干完工作，我就干些公益事儿。家住在沂河边上，我业余担任了民间河长，没事儿我就在河边转悠，发现栏杆坏了，我就修修；看到有钓鱼的，游泳的，我就嘱咐他们注意；河道前些年抽沙，好多地方都是深坑，水流到这里，看着怪平静，底下有好多漩涡。前年，有个人在河里逮了一条娃娃鱼，我一看不小，得有十几斤重。我说这是国家保护动物，快放生吧，要不公安局就逮你判刑。说完，我连人带鱼拍了照片，他就把鱼放了，是个中年人，经常在河里下地笼捕鱼，现在地笼也不让下了，保护生态。

我对咱临沂真是太喜欢了，自己的家啊，你看这些年变化多大，风景也漂亮，到处都是好人，真是怪好。我干些个公益，有空没空我就要到沂河边上走走，把这个河长当好，就是给咱的城市做点儿小贡献。

做这些事儿时间长了，真是有瘾，上瘾，哪次活动没能参加，心里就有失落感。

我做这些事儿，不图什么，倒是给孩子做了个榜样。儿子他随我，个子很高，很魁梧，一米八十多。临考大学的时候，我很郑重地对他说，你这个子，不当兵屈才了，当兵，坚决当兵，保卫祖国，你爹我曾经是军人，你不能不穿军装!

我儿子学习很好，比他爹强百倍。他听了我的话，填志愿的时候，一个填火箭军专业，一个填海军专业，没想到火箭军首先录取，在北京科技大学电气自动化学成，毕业后分到大连，你看看，真是缘分，他又到了他爹从军的地方！大学期间，儿子参加全国机器人大赛，得了冠军，得到国家励志奖学金。今年疫情，街道上号召捐款，我捐了一千，我儿子在部队上正好加入了党组织，他也捐了一千。

想想这事儿，我怪自豪……嗯，怪自豪!

侧记：

陈如安很随和地说，语气也平淡。他做的，像是平常人做的平常事儿，但是许多平常人却做不出来。

我的住处门外就是沂河，几十里沿河公园，宽阔平静的河面，碧水悠悠，岸上垂柳依依，一片松林，一片绿竹，丛丛鲜花，点缀几块从山里移来的苍黑岩石，彩色的甬道从林中穿过。

此时，散步和锻炼的人很少，偶尔有人慢慢走过来，左右看着，发现有几张纸片，弯下腰捡起来，他肯定也是一位义工。对岸，参差的高楼大厦沿河排开，冷调的钢蓝色玻璃幕墙，倒影占了半边河面，你会感受到这座城市崛起的内在能量。这里有很多陈如安这样的人，对自己的城市有着很高的满意度，他们尽心尽力，建设并呵护着她。

救火！

（马士增，临沂市河东区相公街道小茅茨村村民。）

我救的是马永常，我和他是邻居，就是村东边那家，过会儿我领你们去看。

那是2019年6月20日，早晨五点二十分我就离开家，饭也没顾得吃，有急事儿。有个熟人，在临沂罗庄冠华实验学校，他们是职业中专，让我帮着招些学生。

我这要到蒙岭高中，给他帮这个忙。我得早去，在人家还没上课前去协调这事儿。我把冠华实验学校的宣传材料装好，骑上电动车出了庄，就沿着村后的茅茨沟往前走。

无意间我一回头，突然看见南边浓烟滚滚，黑成一片。不好，就是我们村，肯定谁家着火了，我就立马转身往回蹿。

我走近了一看，是马永常家。当时，他就住在村东南角。

马永常七十多岁，论辈分我得叫他叔。他家西边是一片柳条子地，东边，邻居已经盖了二层的楼架子，就是砌上砖还没有抹水泥，毛坯房。我一看，院子三面都是火，门口的草垛烧着了，火把门完全封死。门前的路也很宽，村里的人都赶到了，青壮年也不少，可是大家都站在边上看，没有人敢靠前，火太大了，满院子都是大火。

我连忙把电动车一插，对众人大声喊，快救人啊，都愣着干什么?我知道，这个时间，他家里人肯定没出来，他老婆瘫痪，还有一个孙女才三周岁。

马永常的儿子马世海，智力低下，找了个老婆还是个痴呆，就是能吃饭，什么也不会干，吃完了就睡。他老婆生了这个女孩儿就不管了，就是爷爷奶奶拉巴，可是奶奶瘫痪，说话还行，但走路吃力，一条腿还拖着，全靠老头儿里外撑着。

他家里养了三头水牛，牛棚是用砖垒起来的，钢结构，顶棚是复合板，最上边盖着铁皮。牛棚边上是给牛备的草料，用铡草机铡出一大堆草，院子里还有一大垛稻草和花生秧。还有乱七八糟的复合板、泡沫塑料，都是老汉从外面捡回来的，这老汉，什么都往家里捡，捡回家里随便放，人真是邋遢，啊呀，要多脏有多脏。

说话间，火已经烧到院子里，我急了眼了，跑到他家西边找梯子。我们这里每家都有梯子，因为盖的都是平房，要踩着梯子在房顶上晒粮食。梯子都很高，是用南方的毛竹做的。

我扛着梯子，架到马永常家的西墙上，大声喊人，可是喊了几下就被烟呛得喊不出来了。三个小青年跑过来，我们四个人先后跳到里面。我先进去的，进去直接跑到屋里，把小孩抢出来，幸亏墙不高，我托着孩子递到外边的人手里，立即回去背瘫痪的老人。

老人已经吓呆了，她还没起床，衣裳也没穿，我哪顾得这个，抓着她的胳膊背起来就往外跑，墙外的人伸手把她接过去，我三婶子一看，立即脱下自己的衣裳给她披上，随着就架走了，好处还没有烧着她。可是我，就在背她之前摔了一跌，脚脖子扭伤了。火烤着人，烟熏得我眼膜立刻红肿起来，看东西就模糊了。

我眯着眼再回去，幸亏夹道里有一棵何首乌，很密地盖在墙头上，稍微能把火挡一挡。最后，我把老汉也抢出来，他出来得晚，脸被烤伤了。

这时候，突然砰的一声爆炸，啊呀，就像地震 样，接着一个火球在院子里轰地往上喷出来，我家属老远都听到了。火球立时和草垛上的火连成一片。原来，院子里有一辆三轮车，很破，就是拉牛草用的，大火这一烤，车上的油箱就爆炸了。

不大的院子里堆着那么多草，足足有三千多斤，之前我就看过。村里搞环卫整治，书记几次催马永常把草搬走，几次过来他都说搬，可就是不动，结果引来大祸了。

我救出三个人后，突然想到，他家还有一个煤气罐，我们这里家家烧煤气。我冒着浓烟，直接钻到他家的小厨房前，厨房没有门，我一下子就看到了，我拉着煤气罐就往外拖，煤气罐已经烧得发黑了，幸亏里边是空的，要是有煤气，不在屋里爆炸，就在我手里爆炸，我肯定没命了。

火是怎么引起来的？早晨起来，老汉用柴火做饭，熬的是稀饭，水烧开了，他到屋里去拿玉米面儿，火就从锅底烧到外面来了。

他回来一看就慌了神，屋里地上的草和外面的连着，看看火还小，他想到牛棚顶上还放着半口袋麦子，他就先去抢麦子。搬来板凳踩上去，可是一下子摔下来了。

等他爬起来，又想到家里有个小电机，他就开开电机，用水管子滋水，你想想水管子那么细，也就拇指头粗，越滋火越大。他吓得往屋里跑，大火也借着风，呼地从窗户扑进来，接着烧，把里面的电动车都烤焦了，屋笆都熏黑了。

开始我就先打 110，消防车很快就赶了过来。可是，村后边是一条铁路，路基像大坝一样，下面有个涵洞，大车根本进不来，这样，消防车只好转到东外环后才绕来，这又是一段时间。三辆消防车，一齐对着院子喷水，火太大了，车里的水都没了，又在河里加上接着喷，喷了两个多小时才把火扑灭。

院子里的草，都烧成灰了。复合板、泡沫塑料，全烧完了，这些东西燃起火来，还有法救啊。

马永常养的三头水牛，当时就烧死了。大火一着，三头牛连哼一声都没有，活活地被呛死了。我手机上有牛的照片，你看看，都躺在地上，四条腿伸着，皮都烧焦了，真惨，都是大水牛，一头千多斤，养到这么大，真不容易。

马永常家遭了火灾，真是什么人都有。附近的牛贩子，早就知道这家养牛，看到冒烟知道了谁家，火几乎还没灭完，他们有的就赶过来了。

四头水牛要是好好的，得卖四万多。有个杀牛的，杀了一辈子牛，七十多岁了身体很好，他怕别人争了买卖，离得近，居然直接提着刀来了。

牛贩子很滑，他们凑在一边用手比画，还怕别人看见。完了，牛贩子过来了，都说活牛值钱是因为它的皮，现在牛皮都烤糊了，就剩下骨头和肉了，肉也没放血，吃起来一股子腥膻气，不好卖了。

过一会儿，别的牛贩子都走了，就剩下这个老汉。

马永常早就六神无主了，昏头昏脑的，禁不住杀牛的说好话。开始要给他两千，他不愿意，争了争，就给到三千。

牛贩子当场杀牛卖肉，光卖的肉就挣了近两万。这人，真是不怎么样，全庄都议论这个事儿，乡亲邻居，人家遭了这么大的难，家里傻的傻，瘫的瘫，不能昧着良心坑人家。

当时我一听就火了，欺负人不能这样，我急呼呼地过去，赌气地说这牛不能卖，埋了它！

可是，那个人看看我，冷笑一下说，已经卖了。

过了三天，我想，马永常家这日子怎么过啊。

我找到村里的书记，说这事儿怎么办啊。书记还在气头上，他说我三番五次让他把草垛挪了，门槛都让我踢碎了，说一回他答应一回，可就是不动。他家出了事儿，我还挨了上边的批，不管！

我叹口气，说那我就给他吆喝了。

我拧开大喇叭，我说，全庄的兄弟爷们，大家都看到了，马永常家起了火，希望全体村民奉献自己的爱心，帮帮这个不幸的家庭，他们家平时生活就怪困难，又碰上这天灾人祸，有给多的更好，少给咱也不嫌少，一分钱也是帮。

我连喊了两天，又在村委拉起横幅。横幅上写的是：献出一片爱心，温暖世间真情。我哪能想出这样的词儿，是在电脑上搜的。

全庄四千多口子人，大多数都来捐款。还有外地的，河东区学雷锋志愿者协会也来了，其中还有我的高中老师。有捐三四百的，有捐五六百的，还有捐一千的，少先队员也来捐。

我找了两个德高望重的老干部来监督。

那个杀牛的人，一分钱也没捐，没有到场。

老汉的脸被火烧伤了，他去市人民医院，医生说不好治了，五六万也治不好。这时候，郑洼镇小尤家村的尤小伟，在电视里看到了，就给我打电话。

尤小伟也是学雷锋志愿者，他来到这里，看了马永常的脸，说我给你治。他每天都来，治了两个多月，终于治好了，而且全免费。这个尤小伟四十出头，腿有点儿残疾，是我们河东区的道德模范。我对马永常老汉说，癞人有癞福，你算碰上好人了。他也不说话。

说起来，我救过他家两回。上一回是晚上，他大儿突然给我电话，说俺娘突然摔倒了，不省人事了。我立刻打电话叫救护车，我自己没有车。救护车来了，我和他大儿跟着车往医院赶。他有个表哥在临沂中心医院，路上我就给他打电话，让他准备好，车一到马上进急诊室。到了一查，是脑血栓。

我看见有难的人愿意帮助，咱心眼儿不孬。当年，我在邻村干大队会计，干了十六年。2015 年搞土地确权，重新丈量土地。那天，我给下边分好组，九点钟丈量土地。就在丈量的时候，我看见二组的会计老韩，眼睛发直，手不会动了。我一下子抱住他，因为我知道他平时好酒，血压也高，肯定是脑出血了。我立即喊人叫来救护车，拉到相公医院，立马挂上吊针，然后又去了一四六医院，住了一个多月，恢复得很好。

我母亲得了哮喘病，也住在相公医院，凌晨一点我和医生去河东区，路上看到一辆车撞得面目全非，就剩下方向盘了。我不放心，过去一看，司机不行了，车门子都变了形，一个女孩坐在旁边出不来了。我和医生找来了绳子，把车拴在树上，硬是把门拽开，女孩的腿已经断了，我们立即把她拉到市医院。

别的，也没有可说了。嗯，我大的是个儿，内蒙古工业大学的研究生，研究英美文学。他英语怪专业，思想也很进步，毕业前考上选调生，现在平邑县九间棚镇委，小孩怪老实，干事儿也怪踏实。我喜欢我这个儿，孩子上进，咱脸上光彩。

老婆是别人介绍的，我老实，不会谈恋爱。

（笑）我这人不坏，村里没有说我孬的。

侧记：

马士增的村子叫小茅茨，村后的小河叫茅茨沟，正是初夏时节，沟里长满绿色的芦苇和香蒲，两岸垂柳，偶尔听到青蛙的呱呱声。马士增五十多岁，中不溜的个儿，很朴素。家有五间瓦房，四合院里，一棵杏树，一棵玉兰，居然还有一小片竹林，竹竿长得茶碗粗，绿叶森森。马上增说，我喜欢花草，特别喜欢竹子。

末了，马士增带我们来到村东边，不远处的破宅院，就是马永常的家。西边的浅塘里，长满了杞柳。从大门口到院子里，全是散开的碎草，堵门就是乱棍子和破门窗，还有一堆破纸盒子。用竹竿撑起一大块破塑料膜，像个长廊。破三轮车歪在一边，往里还有一辆电动车，座子上摞着脏乎乎的被子。一根铁丝从门框上拉出来，拴到这边的树干上，上面搭着脏衣裳。

马士增喊，有人吗？马老汉慢吞吞地走出来，上身光着，干瘪皱巴的肚皮上都是黑灰，赤脚穿着塑料拖鞋，脚上是土，但脸上已经看不到火烧的伤痕了。

马永常说，进来吧。马士增说，看看你这院子，怎么进啊，你也拾掇拾掇！老汉眼皮一抹搭，不说话。

我们走开，马士增说，你看看，还是这个样子，吃了亏也不改！

我不当娘怎么办

（班书举，临沂市河东区梅家埠街道玉河村村民。玉河村十大好人，临沂好人，山东好人之星等。）

我这一辈子，不顺。

我父亲六十多岁就去世了，他早年挨饿，饿出了肺痨，还得干活儿养家，累得咳嗽，咯血，骨瘦如柴……不说了，说就难过。

家里全靠俺哥哥，他也是老实人，三十多岁才结婚，结了婚就分开过。我姊妹仨，大姐干农活儿，我和妹妹到处割草，卖给生产队喂牛，多少草多少分工，都记不住了。

直到土地承包，我们开始种自家的地。

我是老三，下边还有个弟弟。家里穷，两个姐姐都没上学，弟弟上到初中，我上到三年级。我的名字是老师给起的，班书举，说读书才有出息，可是读了三年，没钱上了。

那时候，我们就是吃地瓜干子，还能吃饱。衣裳，就是捡人姐、二姐穿下来的，过年也做不起新衣裳。……不说了，心酸。

有些事儿我不想说，我结婚后，因为合不来，实在凑合不下去了，有个儿子，判给了男方，现在不来往，唉……伤心事儿。

找了这个丈夫，老实本分，也能干，对我也好。

大女儿长到几岁，他就到临沂罗庄打工，让机器上的皮带摔倒，当时就不行了……当时我怀着第二个孩子，生下来就没见过爹。

我丈夫兄弟三个，他是老三。

我大伯哥，水肿病，胃病，我结婚来的时候他就病得怪厉害。大嫂，头生是个儿，后来生了个小丫头，三年后她就去世了。我嫁过来后听人家说，大嫂回娘家，因为家务事和她妹妹吵架，气得喝了农药。

这边，他兄弟们怪好，很和气。我们做了好饭，就让大哥的孩子过来吃。大哥的女儿叫王凤，那时才十岁。我对俺男的说，没娘的孩子怪可怜，弄过来一块养着吧。

大哥过了几年也去世了，两个孩子就跟着我，现在吃住还是在我家。我对他们两个，比对我自己养的还疼。吃饭的时候，我给王凤夹菜，正好让俺妹妹看见了，她跟我的孩子开玩笑说，你看，你妈偏心眼儿，自己养的不亲，胳膊肘子往外拐！

我的孩子都理解，就是对小姨笑笑。

我就觉得没有娘的孩子可怜。

我二大伯哥，腿不好。那年，他给村里人帮工盖屋，就在村东的大桥上，一辆车从他脚上碾了过去，车跑了，他从此落下残疾，干活脚就疼，可还是拖着一条腿到处打工，就是给人家干点儿零活儿，挣不了多少钱。

二哥找了个媳妇，是云南彝族人。女的是离婚的，那边的丈夫不要她了，人家介绍到这里来。她有精神病，说犯就犯。二哥娶了她，就是为了传宗接代，留个后儿。

二嫂不犯病还好，犯了病就拿石头打人，砸人家的门，嗷嗷地喊叫。吃上药就好些，前年到精神病院住了一个半月，今年又去了。她不能干活，也不会做饭，可是别人的饭她死活不吃。她平时就是在家睡懒觉，这也与吃药有关。二哥在外边干活回来，没有热汤热水，就是啃个煎饼，真是不容易。

二嫂嫁过来时三十多岁，不久就怀了孕，她什么也不会，都是我前后左右照看着她。到了后期，她挺着个大肚子，我更怕有什么闪失。没事我就到她家看着，天天提心吊胆。

总算等到时候了，是 2006 年，二嫂在家生下一个女儿，可是她还是乱叫唤，她说的话别人也听不懂，心想这是怎么回事儿呀，不行就上医院吧。他们要来了车，还没上车她又生了一个，还是个女儿。

当时我在外边，家里打电话，让我快去医院。二嫂自己不会料理，我必须到医院伺候她，还有两个孩子。

这两个孩子，生下来二嫂就没沾手。一个精神病人，怎么哺养俩孩子，要是犯了病，不定会出什么大事儿。

邻居们都替她犯愁，有的说，一下子生了两个红虫子，养不活啊。有的说，等着看吧，班书举要遭罪了。

邻居们说得不差，我不帮忙怎么办？孩子生下来就交给了我，出院后就放到我家，两个，要哭一块儿哭，要吃，要喝，我可作了大难了……不说了，唉，不说了……

到了第二年，二嫂又生了一个男孩儿。

前后三个孩子，都放在我家里。孩子都太小了，我得好好看住他们，我还怕二嫂突然过来，把孩子抱走了。

二嫂不犯病的时候，也想孩子，想了她就过来了。

我说你看看，这是大的，这是小的，都很好。

她看看我，说你比我大，我得叫你大嫂。

我说，我年龄比你小，你得叫我阿妹。

她说，你会喂娃，我不会。

我说，这是你的娃，我给你喂着，你放心。

她就嘻嘻地笑。

我说，看完了，你就回家吧。

这时候她很听话儿，让她走，她就走了。她家在村后边住，我也经常去看看她，怎么说神经不正常了，和好好的人不一样了。

二嫂想孩子她就来，白天倒没什么，可是有时她半夜里想，二哥睡着了，她就穿上衣裳拉开门，来到我家，大门关着，她就用劲儿砸我的门。

我得赶快爬起来，走到院子里，对着门缝说，小孩都睡了，明天还上学，你先回去吧，天亮了再来。

我说话她听，可是犯了病就不是她了。那年，我们给大哥上坟，她的病突然犯了，狠狠地打了我一拳头，又要打她的小丫头。小孩吓得哇哇哭，我连忙抱着孩子躲开。可是，病犯过去，安稳下来她也后悔，她说阿妹啊，对不起啊。

我对二哥说，你要对二嫂好，她那么远过来，这么多年了也没回老家看看，想想真可怜，咱就是她的亲人。

二嫂的哥哥打来两次电话，可不知为什么，她就是不接。我也听不懂那边的话。

三个孩子就跟着我，从小我把他们养大，他们家这个样子，都不回去。日子长了，二哥也不问了，累了他就回家睡觉。

也就是到了 2009 年，孩子的父亲在罗庄出了事故。我一个女人，领着一群孩子，二哥三个，我两个，五个孩子全靠我。

没有钱供他们上学，我就得出去打工，天天在外面干。

村里人同情我，帮着我找活儿，有人联系让我到工厂上班，到建筑工地，可是我还得伺候孩子，没法靠时间，就只能打零工。

我什么活儿都干，给人家锄地，栽树，弄葡萄，弄苹果，一天能挣五十块钱，后来涨到六十。能有人让我干活儿，已经很不错了。别人都知道我不容易，一个妇道人家领着五个孩子，对我也照顾，有时我去晚了，人家也不在意。到了下午，好心人还说，你早走吧，别让孩子等着。

我干活，有的管我的饭。有时大家一块儿去的，她们就把饭匀给我吃。我从来不买衣裳，都是凑合着穿，邻居不穿的都给我，给我我就接着。

家里三亩地，开始让人家种，后来二哥和我们家一块儿种，一块儿收，打了粮食，谁吃谁拿。

现在，二哥的两个女儿上六年级，开学就上初中了，大丫学习好，二丫一般，但是都肯学，都不孬；他儿子学习不好。让我最高兴的，是孩子们很团结，从来不闹别扭，有点儿好东西就分着吃，一个面包分好几块。

我们就是粗茶淡饭，吃饱了就行。我很少给他们买水果，没有钱。

有一次，我到醋庄干活，回来正好经过超市，我就买了几根香蕉。我把香蕉拿回家，我大女儿一看就火了，说越没有钱你越买，整天教育俺节省，可你倒好，俺不吃！

我说，你别熊我了，这是人家超市搞特价，春天暖和了，香蕉快要放不住了，看着便宜我才买的，九毛钱一斤，狠了狠心我买了五块钱的，你弟弟妹妹们平时哪吃得上水果呀。

大女儿不吱声了，可嘴还是噘着。

小女儿不说话，她把香蕉拿进屋里，用刀切成一小块一小块，切完后，端出来，放在桌子上，先拿了一块最大的给我。那时，她还在一年级，一点儿小个儿，可是很认真。

回到家，孩子们都做作业，屋里有，外面有，大家都安安静静地学习。到了星期五下午，没有作业了。晚上，大家围着桌子，都向我说说各人的学习情况。谁学习怎么样，每个人都得说，就像开家庭会。然后我说，咱们再说高兴的事儿吧，咱都要开心。

孩子们都很懂事儿，王凤最大，她说，婶子，你老了我孝敬你，你不能这么拼了，看你瘦的。

我大女儿叫王思雨，我生她的时候正下着小雨。她上初二时，回来说，妈，我一定好好学习，让你天天高兴。她各科成绩都好，在班里是前五名，每次开家长会老师都夸奖。她回来就帮我做饭，洗衣裳，有时我干活回来晚，她就把饭做好了。

我最高兴的事儿，就是她学习好。

二哥两个女儿，一个叫王家旗，一个叫王家乐，她们回到家就扫地刷碗。姊妹俩还排出值日表，大家轮流干家务，每个人，扫地一星期，或者刷碗一星期。她姊妹俩都会做饭，谁先写完作业谁做。

二哥的儿子叫王仕豪，五年级了，不爱说话。疫情期间在家学习，可是他光玩手机。

考完试了，他给我说，妈，数学我考了 33 分。

我说你怎么考得这么好？

他不好意思地说，以后我不玩手机了，我努力。

他偏科，数学不行，语文外语都好。

这几个孩子都叫我妈。

我的小女儿叫王思念，是思念她父亲。我想，这没见过爹的孩子，长大了肯定很孤僻，没想到她大了，很爱说话，很勤快，像她姐姐一样，各门功课都好。

小女儿回到家就贴着我，还会劝人。她上一年级的时候对我说，妈妈，我好好上，我长大了当医生，你老了，身体不好我就给你打针。她姥姥去世了，我在家里掉泪。她说，妈妈，你别哭，俺姥姥死了，还有俺这些人对你好，你别看姥姥的照片了，看了你就难过。

小丫头才一年级，净说大人话。

看着俺困难，好心人都帮，上边给几个孩子免了学费。有个老师还带了两个家长到俺家，给钱，也给衣裳。我对孩子们说，你们都要记着，一辈子不能忘。

俺家里人也疼我，哥哥妹妹都帮我，虽然他们生活也不富裕。

我对孩子们说，我这还能干，挣点儿钱你们花着，等我不能干了，你们各人挣各人的。

我大女儿明年中考，她说妈你别愁，上了大学俺们假期打工，没问题。

我干活回来，一说累了，小孩们就围着我给我捶背。

我想，我只要能干，就不能让孩子受苦。

——看看我们家这个情况，我不当娘怎么办？

侧记：

经历了多少痛苦，但是班书举不说，头低下去，然后，再慢慢抬起来，看看我们，眼里的意思是，别让我细说了。完了，班书举回家，她走得慢，个子不高的她，头总是低着，人不到五十岁，背已经驼了。

我们到她家去，沿街家家宅院，围墙大门看起来没什么两样，但走进院子尤其屋里，却是四壁清寒，没有像样的家具，除了吃饭的桌子和厨房里的锅碗瓢盆，就是孩子们的床铺；床，也是有窄有宽、有高有低拼凑的。几个孩子，正在外间的饭桌上做作业，但桌子太小，有的就把床边当成桌子。

班书举慈爱地看看孩子们，然后又对我们难为情地笑笑，笑容里好像还有歉意，似乎在说，看看，我这当娘的，把家里弄得这个样儿，真是不好意思让外人来……

为了俺的家

（杨学英，临沂市河东区梅家埠街道彭古村村民。）

我有个侄女先嫁到这里来，回到老家对我说，姑，到俺那地方吧，那里太好了，都是平原，不用背，不用挑，少费多少力啊。

侄女三番五次跟我说，这好那好，再看她穿的里外新，我就跟她来到这里，嫁给了杨凤文。

这里真是好，西边有沂河，东边有沭河，两条河间就是平地，说浇水就浇水，土地也肥，种什么长什么，要什么有什么。

可就，凤文家太穷了，他兄弟俩，父亲早早去世，就是母亲把兄弟两个拉扯大，可还是两个光棍儿。

凤文原来有媳妇，我听这里人说，前妻是用他姑家的表妹换的，姑姑也是怕哥哥断了后，舍上了自己的闺女，把闺女嫁给凤文的大舅子，大舅子的妹妹嫁给凤文。那时候穷人家做亲，好多是这样的。

我听人家说，凤文的媳妇个子很高，苗条，大眼睛，很白。他们结婚生下一个女儿，也就是过了三年，媳妇就病故了。

出了这么大的事儿，凤文的身体一下子垮了，人瘦得不像样，走路都摇摇晃晃的。

家里没个女人，日子没法过。凤文的家，破屋里空空的，什么都没有，母亲还偏瘫。

可凤文人老实，我愿意，他也愿意。我和他说，反正我跟着你了，你要对我有个好心眼儿，我不图你穷富，不图钱，咱们好好过日子，但是你虐待我不行。

凤文说，你能跟我，算我烧了高香了，放心，我不会欺负你。

我说，反正咱家也没有钱，创了钱咱花，我不怕吃苦，我就是个吃苦的人。

我老家是贵州六盘水的，那里是半山半平，山高地少，老百姓很穷，我们村叫河坝，都是些小土房。

我从小就受苦。父亲早年腿疼，没有钱看病，落下了残疾，走路一瘸一瘸的，重活儿不能干。我母亲姊妹十几个，她小时候和哥哥姐姐闹着玩，被我一个舅不小心把她推到火里，一只胳膊烧伤了，从此不能活动。

在我五岁的时候，母亲的一只乳房肿起来，发热，家中没钱给她治病，养了一头小牛，卖了五百元，后来又把小猪卖了。花完了，就再也没有钱了。

母亲半年后去世，没了母亲，我只好到了姥姥家。姥姥家离我们那里七十里地。我才五岁，就给姥姥家放牛、放羊、喂猪，我放了十只羊，放到黑天时，我舅就去接我。到了九岁，我就能自理了。

小时候，我父亲光打我，因为我是女孩子，稍不如意就打。父亲打我很狠，一耳光子把我打到门后边，接着再踹一脚。他给生产队看水浇地，我就做好饭在家等着他，可是他回来嫌这嫌那，说着说着又打。日子长了，我对这些也习惯了，不害怕了。

我挨的打太多了，所以，我找男人头一条，他不能虐待我。

我进了凤文的门，就伺候偏瘫的婆婆。我做好饭，就把婆婆背下来，让她坐好，我给她喂饭。婆婆很胖，我这一米五的个子，背起老人来，压得我，肋巴条子都觉得弯。我给婆婆洗脸，洗脚，给她按摩腿，按摩后背。开始，婆婆还不好意思，我说我嫁过来，你就把我当闺女看，闺女伺候娘，还有什么不好意思的！

凤文是个重情重义的人，他说，我前妻不在了，留下个孩子，她姥爷姥娘咱还要认。

我说，那当然是。

我和凤文去看孩子的姥爷姥娘，那是冬天，老人都快八十了，睡在一个土炕上。

凤文问他岳父，怎么不下来走走。老人说，我腿疼，下不来炕。

我往炕上一看就知道了，老人身边根本没有棉衣棉裤，就围在一床小薄被子里。

回来路上，我说凤文，她姥爷的腿没有病，是没有棉衣，冷啊，可咱家也没有被子给他。得想想办法，不能让老人这样。

凤文说，家里就有两袋带种籽的棉花，还有二十斤黄豆。

我说，咱把黄豆卖了，给她姥爷做棉衣。

我们把棉花弹好，给老人做了棉衣，但没有多余的棉花做被子了。

凤文也没有棉袄穿，衣裳破破烂烂。我给他补衣裳，我说，没办法再给你做棉衣了。

凤文说，她姥爷不冷了，我心里就好受了。

我每个月，都是两三次去看凤文的岳父岳母。他岳父对我说，你来看看我就高兴了，说着说着就哭。

我也没有钱，就给他买根油条和几个鸡蛋，给他买点儿糖，我不知道老人有糖尿病。

老人有了脏衣服，我就去带过来，洗好了再送回去。

真是想不到，这年，老人唯一的儿子，外出的时候遭了车祸。

我对凤文说，这老两口子以后怎么活啊，干脆咱们养着他们吧。

好处两个村离得不远，我就两头跑。我买上饭，带上鸡蛋、肉或水果，给老人送去，到那里帮他们再干些细碎活儿。

有一次，我又到凤文岳父家，看到他岳母的脸肿着，还有血迹。我连忙问，婶子你这是怎么了。老人支支吾吾不告诉我，最后才说，她的腿也不好，扶着凳子走路，一下子磕倒了，脸就磕到凳子角上。

回来后，我跟凤文说，咱把两个老人也接过来吧，这样伺候起来也方便。

我和凤文几次过去，让老人搬过来。可是，老人说，老了，老了就不能再离开这里了。

我们明白老人的心思，劝了几次他们都不愿意，就不再强求。这样，我还是来回跑。

现在老人都九十多岁了，她们说，儿子、闺女都命短，幸亏老天爷把外来的闺女给了俺。

凤文的女儿叫杨杨，我乍来，孩子才上一年级，她不叫我妈。凤文让她改口，她说俺不好意思。我说不用叫，叫妈叫姨都行。这时，凤文的母亲已经得了病，我弄点儿鸡蛋，做给她和孩子吃。慢慢地，孩子就和我亲了，也叫我妈，叫得还很亲。孩子到她大姨家，刚住下就要回来，她说，俺要找俺妈。她大姨问，你妈比我还亲吗？她就点点头，小孩子心里没有假。

我得使劲儿过日子，刚来不久，我养了一只老母羊，一次就生了三只，最多时候生四只，到年底卖了，一只一百多元。后来，我又买了个小牛犊，我从小放牛，会养。

在地里干完活儿，我就到河边割草，河边都是芦苇，青草又多又嫩，割的草晒在地上，割得差不多了，我把草收起来，捆成十六捆，用一根棍子挑着回家，鲜草喂牛，晒干的烧火做饭。我背着草，牵着牛，还赶着鹅，我养了几十只鹅，家里头养了二十多只鸡，鸡和鹅都下蛋。

凤文对我好，我身上就有使不完的劲儿。回到家，我再烙煎饼，一直烙到小半夜。鸡蛋多了，大家都吃，吃不了就卖，俺们的日子有了起色，红火起来。

地里的活儿，都是我和凤文一块儿干。结婚那时，秋天收完玉米，就要种麦子。用人家的拖拉机要花钱，我和凤文自己拉犁耕地。我们夜里两点出门，扛着犁，来到地头上。

凤文身体弱，拉不动。

我说，我拉。

这样，凤文扶着犁，我在前边拉。看我累得呼哧呼哧喘气，凤文不忍心了，他说，我拉吧。我说你呀，拉一半就走不动了，还是我来吧，累了我就歇歇。

我们两个人，来来回回，干干，歇歇，一亩玉米田，几天就耕完了。

凤文的腰和腿，后来受了伤。那天，我们套上牛，往地里拉粪，我在前边牵着牛，牛太小，没力气，凤文也在一边也拉。可是，牛不听话，走到半路上，它突然往外跑，一下子把车拽翻了，车把凤文压在底下，胳膊、腿受了伤，我们没钱看病，就落下病根儿，是动脉痉挛。胳膊干一天活儿就肿起来，他只能干点儿轻的。这不，今天他骑着电动车卖菜去了。

我用心照顾我婆婆，让她吃好，穿暖。有点儿钱，先买药给她治病。她躺在炕上不能脏，脏了老人会起褥疮，我经常给婆婆洗澡，换上干净的衣裳。到了夏天，我每天给她洗两次。

婆婆这个人，通情达理，她说这样太麻烦，不让我洗。我说我不嫌麻烦，你更不能嫌。婆婆让我照料了几年，病开始好转，先是能从炕上坐起来，又能扶着板凳在地上挪步了。

可是，在 2017 年年初，婆婆又一次脑溢血，再也起不来了。但老人脑子不糊涂，说话拉呱都行。我忙完了，就坐在她身边陪着聊天。有一次，婆婆问我说，我病了快二十年了，你对我这么好，心里不烦吗？我说，我五岁就没有娘了，婆婆就是娘啊，有个娘在，就像家里有太阳，我每天回家见到娘，喊声娘，就很温暖，很满足。

又过了三年，婆婆不行了，最后，说不出话来了，只是每天拉着我的手，眼里含着泪，恋恋不舍地看着我。

后来，婆婆走得很安详。

凤文对我脾气好，我自由自在，吃他不管我，花钱也不管我，随我的心思来。我有个家了，很开心。那时，我对凤文说，凤文，我下半辈子就和你过了。

凤文说，我都半辈子人了，没想到遇到你这个人，对我老的、小的这么好，我满足了，我不会慢待你，你吃了那么多苦，受了不少罪，可我也没办法给你幸福。

我说，咱们什么也别说，我从小到大就是吃苦，吃苦我能，就是别欺负我。

说出这话时，不知道为什么，我流泪了。

村里人都说，凤文的家让我给撑起来了，说我个子不高，真是个能干的女人。

俺小叔子还是光棍儿，我回到老家，把我侄女介绍给他。我和侄女说，你也别当我的弟媳妇，就是和我做个伴儿。

侄女嫁过来后，我把她当闺女待，我买豆腐，杀鸡，做了好饭就把他们叫过来。

这里的人好，厚道，沂蒙山人，到处都碰到好人。

听说捡废品比养牛强，我跟凤文说，我也去扒垃圾。

就是我婆婆能自理的那几年，孩子上学要缴学费，我得多挣钱。

凤文说，你是外地人，在这里人生地不熟，恐怕路也找不着。

我说你在家守着咱妈，我保准能挣，地里忙了我就回来。

我开始扒垃圾，每天能挣六七十元。那一年铁涨价，我就到了临沂，住在九曲的一间民房里，到处捡垃圾，收废品。

有一次，我到了临沂和郯城搭界的地方，迷路了。一个女的骑着车子过来，我问她路，她也不知道，想了想，就把我领到拾破烂的地方，这些人到处转悠，当然知道。

当时，我蹬着一辆破三轮，上边放上一床被子，搁上一个碗，到处走，到处收，白天找好住的地方，傍晚卖了废品再回来。

有个大娘，很面善，很慈祥，我就住在她家。大娘问我怎么一个人出门儿，我说孩子上学没钱，婆婆偏瘫，丈夫身体也不好。她叹口气说，丫头你真不容易。从那以后，她就天天做好了饭等着我，让我和她几个女儿一块吃，一块住。我给她饭钱，她怎么也不要，她说丫头，你来，不就是添上双筷子添上个碗啊，干脆，我认你干女儿吧。

我在她家住了几天就走了，至今也不知道老人的名字，只知道姓王。

后来，我去了连云港，去了青岛，在工地上捡水泥袋子，一个能挣一毛五分钱。

干了半年，也不知道挣了多少钱，我也不会算。

我们日子过得好，可小叔子家又出问题了。他媳妇，就是我侄女，生了个女儿。小叔子到外边打工，拿不到工钱，本来他就馋酒，就在家里喝闷酒，一喝就喝大，喝大了两口子就闹仗。

后来，我侄女气得跑回老家，再也不回来了。

不能看着俺小叔子这个样啊，我又把俺舅家表妹介绍过来。我对小叔子说，你不能再这样了，喝酒不能烂醉，要过自己的日子。他也听了，现在日子很好。

我在外面捡垃圾，如果地方近，就在凤文的舅家、姨家吃饭。那天，我又回到他姨家，他姨告诉我说，有个小孩你要不要吧？

我问小孩是怎么个事儿，凤文他姨说，别的别问了，就问你要不要。

我不能生育，我说我要，要，宝贝啊。

从此我就领养了这个女儿。

我这个闺女叫晨丽，就是早晨得到的她。她今年十九岁了，个子高，大眼睛，长得真漂亮。她好像也知道自己的身世，可是孩子很开朗，她问我，妈，你知道我的亲生父母在哪里？我说我哪里知道，我只能带你到那个村庄看看，这有什么用？

她想想说，不看了，你就是俺亲妈。

我两个女儿都疼我，她们说，妈你别干了，我们也都打工挣钱了，保证缺不了你吃的花的。我说我身体还好，闲着干什么，我不能花你们的钱。

我说，干活累不着人，只要心里快乐。

我也想念老家，老家就有个姑姑，九十一岁了，我和她的儿女从小在一块儿，一张床睡，一桌子吃饭，像亲姐妹一样。现在，六盘水那地方变化很大，他们的日子过得都很好，还盖了三层小楼，我在照片上看到的。

姑姑想我，几次让她儿媳妇给我电话，让我回去看看。可是，我没有足够的钱。凤文说，等等吧，钱少了咱们拿不出手，积攒上一些钱，很体面地回老家，我陪着你。

侧记：

杨学英说得很简略，她也不会细说，更说不上生动，就是叙述了过程，别人只有细细体会，才能感受到这个女人的爽直和善良。

村里妇女主任说，那几年，凤文大哥的前妻去世，他就整个垮了，瘦得真是风一刮就倒，走路头都没有劲儿抬起来。家里有个老娘，前妻扔下个孩子，兄弟俩又成了光棍子，你说这日子怎么过啊。

可是，学英嫂子来了，从嫁给凤文大哥那天起，就是干活，没白没黑地干，外边干完了家里干，贵州人，小个儿，你说怎么那么能吃苦啊，好像天天有使不完的劲儿，黑天半夜里还拉犁耕地……

学英嫂子心眼儿也好，对婆婆孝敬，对凤文的孩子关心不说，对凤文的岳父岳母也那么好。村里老人都说，杨学英这一来，把凤文快要塌下来的家，硬硬地给撑起来了。

我对杨学英说，你的心，就是块金子。

杨学英坐在小板凳上，看着妇女主任向我夸奖她，越听越高兴，最后咯咯地笑起来。

捡来的闺女

（曹宗恋，日照市岚山区黄墩镇曹家官庄村民；爱人王均秀，日照好人之星，日照市道德模范等。）

一

我们这大半辈，苦也苦在这个孩子身上，难也难在这个孩子身上。我说，这就是命，命该如此。

所以，咱不埋怨，也不后悔。

那是1985年3月16日。

那时候就开始单干了，我东拼西借，买了一台拖拉机，花了3546元，给俺镇上供销社搞运输，就是从这里跑日照，跑一趟挣9.66元。那是上午，吃午饭的时候，供销社的人跟我说，老曹，下午，你把酱油送到石臼供销社。

那时候，装酱油用很大的胶皮囊子。他们把囊子灌满了，我就开车拉到石臼供销社。过完磅秤，然后拧开盖子往外放，装到一口一口大缸里。那一囊子酱油千多斤，等到全部放完，天就快要黑了，我开车往回走，穿过日照城，那时候拖拉机可以在城里开，我看到就有电灯亮了。

我走到东沈牟村，路是从西南往东北方向，那时候还是土路。拖拉机开始上坡，我就打着灯往前开。路上已经没有车了，那时候汽车不多，我们这一块儿是山岭地，偏僻，出门的也少，路上看不到行人，都在家里吃晚饭了。

走着走着，我好像看到远处路边上有个人，我也没当回事儿，可是，快要走近的时候，发现那个人不见了，留下一个小包裹儿。我再走近些，灯就照到那个小包裹儿，是红色的。我就奇了怪，把车开过去，在路边停下，下来一看，我的天，是用小红被儿包着一个小孩儿。

我站在那里，四处找那个人，大声喊道，人呢？人呢？谁的小孩儿？怎么不管了？可是，没有回应，估计那个人也走远了。

我站在那里，小孩儿就在脚前。我前望望，后望望，路上两头不见人影儿，心里想这可怎么办。

我突然想起老人有句话，路上碰到该救的人不救，就是伤天害理。心想碰上了，这就抱着吧。正好，车斗子里边是胶皮囊子，很软和，我就把小孩儿放在上面，开着车接着往家走。

那时候，我已经结婚三年，就住着三间草屋，很穷。到了家，天很黑了。我停下车，把孩子抱下来就敲门。

媳妇在家等着我，听见敲门，她赶紧出来。

开门一看我抱着个东西，就问，这是个什么？

我说快进屋，快进屋，我捡了个宝贝！

我们进了屋，媳妇一看是个小孩儿，就问是谁的孩子。我说路上捡的。媳妇端过灯来一照，我这才端详孩子的脸。是个女孩儿，小脸儿一丁点儿，眼睛瞪着，头发乌黑乌黑，就那么看着我。

媳妇也很惊喜，我们结婚好几年了，一直没有孩子，到医院检查，因为她有一次宫外孕，医生说是不好怀了，做梦都没想到路上捡了个孩子！

我们高兴得一宿没睡，第二天一早就叫来我母亲。老人看了看，说孩子怎么这么小啊，可怜，就是个小猫啊，可是模样儿不丑。母亲说，正好你们没有孩子，这是老天爷送来的，你们愿意养着就养着，不愿意就送到公社去，可不能让孩子受委屈。

我媳妇愿意养，我不同意。我觉得她还没生过孩子，没有经验，这么小的婴儿不好养。可她说，咱们捡来的，就像咱娘说的，是老天爷给咱的，你送走了，就是对不住老天，咱尽上心，不明白的，婶子大娘的常问问，怎么还养不好？

这样，我就不再说什么，到村里说明了情况，村里就给落下户口。

我和供销社的人熟，那时候，好多东西都紧缺，我还是能买得到。那时，哪有鲜牛奶，听都没听过。商店里有上海产的熊猫牌炼乳，三块六一桶，太贵了，咱买不起，就是买点儿糖，对上稀饭喂孩子，几个月后就开始喂奶粉。

吃奶粉会上火，我再给她喂橘子汁。小孩儿很乖，从来不哭，吃饱了，就那么瞪着眼儿。我对媳妇说，有了这个女孩儿，也算给咱们开了喜，以后你就能生孩子了，生个男孩儿，咱就足了，这个孩子就叫迎弟吧。

我在外面开车，早出晚归，回来我就先看看迎弟，亲亲她。

这说着就到了麦收，收完麦子，接着种玉米。农忙季节不等人，家家在自己的地里耕地，施肥，播种。那几天我也顾不上开车了，忙自己的地。我媳妇家里有孩子，帮不上我。

一天，我从地里回到家，我媳妇说，今天迎弟怎么老是哭呢？她刚落下话，迎弟又哭了起来。我说是不是感冒了？说着就过去摸摸孩子的小脸儿，没有发烧。我又说，是不是肚子疼？媳妇说不会，我喂的热奶粉，奶粉还是新买的，她也没有闹肚子。

那时，村里也没有卫生室，老百姓也没钱，不是急病也想不到上医院，小病就是用土办法。我说，找村里三奶奶看看吧。

三奶奶就是个庄户老嬷嬷，平时村里谁有个小毛病，就去找她看，都用些土方。肚子疼了，刨块楝树根煮水喝；长疮长疖子，用艾子水洗，点上干艾子灸，有时候还神神道道。

三奶奶一看迎弟，说这是中风了，就得用针挑。三奶奶捏着缝衣针，先给孩子挑前胸，挑一针，小孩就疼得哇哇地哭。针连着挑，孩子哭得声音都变了。挑完前胸，接着挑后背，完了，三奶奶说，回去就好了。

可是回到家，孩子还是哭，不停地哭。我们又找了外村人，是台庄一个老嬷嬷，她看病不要钱，送点儿礼就行。她看了，还是说中风，还得用针挑。挑完了，老嬷嬷说要五天一次，我媳妇，到了五天就抱着孩子到老嬷嬷家。那个针啊，挑得孩子一个劲儿地哭，疼得我媳妇都掉泪，孩子浑身都让针给扎烂了。

前后治了一个月，最后，老嬷嬷说，治不好了。

我们又找了别村的赤脚医生，除了扎针，就是吃药。最后，孩子不哭了，可是我发现，她老是流眼泪，身子软软的，就像面捏的似的。我就生疑了，抱着她到了镇上卫生院。医生说，你看孩子的眼睛，下边的睫毛很短，刺挠到眼珠就流眼泪。我问怎么办。医生说，现在孩子太小，等她能走路了，动了手术就好了。

可是，我越来越发现孩子不正常，几个月了她也不长，骨头好像是软的。我正好开拖拉机到日照，顺便拉着媳妇抱着孩子到了县医院。到了婴儿科，那个人是主任，女的，她看看孩子说，你这孩子治不好，是先天不足。

我说，捡来的时候好好的。

她就问从哪里捡的，我就详细地告诉了她。主任想了一下说，这个孩子，很可能是哪个姑娘偷生下的，之前她想打胎，吃了些药没有打下来，但胎儿却受到了伤害。也有可能是超生，母亲受了刺激，伤了胎儿。再有可能就是遗传，不过这种情况很少，刚刚生下来家里人怎么会知道有遗传病？

可我还是不泄气，再找别的医院看。有人告诉我，沂水有个医专，那所医院里都是教授，学问很大。媳妇这时候已经怀孕，我小姨子抱着孩子，和我坐车去了沂水。

到了沂水人民医院，一个老太太，满头白发，戴着眼镜，她一看我的孩子，立即说，不能治了，先天性的。她又看了我一眼说，就是美国也治不了！

老太太很和善，站起来，从后边橱子里拿出一本书，很快翻开，转身对我说你看看，是不是和你的孩子一模一样？我一看，上边的图就是我的孩子。

老太太又量了量我孩子的头，说你看，她脑袋短，脸长，这是畸形小头，就是胚胎还没有发育完成，她长不大，最多能活三五岁。

最后，老太太很认真很同情地看着我说，别花冤枉钱了，扔了吧，先前这里也有个这样的，交给医院，让医生上课用了。

我的心，一下子凉到底了，冰凉冰凉。在回家的车上，我从小姨子手中接过孩子，看着她，她的小眼睛不眨地看着我。我心里说，孩子，小狗小猫都有一条命，它都能蹦能跳，可你的命怎么这么苦啊？你爹你娘把你扔在路边上，给你好胳膊好腿也好，怎么是这个样子啊！……

我低头看着她，泪掉在她的小脸儿上。

我回来，媳妇问我，我把经过和她说了，我说不能扔，咱捡的，就是咱养的，她活到什么时候，咱就养到她什么时候！

二

孩子的症状越来越明显，她身体不发育，不会说话，也不会嚼东西，哭起来就是啊啊的，声音不能拐弯儿。牙齿好久长不出来，我们没法给她硬的东西吃，她又不会往下咽，喂急了就会呛着，就是做了大米粥，也不好往里喂，就靠熬小米粥。那时候，也没有这样那样的机器，像豆浆机什么的，咱在农村，就是有了也不知道。

孩子的饭，我媳妇就靠嘴嚼。刷刷牙，先在嘴里嚼碎了，再喂她，一点儿一点儿地往她嘴里抹。这不卫生，可是实在没有更好的办法，庄户人家过穷日子，就这样的条件。我们省下小米，省下点儿花生给她吃，我们就是吃地瓜干子。

这年，儿子出生，媳妇顾不过来了，我还要到外面干活儿。回家后，女儿我照顾，吃饭我喂。开始我没经验，一个老爷们家，端着小碗，用勺子舀着米汤往她嘴里喂，喂到最后，汤少了，米粒多了，她就不会咽了，突然，她的脸憋得通红，咯都咯不出来。

媳妇听见了，她在那边抱着孩子，说呛着了，呛着了，快把她抱起来，捶她的背。我没有听见，着急了，就用指头从她嘴里往外抠。这时，她的牙齿已经慢慢地长出来了，可是里龇外拐，很乱。我把指头伸进去，她一下子把指头咬住了，疼得我哎呀一声就往外抽，可是她的牙咬得死死的，孩子好像听见我疼得叫喊，吓坏了，吓坏了就更忘了松口。

我没办法，牙一咬用力往外一抽，指头上的皮都被划烂了，就是一根血指头。从那往后，我再也不敢用指头抠孩子的嘴了。媳妇不让我喂了，还是她先在嘴里嚼烂，再嘴对嘴，用舌头尖儿送到孩子的口里。

我们结婚，欠了亲戚邻居不少债，挣点儿钱就还，陆续地还，现在再加上两个孩子，实在没有能力再给女儿买营养品了，就是蒸个鸡蛋也不经常。人家说花生米有营养，咱这里也种，就给孩子嚼花生米，她很爱吃。

这样，我媳妇就天天嚼花生喂，当然嚼熟花生。

医生说孩子也就活三五年，我们心里也经常不踏实，可是五六年过去了，什么事儿也没发生。

十年到了，孩子还是平平安安。

看到这个孩子拖累着，邻居们，说什么的都有。有的说，捡个好好的孩子，养大了，成个人，可是捡了个这个算什么？就是操心费力白往她嘴里填，最后还没个结果。有的干脆说，就是捡来个祸害，还不如捡个小狗，养大了还能看门。

有的邻居很气愤，当着我的面说，扔孩子的那家人，伤天害理，自己养了扔给别人，罪都让你两口子受了，什么时候是个头啊？干脆扔了吧！亲戚朋友都劝我，说别养了，就是个肉蛋，连个残疾人都不是，残疾人就是少条胳膊少条腿，还能叫你们一声爹妈，可是养了这个孩子，到头来你赚到什么？

我和媳妇也是唉声叹气，真是养不起了，可是怎么扔？这孩子她睁着眼，喘着气啊，她不是狗和猫，再怎么着她也是个人，哪有那种狠心把她扔了？做出那样的事情，人看不见，可是地在看，天在看，要是真有神仙看着，那不得遭雷轰啊！

有一天，村里的老师来到俺家，告诉我说，镇上成立福利院了，专收生活困难和不能自理的残疾人，你快把孩子送去吧。

我和媳妇商量，我还要养家顾口，在外边开拖拉机，回来还要忙地里的活儿，家里又这么困难，把孩子送到镇上，有专人看着，专人伺候，吃得肯定比家里好，咱们也就解脱了，哪天想她了，就到镇上去看看。

媳妇就借了邻居的小推车，我们这里叫“轱辘马”，把孩子从炕上抱出来，放在车上的筐子里，推着就往镇上走。可是，这孩子，你说神吧？一大早她就在炕上哭，离开家时哭得更厉害，哇呀哇呀哭着，看着她妈。我觉得，这孩子别的不行，就是耳朵灵，比咱们好人都灵，可能头天我们后边的堂屋里商量这事儿，她躺在前边的小屋，虽然中间隔着院子，可她都听见了。

她妈在路上说，迎弟啊，你别哭，送你到镇上，那里吃得好，睡得好，天天有糖，妈常去看你。

可是，越说她越哭。

到了镇上，人家一看这个样子，说这不是残疾人，不符合残疾人的标准。福利院的人也说，这样的人，不会说，不会动，我们照顾不了，养死了谁负责？

我媳妇无论怎么说，人家就是不收。

她只好推着孩子回家。回来的路上，孩子居然不哭了，就是笑，傻傻地笑，看着她妈笑。

就在那年年底，迎弟得了重感冒，发烧，流虚汗，不吃东西，喂上饭就吐了出来，一连六天就是这样，我抱着她去看医生，医生打针都找不着血管了。

我说，孩子六天没吃东西了。

医生也知道我们这事儿，他看看我，叹口气说别受累了，死了也就死了。

我也叹口气，说该打针的打针，救不过来咱也尽心了。

医生给她打了针，又开了六味地黄丸。我把孩子抱回来，照医生说的，把药丸儿碾碎，给孩子喂上，还是那样，喂上她就吐出来。

我和媳妇说，咱救救看看吧，命大，她就活，你去熬点儿小米汤，过会儿我给她灌上。

小米汤端过来，这时候孩子闭着眼，瘦得就剩一把骨头了，试试她的鼻子，还喘气儿。我把米汤给她灌上，她还真的张开口了。我倒一小口儿，她咽一小口儿。我又端过一小碗儿，加上六味地黄丸，再喂。

到了第二天，我过来一看，嗯，要活，又喂小米汤，这样，当天喂了三回儿，到了下午，孩子的眼睁开了，活过来了。

我说迎弟，你还是命大啊，好，你活过来我就养着你！

就这么一天天过去，迎弟也在长大，虽然身体发育得还是很慢，但有了一点儿智力。有时候，我夸奖她好，漂亮，她就高兴地笑。我要说她丑，她就生气，头往一边歪，不看我。

我在外边忙一天，一进家门，她就听见我来了，在炕上哇呀哇呀地叫。我走到她的屋里，她就看着我，眼睛很亮，你说她各方面发育不良，可就是眼睛亮，又黑又亮。她妈说，这孩子和你最亲，她好像知道，是你把她从路边捡回来的，是她的救命恩人，感激你。

开始我不信，后来我观察，还真是，她的眼睛会说话，那又黑又亮的眼睛，眨也不眨地看着我，好像看不够，亲不够，说不出来的感激。谁说这孩子不懂事儿啊，她心里都明白。

我说迎弟啊，你妈也不容易，她看你不会吃饭，也不能吃硬的，多少年是你妈把你喂大，她都是先在嘴里嚼碎了，嚼烂了，再嘴对着嘴喂你，现在，她的牙全都嚼坏了。

媳妇几十年里就这样，嚼花生，嚼硬饭，嚼水果，嚼得很细很细，很稀很稀。她一个人的牙齿，是嚼了两个人的饭，现在全都磨平了，牙根都松动，经常疼得睡不着觉。

我说的话，孩子好像听懂了。我突然看见，眼泪从她眼睛里流出来，流得很慢。

我马上喊我媳妇，我说快过来，你快过来看。

媳妇过来，看着女儿眼里的泪，我接着一说，她的眼圈儿顿时红了，她说，没白养啊，这孩子感谢我了。

说完，她就想哭。

我和这孩子有感情，没事的时候，我就坐在她旁边。

我说迎弟啊，我唱个歌你听听吧。她就高兴了。

我哪里会唱歌，就是胡乱唱，会哪句就唱哪句，跑调儿就跑调儿。

我唱着歌，孩子就静静地听，黑眼珠很亮很亮，咧着小嘴儿傻傻地笑。

媳妇过来，说我是个老傻瓜。可是，我看见孩子不高兴了，说她爹呢。我唱完了，再和她开玩笑，我说迎弟啊，你怎么下这样的生？她听懂了，就笑。我说，别笑，晚上，我就把你抱出去，扔到山沟里喂狼。她就不高兴了。

孩子整天躺在那里，自己不会翻身，尿在炕上会生褥疮。我必须夜里起来，抱着她，多少年养成习惯了，就是半夜十二点左右和早晨三点，都是我起床。

儿子由他妈照顾，我顾不上儿子。

医生断定她活两三年，这都三十多年过去了，孩子还活着，好好的。唉，她三十多岁了，要是正常的女孩儿，早就是大姑娘，现在也是结婚出嫁了，逢年过节，也给我送瓶酒喝。

可怜，她没这个命，我也没有当姥爷的命。

我信命，从捡来这个孩子起我就信命，命运安排让我碰上这个孩子。我说了，我捡的，就是我养的，只要我活着，我就要让她活着。我也过了六十五，奔七十了。媳妇身体也不好，家里家外，操心女儿，操心儿子，也累出毛病来了。

三

从去年，看着我这个闺女就难受，我常想，她会不会走在我们前头，她走的时候千万别受罪啊，她受的罪太多了，老天爷对她不公，你不让她幸福，为什么还让她下生啊。

所以我只要活着，就好好喂她。

以前日子过得艰难，这几年，我承包了一片果园，生活也好多了。可是，有这个孩子拖累着，这是事实。儿子在城里打工，在外边找了媳妇，我在家里给他们盖了新房，在家结的婚。

可是过了两年，他们就离了婚。问什么原因，儿子也不说，我就不再问了。不问我也明白，还是因为他有这样一个姐姐，人家嫌弃。

这孩子的来路，至今是个谜。我本家的侄子是个理发的，经常挑着椅子、脸盆赶四集。2005 年腊月廿六，是年集，他在那里给人理发，一个老汉过来，等着。

轮到老汉了，他就坐过来，理着发两人就闲拉呱儿。老汉问我侄子是哪个村的，侄子说曹家官庄。

老汉就问，你们村有没有在路上捡了个小孩的？

我侄子说有，是谁谁。

老汉又问，小孩长得怎么样啊？

我侄子一边理发一边冷笑着说，很好，你去看看吧，天天躺在炕上。

那个老汉就再也不吱声，理完发，给了钱，走了。

侄子回来告诉了我，说老汉是哪个村的，让我去打听这个人。

想了想，我没有去，去也没意思了。

我家的事情，周边都知道。前年，乡镇号召学好人，有人就说出我媳妇的名字，上边来人了解了情况，就在会上表扬。后来，有个老板知道了，找到我家，很年轻。他看了看我的女儿，临走留下两万块钱。我说这钱我不能要，我能养活这个女儿。

可是他扔下钱就走，我说你把电话告诉我，他说没带手机。我记他的车牌号，他说，这车是我借了人家的。但我还是记下了车牌号码，我让儿子一查，是潍坊市寒亭区的。

我想和他联系，有人说，不必了，人家有隐私，做好事不想让人知道。

好多人过来，都给我们钱，我不要，我觉得，要了人家的钱，手就短了。

侧记：

完了，曹宗恋让我看看他的女儿。这个四合院，大门开在东南角，旁边是两间南屋，屋里两盘小炕。曹宗恋睡那边，女儿躺在这边炕上，便于夜里照顾。

他女儿盖着短短的被子，露出小脑袋，头发很黑，再看，头有点儿扁，脸黄，但眼睛黑晶晶地亮。看到来人，她突然就笑了，嘴里露出很乱的牙齿，呀呀地发出声音，身子在被子里兴奋地抽动……

我不好描述了，实话说，就是一个放大的胚胎。

曹宗恋夫妻三十多年照顾着这个捡来的女儿，他们善良，悲悯，让这个没发育完整的生命，顽强地延续到今天，并一直平安活着。这个注定今生躺着的姑娘，在世上同样有了自己的名分……

追梦獐子崮

（公茂田，临沂市蒙阴县獐子崮家庭农场场长。临沂好人，山东好人，中国好人，山东省劳模，弘扬沂蒙精神先进个人，山东省政协委员等。）

一

獐子崮这几年也出名了，因为公茂田，公茂田就是咱。

獐子崮，你从下边看，从北开始向南，一道很长的斜坡，慢慢地升高，连着很大的山丘，就像一个圆锥，突然上边有了崮。听老人说，从前这里真的有獐子，当然是野生的。獐子有两种，有普通的獐子，有香獐。香獐是国家一级保护动物，据说它有两个胃，吃杂食一个胃，吸奶一个胃，胃里就有奶块儿，浑身散发出香味儿，奶块是名贵的中药。

可是从我记事起，就没见过獐子，倒是有狼，晚上在山上嚎叫。

我就是土生土长在这里，家在后面的十字涧村，就是山沟，当年的穷乡僻壤。俺家八辈子都是农民，我是 1949 年 2 月出生，父亲给我起名叫公茂田，就是长大了好好种地，让庄稼长得茂盛，茂盛就丰收，丰收就饿不着。庄户人家，就这么点儿想头。

我是老大，共兄弟四个。俺兄弟们个子都很高，你看我，长到一米八三，但在兄弟中我不是最棒的。我勤快，小时就有竞争心，不服输。放了学就帮着父母干活儿，帮俺母亲推磨、烧火，上山割草喂兔子，也到生产队里干活儿。

我们家人口多，祖孙三代八口人，生活很艰难，到了春上，吃了上顿没下顿，四个小伙子饭量又大，经常饿得头晕眼花。可是，不管多困难，父亲咬着牙供我们上学，我一直上到高中，这在那时候就了不得了，他就是希望我学好了走出山沟。

可父亲怎么也没想到，他这个儿没走出山沟半步，却在獐子崮上扎了根，这是后话。

别看我高大魁梧，好像粗线条的，可是我从小就喜欢花草，看见谁家有花，我就去要一棵；在野坡里见到一棵桃树苗，我就挖出来，栽到家里。

我们窝在深山里，没想到来了好运。1966 年，当时全国在备战备荒，好多重要的工厂往山里搬迁，那时候叫三线厂子。咱沂蒙山是老根据地，蒙阴又在腹地，上边选定了在这里建民丰机械厂。你看，四面环山，山外还有山，山洼里可以盖工厂。

盖工厂要占农民的地，就在周边村子招工，身份是亦工亦农，就是关系不转，户口不转，在企业领部分工资，村里分部分粮食。对于连地瓜干子都吃不饱的农村青年，这就是天上掉馍馍啦。当时，几乎所有的青年都报了名，但是政审很严格，那时候首先讲究出身成分，祖宗八代，七大姑八大姨，都要扒拉一遍，要根红苗正，就像挑地瓜，疤麻没有才行。审查合格了，还要体检，就这样刷下来很多人，俺村里只有九个人进了厂。

我进来才知道，说是机械厂，其实是兵工厂，专门造四个筒的高射机枪和子弹，车间就在山洞子里。你想，不严格行吗？漏进了坏人怎么办？

你看，下面那些老厂房还在，那片职工宿舍还在。

当上工人当然很自豪，蓝色工装穿上了，脚上穿着球鞋，立马和村里农民不一样了。我才十七岁，被分到电工班，当时正在建厂房，电力配套有时候跟不上。我年轻，高中毕业生，学得快，不懂就问师傅，师傅一指点我就会了。再一个我胆子大，别人不敢戳着我敢，就想试试。很快，电工这一套就熟了，哪里有事就叫我，去了我就能解决，成了个小能人儿，后来就当了电工班长。

我年轻啊，绝对是帅哥。个子高，腿长，方脸膛，还白，眉毛长，大眼睛，脾气还好，对工作对人都热情。厂里的大姑娘，相中我的真是不少。可那时候，管得严，哪有现在开放呀，谁公开谈恋爱，不单是丢人现眼的事儿，还是资产阶级思想，是灵魂肮脏，甚至有流氓嫌疑。

可是，姑娘们还是偷偷地追求我。我说个事儿，有一次，我眼睛上火，老百姓叫“害眼”，就是两眼发红，淌眼屎，看东西模糊。好几个姑娘看到了，心里惦记着，嘴上也不好说，都想着探望我。

我到卫生室打针，这个姑娘说，我有点儿事出去一趟，走了。那个说，谁谁找我，不知有什么事儿呢，我去看看，也走了。剩下一个姑娘高兴了，都走了，我正好去看公茂田，连忙到了卫生室。

我在卫生室里，咦，她来了。咦，她也来了。没多会儿，她也来了！

三个姑娘守着我，都长得很漂亮，你说咱心里，很恣儿。

多归多，咱不能花眼，比来比去，我还是觉得伊淑凤好，人长得漂亮，心善良，面上文文静静，可做起事来很果断，特别投我的脾气。

四年后，我们就在那个家属院结的婚，先后生了两个儿子，小日子过得很滋润。

说着就到了1985年，算起来，我们干了十九年。

二

这时候，咱国家发生了很大的变化，世界格局也变了，工厂面对的是市场，需要转产，但是窝在山沟里，交通不便，许多工人开始自谋职业，搞三产。我呢，就和伊淑凤养猪、养兔子。为了把兔子养好，我和我父亲专门到八达峪村学习，我在那里住了十多天。

我干事儿认真，当年我卖猪、卖兔子，就赚了万多元，在那时，就算发了不大不小的财了。

这里到处是山，又靠獐子崮近，蛇特别多。兔子是一个月一窝儿，生了小兔子，蛇就闻到了气味，爬过来偷吃。有一回，我看到一条大蛇，像茶碗一般粗，把一窝小兔儿全吞下去，肚子撑得像个口袋，在那里爬不动了，翻来覆去打滚儿。

那是1984年的春天，到了周末，我和伊淑凤回家看父母。路不远，我们就步行。走到獐子崮下边，突然刮起了一阵狂风，风呜呜地呼啸，飞沙走石，黄尘滚滚，百步里看不见人影儿，沙子打得我们的脸生疼。那时我还不知道这叫沙尘暴，还没有这么个说法。

回来我就想，照说这里是山区，不应该刮这样的妖风啊。再琢磨，是树少了，水少了，地旱了，山干了，环境恶劣了。我在家属院里，看着獐子崮，以前，从来没有用心打量过它。也是听老人说的，以前獐子崮上森林茂密，成搂粗的大树很多，可是战乱、砍伐，慢慢地，树越来越少，最后连灌木都被人砍柴烧了火，山真的成了荒山、秃山，满眼都是裸露的石头，哪还有什么獐子，狼都藏不住，就剩下野兔子、老鼠和蛇了。

在山崮上，老百姓就是挖个坑，栽上花椒，再不然开出一小块地，种上地瓜或花生。人都说靠山吃山，可是靠着獐子崮这样的山，你能吃什么？

这时我就有了想法，与其在家里养兔子，不如把獐子崮绿化起来，在山上栽树，栽果树，各种各样的果树都栽，让它成为花果山。

这念头越来越强烈，我就想到了辞职。

辞，还是不辞，弄得我那阵子老失眠。

我得和伊淑凤商量。我说，我想绿化獐子崮。

伊淑凤说，好啊，可这么大的一座山，你怎么绿化？

我说，辞职。

伊淑凤眼睛一下子瞪大了，看着我半天，伸手摸着我的头，说这里是不是发烧啊。

我很认真地和她讲，把这些日子我想的，很成熟的想法，细致地告诉了她。

伊淑凤不是普通女工，她很有文化，不死板，看事儿很深。末了她说，你想得不错，可靠咱两个人就能绿化荒山？再说，钱从哪里来？

我说，咱没能力一下子把整个山都绿化了，就得用慢工夫，慢慢地啃，一小块儿一小块儿地栽树，用它十年二十年，肯定行了。

伊淑凤不说话。

我说，我虽然干电工，可这些年也看了些植物的书，我从小喜欢弄些花草，有经验，我相信我能治理好这个崮，靠它致富，不再靠那点儿死工资过日子！

我和伊淑凤先是好工友，又成了夫妻，她也是这里的人，当然相信我的话。

媳妇同意了，我就找到厂里，我没有直说，就说老父老母年纪大了，我辞职，回去照顾他们。

厂长眼睛瞟着我看半天，眨巴了几下说，好你个公茂田，别给我卖关子了，肯定肚子里有花花肠子。

我只好实话实说，厂长说，想法很好，我很佩服你的魄力，可是，你在厂里干了快二十年了，我没记错的话，你十五年连续评上先进，好时候都在这里过了，现在就这么一抹屁股走人，我都替你惋惜。

我说，人还在这块地上，厂子还在身边，不过就是办个手续，有什么惋惜的。

厂长思想了一会儿说，我真舍不得你走，我给你留条后路吧，停薪留职，干不成再回来。

我牢牢记住了办手续的那一天，真是巧，是1985年3月12日，植树节。

我父亲知道了，发了大火，他说好不容易当上工人，吃了国库粮，怎么要回家种地啊，嗯？怎么着发热把你烧的？我种了一辈子地，腰都累弯了，你怎么还没种够？

要是我年轻，父亲非扇我耳光子不可。

村里好多人说，公茂田脑子出毛病了，当电工当得，电流进去了。

厂里的朋友到俺家，说兄弟，好好想想，厂里再不行，咱也每月六十多块钱的工资，比城里的干部都强。

我不说话，心想，你们别劝了，公茂田同志已经走火入魔！

我和伊淑凤换上旧衣裳，穿上胶鞋，到了獐子崮，抡起镐头刨石头，一下子成了周边新闻。知道的说，凭着铁饭碗不端，工资不要，跑回来在山上瞎折腾，犯贱了。不知道的说，肯定是犯了错误，有什么案子，被厂里开除了，面上不好说，赶回老家当农民，看，两口子正劳动改造呢。

三

海拔六百多米的獐子崮，是石灰岩层，这样的山上根本存不住水，干巴巴的都是石头。山上没有树了，长年累月被雨水冲的，除了沟，就是坎；除了野草，什么都不长。

我以前养猪养兔子，积蓄了一万元，从亲戚朋友那里借了一万元，又从银行贷款一万元，三万块钱就是启动资金。

我们在山上，用脚丈量了整个山崮，我说不能只是植树造林，等树木成材要好多年，咱不能喝西北风，也栽好的果木，让它早早结果卖钱，然后慢慢地滚雪球，越滚越大。

我和村里把合同一签，俺俩就卷起铺盖上山住下。

我们先在朝阳的坡上，用木棍搭出架子，割了山草盖上，算是个工棚。棚子很小，也就四个平方吧。白天有太阳晒着，可是到了夜里，三月的风还是很冷，被子都冻透了。为了取暖，我们掘地半米深，用石板支了个矮炕，铺上草，冷了再烤烤火。

那天早晨，我起来到外边看看，突然听到伊淑凤在棚子里很惊恐地大喊，茂田！茂田！快过来呀！我回身往里走，伊淑凤光着脚从棚子里蹿出来。我跑到里面一看，一条蛇钻进伊淑凤的鞋窝里，盘在里边也不动。

从那以后，她就被蛇吓破了胆，如今三十多年过去了，一听到别人说蛇，她就浑身发冷。

山上没有路，下边都是青石板，镢头、镐头根本刨不动。我们用绳子量好，撒上石灰线，雇人打炮眼儿，再用炸药炸开岩石。钱不多，不能雇太多的人，就靠我们两个起早贪黑，平整路面。我们每天都是鸡叫后起床，干十五六个小时，月亮起来才收工。饿了，就是啃煎饼就咸菜，渴了，从桶里捧凉水喝。

那可是真遭罪啊，手上起了多少血泡，血泡破了，干巴了，再变成老茧，老茧又磨成血泡。一把新铁锨，新镢头，在碎石头里磨，几个月就磨秃了，磨短了，胶鞋坏了一双又一双，更别说腰酸胳膊疼了。

我身体壮，心里疼伊淑凤，我说你歇歇吧。她说，我坐在一边看着你干，我能歇歇嘛。我说，那好，咱们都歇歇。我们在石头上坐下，看看满眼都是活儿，坐不多会儿就站起来，接着干。

就这样，俺两口子从春天干到腊月，把一条路从山下修到了山上，四米宽，三公里长，开车没有问题。

路修好了，就是水。

这个地方自古就缺水。

当年俺厂里在这里选址，找来找去没水源，最后在五公里外的燕窝村才找到，打了一口井，再用管道引到厂里。我绿化獐子崮用水，必须再从厂里接管道，可是我哪有这个财力啊，想都别想。

没别的办法，俺两个人，每天都要担着水桶下山，到村里挑水。这来回就需要个把小时。山上有三口大缸，只有挑满了，才能保证人畜和果树苗一天所用，我们就得来来回回地挑。早晨起来，村里人都到井上打水，排队排得老长，我们等不起啊，就得凌晨三点起来，天还黑着，我们就开始往山上挑了。

从上山开始，一直到 1992 年，我们这一挑就是七年，算了算，我们每年要走两千多公里，这七年就是一万五千多公里，就是两只脚不住地量出来的。

就是这一年，沂蒙山区遇到特大干旱，每天都是太阳晒，也见云彩走，就是落不下一点儿雨，深井里的水越来越少，我山上的果树苗，都蔫了叶子，有的干死了。我还养了好多兔子，那兔子渴得急眼了，狂躁啊，在地上乱蹦乱跳，脑袋往墙上撞，结果死了不少。

我到村里去，找到公方西老人，他七十多岁了，见多识广。我说叔，您听没听说，咱这山沟里有打井的地方？老人想了想，说有倒是有，就在前边那块洼地里，多年前省里有个人来看过，说从岩层下挖十五米左右，就可能有水。

说完，他问我，茂田啊，你是不是想打井啊？

我说，有这个想法，没有水，这么大的一座山，我绿化不起来。

老汉摇摇头说，这打井可不是件容易的事儿，再说，人家就是过来看了看，随便说说，到底有没有水还不一定呢。

可是，自己没有足够的水源，靠挑水能浇多大的地面？等我们上了年纪，挑不动了怎么办？

必须找水，必须打井，没有别的办法。

还有六户人家在山上有地，我找到他们商量，我说，打井，我出钱，你们出力。

有的说，出力咱不打怵，可是从青石板上往下打，出了事故怎么办？

有人说，要干就得豁上，怕这怕那，什么事儿也干不成！

有的说，茂田不光和咱一块儿干，自己还把钱掏出来，茂田，听你的，就是出了事儿，大家一块扛，咱先立下生死状！

越商量大家心越齐，最后，真的签了生死状。

我根据公方西老人说的地方，选了个位置开始下挖。咱没有挖掘机，就是靠镐头铁锨。一层一层往下挖，挖不动了，用钢钎，用锤子打。

我们从秋天开始，打到冬天，又打到来年春上，可还是不见出水。我说十五米，十五米，咱还不到十五米，往下打，打到十五米如果还不出水，咱就打到十六米！豁上了！

我们还是咬着牙，抡着大锤在深坑里砸，等我们打到十四米多的时候，那个水啊，就忽地冒出来了！水还冒着热气儿。我捧了一口喝到嘴里，甜丝丝的。大家高兴得又喊又笑，我的泪水流下来了……

井水很旺，每小时出水18个立方。我们在山上建了几个大蓄水池，再也不用为水犯愁了。

后来，中央电视台来这里做节目，那个主持人肖东坡问我，有了水以后，你现在是不是可以随便用了？我说哪能啊，我可知道没有水的难处了，尝到挑水上山的滋味了，也体会到打井的艰难了，在我眼里，一滴水比一滴汗还贵重，舍不得浪费，我洗脸的水都攒起来，浇到地里，浇到树根上。

有了路，有了水，我又把獐子崮下边的三百多亩地承包过来，栽上桃树、杏树、李子树，并且继续放炮炸石头，挖土填坑。转眼间，俺两个人干了八年，我数了数，算了算，我们在獐子崮上，垒了四百多道地堰，放了九千八百多炮，栽上各种果树两万六千多棵，这个獐子崮，硬是让我们把它变绿了！

四

你看那边，都是桃树，桃树都是修剪过的，枝头挂的桃子有鸡蛋大了。这房前的鲜花，都是我随便撒下的花种籽。花果山，花果山，有果子也要有花，是不是?

不容易，真是不容易，创业艰难。我们终于等到桃子丰收，1993年就结了两万多斤。我想，这行了，多年的劳苦开始回报了。

没想到我把桃子拉到县城，人家过来看看，尝尝，掉头就走了。我连夜把桃子运到东营，心想那里石油工人多，有钱，再说那里是盐碱地，别的不说，桃子肯定不多。

可是，在东营还是卖不出去。人家说，你这桃子看着光滑，个头儿也不小，可是咬一口不甜，嚼一口不脆，你看旁边卖的油桃，好吃，批发，一斤就是两块六。

眼看着我的桃子要烂了，只好九毛钱批发给当地的贩子，两万多斤，收入不到六千块钱。

实话说，我没有沮丧，我这人心大，赔了就赔了，再想办法就是。这些年自己光在山上开荒，把脑子开傻了，完全没想到市场。市场永远需要受欢迎的水果，我们的品种不行。

回到家，我就到东北、河南、陕西考察。听说青岛农科所有好品种，叫“寒露蜜”，我立马赶到那里。开始人家看我土里土气的，不像个大客户，也就冷冷淡淡，待答不理。我好说歹说，人家才答应卖给我 50 棵树苗，100 根接穗枝条。

回来后，我选出一块好地，栽上树苗，再把枝条嫁接到原来的桃树上。我几乎天天在地里转悠，怎么管理就不说了，真是，比对孩子还上心。

三年后，桃树开始挂果，到八月果实就膨胀了，那个桃子大，就像我这个拳头，皮色乳黄，慢慢地，向阳的那面红了起来，越晒颜色越深，皮也越来越薄。等到九月熟了，咬开，那果肉，乳白色，肉质又细又嫩，嘴里嚼着，滋滋地冒甜水儿。从中间把它掰开，内里是胭脂样的红色包着桃核儿，真是好看。

当年卖到三块一斤，收入很可观。

我发现，这“寒露蜜”耐贫瘠，耐干旱，抗寒，而且是晚熟品种，正好别的桃子卖完了它才上市，少竞争对手，很是适合咱沂蒙山区栽种。

这时，我就有了想法，自己扩大，往外推广，让周边的人包括蒙阴县都种这个，光我自己富了不行，要让大家都富起来！

这样，四里八乡的人都来我这里，我把苗木和技术免费传授给他们。慢慢地，寒露蜜桃遍地开花，红遍了蒙阴县。

我这个人不安分，尝到甜头了，心思又用在引进新品种上。

看到油桃越来越走俏，我到陕西周至县，那里当时是全国最大的油桃基地。人家告诉我，现在油桃品种更新换代很快，最好的品种在河南，我立即赶到河南，来来回回五次，学习怎么培育。我学会了，就要买他的苗木。可人家说，我们只对大客户，每次必须五千棵以上，一棵苗子五元钱，不砍价。

我当时犹豫了，自己已经负债累累了，这一出手就得两万元，买不买？

这是 1995 年，两万块钱，还不顶现在二十万啊。

我打电话给伊淑凤，她说，只要你认准了，那就买！

接着她就把两万元打进我的银行卡。我和对方讲了讲价，人家看着我朴实，又五六次来求教，每棵树苗降了五毛钱。

我把苗木带回来，不用说，很好。

我的胃口越来越大，只要是好东西，我就往獐子崮上引。曙光油桃、早美油桃，龙王帽仁用杏、特早红苹果、凯特杏、中油五号，等等。听说莱阳农学院从海外引来几棵“大石早生”李子，心里痒痒的，当天就坐车赶到莱阳，托了熟人找关系，费了好大的周折，人家仅给了我两条枝子。

宝贝啊，回来，我就把这两根枝子做出几十个接穗。嫁接，我已经很有经验了。到了第二年，又用新枝条再嫁接，两年过去，几乎半座山都成了李子林。

效益一年比一年好，养殖场也扩大规模，我需要用家畜的粪便追到地里。我养了几百只兔子，三百头猪，还养了鸡。

果树开花，野花满山，也不能光看风景啊，我就养了蜜蜂，让它们采蜜。

我在县里好几个地方建了果树苗木基地，成立了“山东茂田园艺有限公司”。我越做越大，这都是些工作，不用细说了，网上一查都有。

这些年，我做了最大的事儿，是把扁桃引上獐子崮。

现在，咱蒙阴县种的桃树就有六十五万多亩，名副其实的蜜桃大县。我就想，种多了，出名了，人家也种，到头就是跌价，谷贱伤农嘛。

我想，不能在一棵树上吊死，再想门路。

1999 年 11 月，我到陕西杨凌参加农博会，见到一种奇怪的桃子，这桃子的皮又厚又硬，就是作为饲料喂猪，能吃的是它的核儿。我问了问，这就是人们经常吃的美国大杏仁，其实它是桃核，是一种扁桃，原产在美国加州，我们吃的，百分之九十要进口，不经过加工，每公斤价格就是四十元，咱能不能在蒙阴种种试试?

回来后，我找了好多专家和行业内的人求教，他们觉得适合蒙阴这地方。接着我就返回陕西，买来二百多根枝条，等到来年三月，我采用改接换头的办法，每棵树嫁接四五个枝条。

可是天不遂人，五月里一场暴风雨，山上风更大，几乎把枝条全都折断了。

不要紧，咱接着干，季节还来得及，我又跑回陕西，引进两千根枝条。

也就过了两年，嫁接的枝条结果了。

我再扩大扁桃面积，不断地租到土地，资金开始吃不消了。听说新疆那边树苗便宜，我从那里一下子订购了十万根，嫁接到刚承包的三百亩桃林上。我盘算着，亩产一百斤，每公斤四十元，我就是一百万的收入。

可是人算不如天算，到了四月份，桃花都开放了，山里山外一片红，可是我的扁桃不但没开花，叶子却开始发黄，接着就枯萎了。我问了明白人，才知道新疆和咱这里气候不一样，它不服水土。我租地的合同一签就是六年，开局就是哑炮，这才要了命了！

弄明白了，再学。我要到美国去，看看老外是怎么弄的。

从美国回来，我也引进了一些扁桃苗木，回来实验。不知道折腾了多少折腾，最后，还真让我弄成功了。2007年清明前后，我看到扁桃终于开出花来，前后就是八年，八年打败日本鬼子，我八年弄了个扁桃。

就在扁桃卸花坐果的时候，天气预报说寒流就要来到了。我着急了，突然想到老人传下来的土办法。我们两口子，加上几个工人，抱来干草和干桃树枝条，在路边上，地堰上，土坎上，一堆、一堆放好，寒流来了，就把它点上，让它生烟，烟能化霜冻。

我们是通宵达旦，让烟笼罩着果园，整个獐子崮烟雾弥漫，一晚上，两晚上，三晚上，整整一个星期，我们就守在扁桃园里，总算保住了。

当年，扁桃丰收，我们就收入十几万。

人说见好就收，我不，我是见好就让它更好，再承包三百亩地，接着干。

这八年，我是从寒露蜜桃到扁桃转型，在全国出了名，好多人来买苗木，问技术，我都给他们讲，不保留。中央电视台还给我搞了个报道，叫“八年种桃只为核”，我还在省里获了科技进步二等奖。

过会儿，咱出去看看，看看我的扁桃。

我这个人好奇心大，2014年，我到陕西渭南，在大山前看到一片梨园。我下了车，过去一看，满树的梨子，红得很深很深，我从来没见过。一个老汉正在梨树林里拾掇，我过去一问，他老家还是咱聊城的。

老乡一见，很亲切，我说我想从你这里引个品种行不行？老汉二话没说，握着剪子就剪了很多枝条给我。

我很感动，真是大家说的，聊城聊城，一聊就成！

回来，我就在自己的梨树上嫁接，当年就成功，结出累累红色梨子。我得给它起个名字呀，想来想去，就叫“沂蒙红梨”吧。但是，这要征得枝条当事人和当地的同意，这是行内的规矩。

为这，我又到了陕西，当地专家评定后，说梨子是新品种。我和专家们都让老汉注册，但老乡没有这个意识，他说我年纪大了，不操这闲心了。

专家对我说，你这大老远跑来，就为了这个事儿，厚道人，诚信人，他不注册，你就注册吧，就叫“沂蒙红梨”！

不管我引进什么，只要成功了，我就往外推广，让乡亲们都种，咱这山区自然条件不好，要让越来越多的人靠种果树富起来。我这里，人来人往不断，参观的，学习的，弄苗木的，每年要两万多人，我给他们培训。

汶川发生了大地震，别的忙我帮不了，我和当地联系，在北川桂溪乡八角村建果园，无偿提供苗木，我出资飞机运送，我去指导。贵州省安顺，就是当年红军过大渡河的地方，是我联系的扶贫单位，我给他们无偿提供扁桃和金田杏，也是几次过去，现在，那里已经成了扁桃种植先进县，三千多村民富了起来。

碰到贫困学生，该帮就帮，我资助了二十六名学生。国家哪里受灾了，包括非典，现在的疫情，我都捐款，自觉地捐，都是应该的。

算起来，我们两个人辞职到獐子崮上开荒，整整三十五年了。临走时候，我从厂里挖了一棵刺柏苗，像指头一般粗，栽到獐子崮上，现在你看看吧，已经成了参天大树，是全省最粗最高的刺柏，这是我们两口子的岁月啊，一年一轮，都长进树里。

再看看獐子崮，变了，是名副其实的花果山，是金山银山。省里给我评上了劳模，我说我就是劳模；伊淑凤被评为“三八红旗手”，给她“三八绿色奖章”，我说你就是红旗手，你完全担得起！

在獐子崮上出了大力气，我们的身体是锻炼出来了。你看我七十多岁了，哪像？腰板儿挺直，脸上没有老年斑，整天开着越野车山上山下地跑，耳不聋眼不花，我绿化了獐子崮，獐子崮的元气也给了我，天天觉得有使不完的劲儿。

我父亲九十多岁了，母亲也九十多岁了，身体都很好，看看就像六十岁的人。我在他们面前，还不就是小伙子嘛！

可是，毕竟年龄在这里，那次我到新疆，没买上票，就那么站着，站了一天一夜。实在受不了了，我找到乘务员，说明情况，能不能照顾照顾。乘务员一看我还是山东省政协委员，就找到列车长。没有多余的卧铺，他们就让我躺在乘务员的铺上。

什么人，什么命，我这爱花爱草的人，做起了荒山种果树的事情。还是老脾气，看到好的花木我就拔不动腿，痴迷，我还养了好多菊花，办过菊花展，为了一个菊花品种，我专门跑到了四川。

绿化荒山，现在和上边的政策完全合拍。有人说我看得远，咱哪有那么神呀，咱就是咱沂蒙山人的性子，看准了就干，牛脾气，牛劲头，不把它干好不算完！

老辈人给我起的名字没起错：公茂田。

侧记：

方圆十几里的山洼，周边青山起伏，高低交错，远近重叠。崮，是沂蒙山区特有地貌，下边的山坡慢慢往上收，快到顶了，突然竖起悬崖峭壁，顶上却是平的。沂蒙山号称七十二崮，如孟良崮、抱犊崮等，离此不远还有岱崮，只蒙阴县的崮就有三十六座。

在獐子崮山腰看，往东、往南都是崮。东边山顶上两个，像蒙古包，叫大崮、小崮；南边山上一排，扁扁的，叫板崮；西南面那一大一小叫油篓崮，真像油篓；再往西叫龙须崮，细溜溜像龙伸出的须子。獐子崮在山洼间偏西北。

靠这边獐子崮不远的山坡下，是当年成排的兵工厂职工宿舍楼，平顶，很窄的窗户，简单的阳台。中间山沟上，一座很宽的石拱桥，公路过桥后到对面山坡，坡上几座很大的屋子，红瓦顶，是废弃的厂房。有人正在这里开发红色田园旅游。

公茂田领我看他引种的扁桃，树不高，形与其他桃树没有区别，但是叶子是干绿色，枝头上挂着累累果实，桃还不大，扁扁的，手一捏很硬。这桃肉不能食用，只能喂猪喂牲口，值钱是里边的核儿，老贵了！……公茂田说。

后记

我的家乡沂蒙山，

高高的山峰入云端，

泉水流不尽，

松柏青万年，

梯田层层绿，

水库银光闪。

……

这是当年家乡传唱的歌曲《我的家乡沂蒙山》，还有著名的《沂蒙山小调》。当时日照县属于临沂地区，沂蒙山也是“我的家乡”，我对沂蒙山的热爱，就从唱这两首歌开始，作为一个乡村少年，虽然那时候根本不知道沂蒙山在哪里。

沂蒙山区，是中国革命的根据地。上初中时，在老师的床上，我看到一本《沂蒙故事集》，正好周六，老师允许我带回家看，周日下午到校还他。

《沂蒙故事集》是作家刘知侠先生所著，写的是战争年代发生在沂蒙山区的英雄故事，小说中的风景描写首先让我着迷，我尽快地看，尽快地把优美段落抄在本子上，连囫囵吞枣都算不上，所以，五六年之后我考进大学，又把这本书从图书馆借出来，细读了两遍。

走上创作之路后，总想为沂蒙山写本书。虽然日照不再隶属临沂，但在我，沂蒙山依然是心灵的故乡，蒙山沂水间生活的人们，同样是父老乡亲。

山与岭，山山，岭岭。山是石灰岩，岭是黄土岭，百里沂河水在其间蜿蜒流淌。我曾主观臆断地想，临沂西邻曲阜，北靠淄博，东近大海，南接江苏，特定的自然环境，尤其是古代的齐文化、鲁文化、楚文化、东夷文化，共同塑造了沂蒙山人的貌相和心性。他们，吃苦耐劳，淳朴正直，热情厚道而又倔强执着，崇尚仁善，看重忠诚，爱恨分明。面对艰难甚至严峻的时世，只要胸有信念，无论男女，蕴含在他们生命中的勇敢和壮烈，就会激发出来，所以战争年代诞生了那么多英雄好汉，那么多红嫂，留下那么多可歌可泣的故事。

时至今日，虽然人间换了，但依旧是厚土载物，依然是好人遍地。因此，当出版社约我书稿的时候，我立即想到了沂蒙山，我要为好人着墨，为蒙山颂赞。

生活中好人的概念宽泛，边界也模糊，但我觉得，好人，就是对他人好，为了他人甚至常常不顾自己，当然包括自家的“他人”。好人更多是实践性的，是可见的亲为。好人不必圣洁，同样散发着烟火气息，甚至泥土气味，普通、平凡与所有人无别，但是，好人会推己及人，会设身处地想他人所想，急他人所急，当他人有困甚至有难，好人必会急步疾趋，出手相助。好人觉得，行善即为本分，帮人就是帮己，所以也就不图浮名，不沾微利，只为做而做，因为自己愿意。

世界，因为好人多才明亮温暖，好人才是天地间的吉祥！

走遍临沂市各区县，我采访了这样一些好人。

这些人，有热心助学尤其扶助孤贫儿童者，有敬老爱幼无私奉献者，有尽心尽力孝敬父母者，有危急时刻赴汤蹈火救人者，有让乡亲们致富的带头人，有的残身不残志，坚韧地实现人生价值……他们有群像，有个体，事不惊天动地，却让人感动和敬佩，就像李铁梅唱的，都有一颗红亮的心！

还有三位好人。

黄达，临沂市中心医院主任医师，连续四期完成援助坦桑尼亚医疗任务。

坦桑尼亚四季高温，蚊虫泛滥，霍乱、黄热病、登革热等传染病频繁发生，尤其是霍乱，每年至少爆发一次。更可怕的是艾滋病，当地百人中就有十多个感染者。黄达给一个年轻姑娘做颈部肿瘤手术，缝合切口，因为助手操作失误，他被缝合线上的针扎破手指。事后姑娘被查出艾滋病，黄达等待检测抗体的三个月窗口期，倍感煎熬，惶恐、焦灼和无助，几乎就要崩溃。

爱人张燕华出国看望丈夫，被这里的贫穷落后所震惊。在采购药品途中，他们看到一位年轻母亲，坐在路旁的大树下，怀里抱着一个昏迷的男孩。黄达询问后，得知孩子行割礼后感染，正发着高烧，无钱治疗，只好在这里祈求神灵。张燕华是位资深儿科护士，她扒开孩子眼皮一看，立即把他带回医疗队抢救，终于脱离了危险。

张燕华回国的时候，她对黄达说，你在这里再苦再累我也支持，在国内，你这样的医生很多，不缺，可是在这里，你就是穷人的救星，行医也是行善，你安心工作，家里的事儿不用惦记！

同事告诉我，黄主任威信高，不光医术精湛，重要的是心好。有位老人进城，在街上摔伤了。坐诊的黄达看了看，没伤着骨头，他对老人说，没有大碍，您坐在凳子上，我就在这里给你处理处理，如果再拍片子什么的，你还要多花钱。

黄达医生很谦逊，不太愿意谈自己。又因我不熟悉这个领域，未能成文。

沂南县第四中学女教师于爱梅，是“沂蒙母亲”王换于的孙女，“沂蒙红嫂”张淑贞的女儿。于爱梅退休后，开始宣讲红嫂事迹，并发起成立“沂蒙精神传承促进会”，他们拥军优属，帮助转退军人就业，关爱青少年成长。王焕于老人家里的故事，出现在很多文艺作品中，两代红嫂，时空苍茫，短章难以容纳。

其间，我曾住在临沂河东区文苑酒店，酒店经理高文中，也是一位沂蒙好人。

高文中出生在红色家庭，父亲是老八路，后随大军南下，新中国成立后，从营长职位上转业回老家工作，但高文忠从小在贫困的山村长大，曾任临沂市新华书店副经理。

周末，高文中带着儿子回家看望父母。那时候，椰风果汁的广告做遍了全国，高文中的车上也给儿子放了一箱。车走到半路上因事停下，儿子喝完一罐椰风后，随手把空罐儿扔出了车窗。老高正站在路边，看到四五个村里的孩子撒腿往前跑，追着那个空罐儿去抢。

老高黯然，片刻后他打开后备厢，抱出那箱椰风，把所有的孩子都招呼过来，全部分完。

后来，高文中自主创业，他辞去公职，下海经商。

几年后生意有了起色，高文中开始回报家乡。他的家乡是个穷山村，至今在他房间里挂着放大的照片，高高的秃山梁下，是小小的村子，山坡上是一溜一溜贫瘠的梯田。两片柏树林，还是几十年前他当村支书的父亲和乡亲们栽下来的。老高出资为村里修路架桥，打了两口水井，从此结束了百年缺水的历史。谁家有困难他就帮，二十多年里，每到中秋节或春节，他都是车载着大米白面和花生油，还有棉衣棉被，送给村里所有的老人。他办工厂，首先从自己村里招工。因为贫穷或别的原因，村里好多青年是光棍子，有的是四十多岁的老光棍子，高文中把他们都招到厂里，安排他们做适合的工作，然后再张罗着，托人给他们找媳妇，慢慢地，这些人都成了家。

高文中古道热肠，重情重义，我说应该把你也写进来，老高笑着说，不行哩，不行，咱做得还不够，比比人家，差得远……

面对这些好人，听他们讲出自己的故事，我总想到巍巍蒙山，其中天蒙山是它的高峰之一，也是《沂蒙山小调》的诞生地，苍石岩岩，松柏深翠，直逼霄汉。“渐渐之石，维其高矣”，蒙山，就是这片神圣土地的风骨，它的精神地标！

根据友人建议，文章采用人物自述的形式，体现真实感和亲近感。这些人多都出身农家，几代草根，虽然有许多成功者，但依然不忘初心，保持本色，他们的讲述朴素自然，而且有意无意地淡化自己，尤其有几位，经过了许多酸辛往事，不愿重提，他们把过程和细节都省略了，背后更多感人的关节处，成为自己心中永久的苦涩秘密甚至隐私，笔者只能在有限的记录中发掘。也因人物、事件和文本的要求，甚至怕因为文学性而造成失真，尽量保持如同期声的语感，多写具体事，不修饰，少议论，使故事原生态，让读者朋友品味。

各级有关部门的负责同志，为我采访提供了很大的支持和帮助，他们是（按时间顺序）：侯化生、梁绍伟、冯连伟、李公顺、张岚、高文中、吴迪、王建、徐启飞、张兴宇、杜培勇、王晓升、梁宪城、徐荣芳、张春光、季英保、杨晓郑、杨大会、徐路遥、宋庆森、李洪亮、来欣、潘群、于士勇、王运庆、薛峰、张凤涛、孔令明、申成珠、屈光明、梁霞、王伟、张凯、司王传、李拥军、杨有为、李鲁、蒋圣国、李振等。

深深地感谢他们。

感谢张云超、张国华、刘仕江等。

感谢学习出版社，感谢于薇女士等为编辑本书付出的辛勤劳动。

——向好人致敬，向好人学习，为好人祝福！

2020.9.20 一稿

2021.1.16 二稿

2021.6.18 改毕

图书在版编目（CIP）数据

沂蒙山　好人记 / 丁建元著 .-- 北京 : 学习出版社，2021.11

ISBN 978-7-5147-1066-3

Ⅰ. ①沂…　Ⅱ. ①丁…　Ⅲ. ①人物－先进事迹－临沂－现代 Ⅳ. ①K820.852.325

中国版本图书馆CIP数据核字(2021)第104635号

沂蒙山　好人记
YIMENGSHAN HAORENJI
丁建元　著

责任编辑：于　薇
技术编辑：刘　硕
装帧设计：壹读闻话

出版发行：学习出版社
北京市崇外大街11号新成文化大厦B座11层（100062）
010-66063020　010-66061634　010-66061646
网　　址：http://www.xuexiph.cn
经　　销：新华书店
印　　刷：北京顶佳世纪印刷有限公司

开　　本：710毫米×1000毫米　1/16
印　　张：22.25
字　　数：285千字
彩　　插：8
版次印次：2021年11月第1版　2021年11月第1次印刷

书　　号：ISBN 978-7-5147-1066-3
定　　价：55.00元